差异化管理

如何理解并管理与你不同的人

[美] **玄珍** Jane Hyun **李欧丽** Andrey S. Lee ● 著

戴至中 ● 译

ZHEJIANG UNIVERSITY PRESS
浙江大学出版社

图书在版编目（CIP）数据

差异化管理：如何理解并管理与你不同的人 / （美）
玄珍，李欧丽著；戴至中译.—杭州 ：浙江大学出版社，
2016.6

书名原文：FLEX: The New Playbook for Managing
Across Differences

ISBN 978-7-308-15789-6

Ⅰ.①差… Ⅱ.①玄… ②李… ③戴… Ⅲ.①管理学
Ⅳ.①C93

中国版本图书馆 CIP 数据核字（2016）第 086028号

FLEX: The New Playbook for Managing Across Differences, Copyright © 2014 by Jane Hyun
and Audrey S. Lee.

Published by arrangement with HarperBusiness, an imprint of HarperCollins Publishers.

差异化管理：如何理解并管理与你不同的人

玄 珍 李欧丽 著 戴至中 译

策 划	杭州蓝狮子文化创意股份有限公司
责任编辑	杨 茜
责任校对	曲 静
封面设计	水玉银文化
出版发行	浙江大学出版社
	（杭州市天目山路 148 号 邮政编码 310007）
	（网址：http：//www.zjupress.com）
排 版	浙江时代出版服务有限公司
印 刷	浙江印刷集团有限公司
开 本	710mm×960mm 1/16
印 张	18.75
字 数	248千
版 印 次	2016年6月第1版 2016年6月第1次印刷
书 号	ISBN 978-7-308-15789-6
定 价	49.00元

版权所有 翻印必究 印装差错 负责调换

浙江大学出版社发行中心联系方式 （0571）88925591；http://zjdxcbs.tmall.com.

目 录

Part 3 复制成功经验

引子

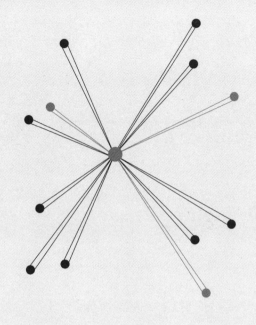

办公室里的格格不入，
你看到了吗？

你绝对无法真的了解一个人，除非你从他的观点来考虑事情……
除非你潜入他的体内四处游走。

——阿提克斯·芬奇（Atticus Finch），

《杀死一只知更鸟》，哈珀·李（Harper Lee）著

　　我们觉得要警示一下各位：这本书可能会让人有点不自在。

　　这是一本谈"差异"的书，主题从尴尬到令某些人害怕甚至是完全碰不得的都有。而且由于我们常跟与自己不同的人共事，所以我们注意到，对于公开谈论彼此有什么不同，人还是会有所迟疑，有时甚至会完全避开这个话题。但是，忽略彼此在工作上的差异并不会让问题消失。在某些情况下，还会雪上加霜，使员工觉得遭到误解与挫败，并使经理人捶胸顿足，不知道怎么才能让身边的每个人发挥出最大的长处。

　　本书也是在谈重拾"好奇"：深究要怎么让不同的人各司其职，并以适合他们的方式作出回应；寻找共同的基础来培养更稳固的关系，并跟每个带着分歧与独特观点的人正面对话；要先认清表面的特点与行为，再认识表象背后比较深层的原因；在真正识人之前，不要妄下判断；要怎么以及在什么时候运用有益的信息和工具，并在策略上针对自己与员工的差异来调整回应之道，无论这种差异是来自文化或代沟，还是源自性别差异，或者是沟通方

式的差异。本书是在建议胆大心细的领导人要怎么做，才能在现今多元而全球化的职场上无往不利。

那些我们不敢沟通的事

在生活与事业中，一切良好的关系都是建立在信赖与尊重的根本原则上。当信赖存在时，就会令人兴奋地看到关系升温，人员和团队变得有生产力，公司欣欣向荣。当信赖破裂以及没能认清建立信赖的方式因人而异时，它就会开始出问题。当"尊重"被不同背景的人以各式各样的方式来解读，以及这些差异在关系中始终没有明说且未经察觉时，常常就会沟通不良。对某些人来说，"尊重"的意思可能是主动为项目排除障碍而不惊动经理人，这就是他们对上司表示尊重并替老板节省宝贵时间的方式。另一位员工则表示，尊重的方式或许是先听老板的指示，以免上司被部下打脸而有失颜面。

当来自不同文化环境的员工指望别人的行为举止会跟自己一样时，阻碍就会出现，他们不明白这些行为背后的用意或许相同（例如为了表示尊重），但看起来却可能截然不同。我们想要帮忙清除这些使你和用心工作的同事格格不入的阻碍，并以能强化而不是伤害工作关系的方式来做到这点。

而且阻碍多得很。男性主管或许会不敢对女性部属提出有建设性的绩效建议，以免引爆女性的情绪。婴儿潮世代的经理人可能会认定，Y世代的年轻人不懂社交礼仪。当项目经理底下的员工具有迥然不同的文化背景时，他可能会因为跨文化的沟通问题而不太敢把误会拿出来讲，以此保持礼貌。我们的咨询和辅导工作把我们带入全球各地的组织，而培养称职领导人的任务也使我们发现，大部分的人不管在组织里担任什么职位，对于公开谈论职场上的差异都会感到十分不自在。

　　的确，现在的组织已变得较为多元，有来自全球和多元文化的从业人员、更多的女性和新一代的员工大量进入职场；但有许多企业还没搞懂的是，要怎么让成功招揽进来的人才充分发挥所长。由于目前的企业环境瞬息万变，所以领导人必须掌握在世界各地的本土市场上善用任职员工的投入、智慧与生存技巧。公司CEO和高层领导人要更加不耻下问，并且更加仰赖员工的明智建议。身为企业教练（coach），我们跟各式各样的组织合作过，也曾帮助经理人进行差异化管理，以便和底下的多元化团队达成明确的双向沟通。我们发现，这有助于他们建立及重拾与团队的信赖，并打造出那种可以让员工建功立业的优越环境。

我们没学过和出身不同的人沟通

　　要改变人在工作上的行为并不容易，况且企业通常也无计可施。但经验告诉我们，当有心要大展身手的人采取主动，接着去影响别人把效应扩大时，人际动态就会改变。我们亲眼见识过，当公司试图在日益全球化的局势中变得更赚钱与更有生产力时，不同的领导风格是如何变得更为人所接受，并影响到员工发展的各个层面。其中包括：如何招聘与培养新人、从旁指导、以身作则和加以提点，带领团队以及应用同样的人际关系技巧来适应客户与顾客。

　　本书主张的适应（adaptive）与通晓（fluent）型领导虽然还是崭新的观念，但我们正开始看到这种做法使人们跳脱思考框架的束缚，并带来了新的企业创新。我们在探究这个概念时，发现客户也试着要搞懂，如何才能成功地领导与自己不一样的人。我们的指令变得很清楚：我们都需要学习一套新的技巧，使企业互动在新的多元环境中得以成功。你在越南的经理以及芝加哥总部的财务主任或许缺乏必要的通晓能力来彼此有效合作。我们根本没有学过要怎么与出身不同的人建立关系，这些磨合（flexing）的技巧在教育体系、大学课程或商学院里都教得不多。世界肯定已变得"更平"，一如托马斯·弗里德曼（Thomas Friedman）在他的全球化专著《世界是平的：21世纪简史》（*The World Is Flat: A Brief History of the Twenty-first Century*）中所断言的。不过，我们虽然通过科技使从业人员在全球的层次上加强了连接，但经理人其实并没有更懂得在全球的层次上与人互动及沟通。

写到这里时，我们深深体会到它至关重要，不仅是在我们为客户所做的工作上，也是因为我们都亲身经历过不符合工作环境中的主流规范所产生的脱节与冲突。但对于能以真正扭转局面的方式来善用我们的独特观点，我们两人也觉得既欣慰又振奋。我们的个人经历驱使了我们把这些议题带到第一线来。

珍的故事

不眠不休——几乎从我在韩国出生起（我也在那里度过了童年早期），儒家的这种工作伦理就烙印在我的人生中。

我在韩国念小学一年级时，"要如何表现良好与成功"都有一清二楚的规则。在韩国的课堂上，我对"该如何回应师长、如何学习以及如何沟通"这些了如指掌。你一定要先举手再发问。绝对不要打断授课或老师的话。绝对不要公开跟老师唱反调。仔细听讲，把授课内容抄在笔记本上。不要辩论。所有的人从小就被灌输了这些规则。社交距离在老师和我之间所形成的鸿沟，为合适的行为订出了非常具体的规则。

我们搬到纽约后，我还是原来的我，但我不知道的是，规则竟变了这么多。作为一个孩子，你说不出那种惶恐的感觉。当环境（以及随之而来的规则）改变时，你知道情况全然不同了，但却不知道究竟要怎么理解才对。年幼的孩子看不出环境或他人行为的外在差异，只能怀疑是不是自己有问题。

当旧规则再也行不通时

所以，当我的三年级的老师奎因太太有一天放学后问我："珍，你在上课时怎么都没有发问？"我整个人都傻了。我以为在上课时光听不说就算做对了。在课堂上发言是我以前从来没有被鼓励去做的事。我所依循的是我之前在韩国念书时所学到的规则。韩国人的那种儒家心态教导我，师生之间的距离是不可跨越的界线。奎因太太大概以为是我刚报到或是害羞的缘故。这就是脱节。在课堂上要怎么表现的文化规则变了。要是老师能循着话头问下去，或是设法帮助我学习新规则，我或许就能解释说，我这么做只是为了对她表示尊重。但结果是，奎因太太搞不懂我的异常行为，我也无从向她解释原因。

即使如此，我跟许多在新国度重新开始学习的孩子一样，很快就适应了。经过一些尴尬的尝试后，我学会了怎么在课堂上发问和质疑，只是我并不完全明白为什么这么做很重要。等到我开始第一份工作，这些根植在我内心的微妙的文化与性别信息再次浮现出来，而且多半是在无意识当中。过去23年来，我先后担任过员工、经理和顾问，主要是在西方的跨国企业。我发现几乎在每个职场上，每当你进入与自己的成长环境迥异的主流文化环境时，类似的状况天天都在上演，包括受到巨大冲击的顿悟时刻在内，就跟我从亚洲搬到美国念小学时的情况没两样。人每天都是带着特定的行为准则、文化价值与规则去上班，而且它们全都代表"合适的行为举止"。他们可能会被派去为在管理原则上不认同那些行为的经理人及同事（还有下属）做事。所以我们在和全球的企业领导人合作时，我都会提醒自己，千万不要忘了站在那个8年级女孩的立场来设想；她试图要做对的事，知道自己有所不足，但却不明白为什么。如此一来，当别人的文化体验有所不同时，我就能理解他的观点。

我在写《打破竹子天花板》（*Breaking the Bamboo Ceiling*）一书时，主要是从员工的观点出发。我想为亚裔员工提供策略来管理工作上的文化差异，好让他们更加了解自己在西方企业的职场上会受到哪些期望，进而得以驾驭自己的成功之路。透过那部作品，我变得更能适应存在于亚裔员工和经理人之间的差异和社会距离。由于在现今的企业界中，大部分的领导典范都是以西方为取向，因此其他的文化族群对于这种文化的不成文规定常常是一知半解。同样地，拥有多元化员工的经理人可以而且必须扮演主动的角色，以协助员工在全球化的职场上获得成功。这本书是从经理人的角度来提供重要的对比，以便向管理者解释并告诉他们该如何驾驭自己与多元团队之间的差异，好让每个人都能成功。

李欧丽的故事

我出生于美国，但我的家庭带有浓厚的儒家价值观。我父母来自中国，即使在移民到美国后，父亲还是有意识地选择在西方文化之外保留并坚守华人的文化传统。在最根本的文化价值上，我们有时候比社区里的华人家庭更保守，而这也常常让在西方世界长大的我感到困惑。

例如在家里，"谦虚"是至高无上的观念：人绝不能把自己的努力或成就挂在嘴边。在很小的时候，父亲就教育我，自己和自己的成就要由别人来肯定。因此，我在成长中便学习到，我的成就要靠权威人士来赋予价值才有意义。

事实上，假如我受到称赞，我就会说自己的成就与才华不算什么。我学会了如何耐心等待认可，而且要是一直没等到，我就会先批评自己以及自己所做的任何事。等到进入了职场，我过了很久以后才会谈论自己的工作有多值得，并赋予它价值。有很多年，谈论薪酬以及接受工作上的认可都会让我不自在，尴尬更是常有的事。比起去讨论自己的价值，被经理人或客户批评无疑更让我感到自在。

我的顿悟时刻是出现在我的营销顾问事业开展之际。我记得我在为策划草拟提案的过程中，要配合做好项目的范围、资源和预算。我对这个过程相当熟悉，因为我之前有过顾问和代理经纪的经历。所以我很惊讶自己对于客户大砍价码几乎照单全收，也不会去质疑自己心中的假设（这是因为我的经验和提案不够好）。在那一刻，我察觉了自己的错误，并突然意识到，这种心态是根源于我的教养。我习惯让上司和客户来定义我是否值得，但如今处在不同的情境中，我才意识到客户不一定会告诉我，我不够资格或是我还不够好。假如他有这个意思的话，大概也不会浪费时间来和我讨论工作并对我开价了。客户只是纯粹在谈判，并竭尽所能地为公司争取最好的价码。他八成预期我会坚守立场，并捍卫自己的价值。于是我便坚持原本的出价，而他也付了钱。从那一刻起，我意识到：虽然我们所玩的商业游戏看起来都一样，不外乎洽谈交易、开发产品，但我们并非总是照同一套规则或价值在玩。我的体会也使我更加了解，我的背景是如何影响了我的反应，而这一点也帮助我去改变游戏的玩法。

表象底下的价值

虽然这些不同的文化观点经常被视为伤害与阻碍，但我也愉快地体验过，一个经理人跨越权力鸿沟（power gap）来帮助别人成功是什么感觉。而且对于主动伸手去接纳拥有不同技能与专业的人，我常常会回顾那些策略成功的例子。当我的职业生涯展开时，新观念正在科技业遍地开花。我开始在硅谷一家小型公关公司上班时，它便为我所学到的创新工作和管理启示定了调。那是我大学毕业后的第一份工作，就专业上来说，我的音乐和西班牙文背景肯定不符合要求，起码从履历上来看，至少不算是最合适的。但我的经理凯西和同事却看得出来，这个青涩、古怪、背景不同的亚裔美国大学毕业生具备了潜在的沟通技巧和快速学习的能力，对公司会有好处。当我回想起那段经验时，我记得我的经理不但跟很多人一样采取"开门"（open-door）政策，还塑造了我称之为"现场开放"（open-floor）政策的环境，也就是在那里工作的每个人都给我建议与指导，并从我的观点中发现价值。业务发展是公司里每个人的责任，而且他们要我四处看看，并找个圈子或团体加入。也因为这样，我加入了亚洲创业团。它以制造业为主，重点市场为太平洋沿岸地区。这是个制造业社群，也不是公司的其他成员肯定会慕名而来的那种（因为其他的成员都是白人）。就构建人脉和建立业务关系来说，这个团体后来被证明是个对我来说非常优越的环境。公司领导鼓励我运用自己的经验和背景来行事。他们从来不给我设限，而是保持开放，赞赏我的风格与背景，并且会说"我们来谈谈这件事吧""我们来听听你有什么提议""我们来好好运用这点吧"。它是个绝佳的基础，影响了我的整个职业生涯，并把跨越鸿沟的重要性深植在我的心中。

当我从业务和营销的角色转变为企业领导力培训教练时，我便体会到，以前这些管理和监督的早期经验帮助我勾勒出了自己的包容哲学，并跨越了工作情境的差异。我注意到了"圈外人"和"闯入者"，以及那些看似缺乏归属的人。我的经验使我能感同身受，驱使我去包容他们，并发掘他们在表象底下的价值。它拓展了我的世界观，最终也扩大了我的心胸。

如何阅读本书

在进入正题前，我们想以几句话来说明本书该如何运用。"调适型"领导行为以及学习"通晓差异"的观念有其难度，它所需要的不只是列出简单的"认知诀窍表"而已。在某些情况下，你会发现它可能会以有违直觉的方式运作，你在同样的情形下或许不会这样做；在一开始的时候，你或许甚至会觉得它很奇怪。我们希望本书成为你的参考，指引你先后在职场上及更广泛的社群中以更好和通晓的方式与各式各样的人打交道。这本参考书能帮助你做好充分的准备来跟"有别于你的员工"互动。即使临场的互动结果可能不同于预期，但准备和思考的过程会使你更加明确自己的风格，并学会要如何与此人相处。

第一部分所提供的理论基础是关于"我们为什么需要承认差异"，并学习针对与我们不同的人来磨合自己的管理风格。我们会定义权力鸿沟，这是经理人需要了解的重要关系动态，并要学会怎么把它辨别出来。利用我们专为本书所研发的评估工具，你就可以评估自己对于权力鸿沟的了解与通晓度。评估工具明白地指出了你在哪些方面可能需要投入更多的实践、学习和思考。我们还会介绍通晓型领导人的概念——这种人能有效拉近他们自身与同事之间的距离，并让每位员工都能充分发挥所长。

第二部分谈的是实务。我们所讨论的不只是与下属的磨合，还有横向对同事以及对上司的磨合。我们会介绍在现实生活中形形色色的管理者，他们跟自己的团队与同事每天都在经历这件事，包括制订对谈与解决问题的架构。各位会学到，在遇到任何新的工作关系而试图去加强了解与沟通时，都要问自己三个关键的问题。我们还会分享，如何将磨合的概念应用在组织以外的关系上，包括客户、供应商和顾客，以便把影响力扩张到市场与社群。

第三部分会说明要怎么把成功扩大，以及把学到的成果传递给别人。这几章会让各位结合自身的磨合技巧，以便在策略上思考如何监督与塑造合适的行为。我们在最后会谈到，如何善用团队中多元的思考与沟通风格，打造出顶尖的商业行为。

而且在本书通篇，我们都会介绍通晓型管理者。他们有效缩短了权力鸿沟，并把组织改造得更好。这些管理者是出身自各种不同的背景，个性与领导风格也因人而异。有些人的天性比较含蓄、沉默与深思熟虑，有些人则比较强势、直来直往，但在高效的背后，每个人都展现出了通晓型领导人的共同特点。这些特点可以培养，我们也会说明要怎么做。

最后，我们希望本书能指引及教导各位如何成为通晓型领导人。我们想帮助各位建立起超越差异的成功关系，以协助各位的企业繁荣发展。我们很兴奋能与各位分享这套新理论，帮助各位巧妙而有效地与员工达成一致，建立更稳固与更持久的工作关系。无论你是经验老到的主管还是第一次当经理人，本书将有助于你以主动的角色来缩小权力鸿沟，并帮助这批崛起的从业人员开发出他们潜藏的才能。我们的共同未来都有赖于此。

注：除了涉及明显可辨的组织外，本书中的图解或实例所使用的名称与身份一律经过了改写。

关于权力鸿沟的关键词

权力鸿沟
power gap

把个人与具有权威地位的人分隔开来的"社会距离"（social distance），无论是在正式的还是非正式的由性别、年龄或文化差异所界定的结构中。

缩小或管理鸿沟
closing or managing the gap

能有效解读自己与其他个人之间的权力鸿沟，并以最适当的方式回应他人，以拉近社会距离。

磨合
flexing

就如何沟通、建立关系与回应他人来调适自己，并把对身份差异的理解纳入管理方式的考察。

通晓型领导人
fluent leader

个人能不带成见地深究自己与所属的团队成员在组织地位上的差异。这种领导人不要求别人适应他的风格，而是去调适自己的领导风格，以便通过折中与团队成员达成一致，并帮助拉近彼此的距离。

文化
culture

社会团体在态度、知识、行为与策略上的独特结合，并被社群所强化。

多元
diversity

使一群人有别于另一群人的可见（性别、族群等）或不可见（宗教、思考方式、残疾等）方面。

刻板印象
stereotype

对于某种背景的人会怎么表现或怎么想普遍抱有的过度简化的概念。

多元文化职场人
multicultural professionals
少数族群职场人
minority professionals
有色人种职场人
professional of color

这些是在本书中交替运用的用语，以描述美国职场当中的非洲裔美国人、拉丁裔美国人、亚太裔美国人和美国原住民。

关于（美国）职场上的四个世代

传统派
Traditionalists

出生于1946年以前的世代，又称为"老将世代"（Veteran Generation）和"最伟大世代"（Greatest Generation）。这一代人经历过经济大萧条，特点是具有公民的责任感、尊重权威、肯牺牲、工作勤奋。

婴儿潮世代
Baby Boomers

大约在1946—1964年出生的一代。个人主义、理想主义、乐观和强大的工作伦理是这一代员工的特点。

X世代
Generation X

年长婴儿潮世代的子女，出生于1965—1976年，普遍的特点是独立，重视工作与生活的平衡。X 世代被形容为具有"自由工作者"（free agent）的心态，能适应变化，并带有适度的质疑。

Y世代／千禧世代
Generation Y / Millennials

又称"回声潮世代"（echo boomers）。Y世代的员工出生于1977—1994年，对科技了如指掌，热爱社交媒体，渴望强大的团队文化；对等级制度避之唯恐不及（尊敬的是才干，而不是头衔）；具有公民的责任感；重视私人时间。

Part 1

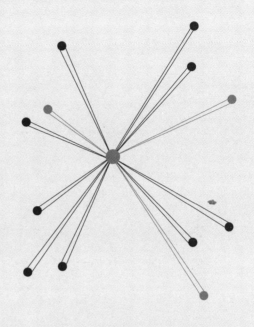

是什么使我们缺乏联结?

第一章

那些你不知道

但会伤害你的事：

我们为何不谈论差异？

只靠自己一个人，我们受本身的能力所限，

能做到的只有这么多，但要是能集众人之力，

我们就不会受制于这样的局限。

我们拥有不可思议的本领来激荡出不同的想法。

这些不同可提供创新、进步与理解的种子。

——斯科特·佩奇（Scott Page）

《差异》（*The Difference*）

有两位高层经理人把所属团队成员的业绩表现仔细看了一遍，以便为即将开始的年度审查和评估会议作准备。当他们在审视考核结果时，想到最近有个中层管理职空缺，于是便左挑右选，想找绩效一流的人来填补这个职位。"厄休拉（Ursula）怎么样？"其中一位问道，"她的业绩很突出。"

　　"是的……"另一个人顿了一下，"也许吧。她是个'摇滚明星'——别误会我的意思。她的确有丰富的工作经验，但我真的搞不懂她。她都不真正响应我的问题和建议，所以我根本不确定自己有没有跟她搭上话。这样的人适合当领导吗？"

　　这就是新全球化从业人员的现状：有许多经理人很纠结，他们所面对的环境已跟自己入行时截然不同。

　　对于在全球舞台上经商与领导的重要技能，就连在专门提供顶尖管理训练课程的组织里工作的人都找不到什么相关准则。企业里大部分的课程都侧重于教导员工改善沟通、管理冲突、管理团队、提升成就和精进报告。可是当职场感受到员工"得不到了解"时，扩大市场的机会也随之消失：那群不满与无心工作的员工不是表现低落，就是一走了之。表现优异的员工和快速晋升的人则遭到打压或雪藏，因为组织没有让他们充分发挥出长处。经理人搞不懂他们要的是什么，或者他们自己要的是什么。有的人根本就不了解自己的新员工。

真相在于，以美国为例，从业人员的情况正在改变，正变得文化更多元、更年轻、女性更多，这些差距正在一线经理人和不同背景的员工间扩大，我们也感受到了它的冲击。

根据美国劳动部的资料，截至2012年6月，劳动力当中有36%的人是来自多元文化背景的（亚裔、非洲裔美国人和拉丁裔后代）。人口普查资料预测，到2050年时，美国将不会有数量过半的种族或族群，而且在2000年到2050年间，美国国内所增加的劳动年龄人口将有83%是来自移民和他们的第一代子女。

根据管理顾问公司麦肯锡（McKinsey）的研究，在1970年的美国，所有的工作中有37%由女性出任；到了2009年，这一数字增加至近半数。现今的从业人员中大约有4000万人属于千禧世代，而且每年增加数百万人。到2025年时，全球每4个劳工当中将会有3个属于Y世代。

依照最新的统计，女性在医学院的就读比例略低于五成。跟15年前比起来，连过去在美国一直很出色的领导团队的经理人如今也面临着更多沟通上的问题，在培养团队上也面临更多复杂与多层次的挑战。这种现象相继发生在世界各地，包括英国、法国、日本、巴西和德国。统一的管理技巧正在失效，交流的规则也无法一概适用于新的处境。要是对人与人之间的人际鸿沟缺乏更细腻的理解，经理人就会不知道如何与拥有不同文化价值观、渴望成功的员工拉近距离。

大型跨国企业在几年前突然地得到了这类教训，当时有数百家公司为了降低成本而把后台的信息技术工作外包到了亚洲。同样这些公司后来不得不投入大量的时间与金钱来厘清如何跨国运作。它们并没有考虑到这种做法的人性化层面——新合作伙伴会有什么预期、他们是怎么沟通的、决策过程是怎样的、是如何界定信赖与尊重之类的价值观，以及是如何衡量成功的。

失去最佳人才的重大影响

　　读到这里，各位或许会很纳闷：这跟我有关系吗？不是有一些通用的管理技巧吗？这不是触角遍及全球的《财富》500强公司才会有的问题吗？但多元文化、女性和千禧世代在从业人员中的比例现在（或者很快就会）日益提高。即使你开的是间小公司，员工群体不见得有那么多元化，但供应商、外部合作伙伴和顾客在不久的将来也会使你的事业展现出不同的风貌。所以，将员工招募进来却让他们"听天由命地发展"，代价有多高呢？某人力资源主管表示，补充一个跳槽员工的成本达到员工薪水的1.5倍甚至高于2倍。以研究生毕业后应聘第一年内的管理顾问来说，补招一个人总共要花掉25万美元左右（包括薪水、招聘、训练和培养成本）。若再将它乘以招聘人数，总额会更惊人，而且我们说的是那种孤注一掷的严肃投资。当竞争激烈的行业去检查最近新人的跳槽率，并发现流失率高得离谱时，它们便开始质疑起既有流程的成效。

　　有一位在医疗公司负责大学招聘的经理人表示："我们今年所招聘的人数跟往年一样，但那批学员在头9个月当中已经流失了三成。我们很难留住新人，因为我们的组织文化是由上而下的，权力只能单向流动，经理人无法让年轻的新人迅速产生参与感。我们最新的员工很想有所贡献、积极表达自己的意见并想办法带来价值，但却得不到发声的渠道。领导高层为什么不多关注一下他们？毕竟在短短几个月前，他们还在企业之外，与外界的联系还很强，所以能针对'要如何才能更贴近顾客'提供现实生活的观点。"虽然企业认为自己在适度招聘女性和多元文化的员工上做得挺不错，但他们根本不懂得要怎么留住这些最优秀的人，并让他们充分发挥潜力。此外，他们并非都善于透过传统的招聘机制来发掘璞玉。显然，需要对这件事有不同的做法了！

其实，这一切的误会、沟通不良和错失良机都有法可解。答案就在于要重视员工在领导技能发展上的差异，并培养通晓型领导人的特质。这种领导人会不带成见地深究自己与所属团队成员的差异。他不要求所有的团队成员适应他的风格，反而能调整自己的领导方式与管理风格，以便用折中的方式与团队成员达成一致，拉近彼此的距离。

这种"磨合的能力"会影响到我们如何应对权力与地位的差异，以及我们如何彼此沟通与建立关系。磨合的概念刚开始看起来虽然相当简单，但这项技巧要用心付出才能与时俱进，发挥出最大的影响力，并让出身各种背景的同事都感受到这股影响力。

挑战在于：建立信赖

当领导人要有勇气去激励别人把最好的一面展现出来。要创造出信赖员工的环境（尤其是对于你并不特别熟悉的员工）并非易事，即使是管理同质团队的领导人也一样！必须撇开个人的判断以及对他人的假定，并以事实来验证这些假定的正确性。这需要发自内心的相信，以及贯彻到底的付出。

为了让大家看清现状，我们所认识的一位新晋MBA学员在辅导会议后曾很认真地发问："我们公司有高层领导人因为替公司赚了很多钱就乱搞一通，但却没人惹得起他们。要是连对手下不好的差劲领导人都得到了奖赏，那我为什么要立志做得更好？这样的努力值得吗？"我们可以理解他的观点：当你看不到可以效仿的正面榜样时，领导层的作为就很容易让人愤愤不平。组织在灌输强烈的企业价值观时要很小心，因为员工会指望领导人来示范这些价值观如何实践。这指的是要大家对自己在职场上最看重的原则说到做到。至于有效的日常管理行为要如何示范，领导人则要自行决定。

在致力于培养有原则的领导人时，毋庸置疑的是，各位在这个过程中或许会遇到一些阻力。假如你希望公司内的经理人重视通晓型领导，那么你可以考虑在全公司范围内推广兼容式领导和文化通晓度，把它们作为核心价值观灌输到公司的基因里。假如你想要在这个全球新格局中建立有利可图且基业长青的事业，那你就不能把有别于主流环境的人才、资源与观点排除在外。

我们衷心希望各位能明白，"磨合"将如何使你在现今的全球企业环境中成为强而有力、更受敬重的领导人。

善于"磨合"，对企业好处多多

要成为通晓型领导人，就必须靠个人的正直与用心来做好经理人该做的事。

对企业来说，这是再合理不过的事。但值得重申的是，美国，或许也包括全球的企业环境与职场，和以前已经不一样了。在世界各地的发达国家中，从业人员都在老化，而且再过十年左右就要退休。你的公司很有可能会由来自世界各地的员工组成，从业人员里的女性会比以往都要多，更多的年轻人会取代退休的婴儿潮世代。无论公司的总部在哪，你都很可能要跟海外伙伴、厂商或供应商做生意。

面对自己和不同文化、性别与年龄的员工（或客户）之间的社会距离，你的应对方式会决定着公司的成败。依照荷兰社会心理学家莫克·马尔德（Mauk Mulder）的定义，这个距离或权力鸿沟是指把下属与老板分隔开来的"感情距离量"。著名的跨文化专家吉尔特·霍夫斯塔德（Geert Hofstede）以自己的研究补充了这个定义，并表示老板和员工对于社会所能接受的权力距离主要取决于母国的文化。

基于本书的目的，我们将用"权力鸿沟"来代表把人分隔开来的差异，包括经理人和员工、男性和女性，以及来自不同世代与不同文化的员工。对于这些关系，我们都是以权力鸿沟来指称这种距离。例如在某些国家，公然与另一位高层主管唱反调可能就足以使敏感的谈判触礁，或损害现有的工作关系。同样的，在世界各地的某些职场上，女性经理人得到的尊重不如男性。

各式各样的学术研究和报告都把多元与多元化思考过程与更高的投资报酬、更好的沟通以及更优秀的团队联系在了一起。近期的研究显示，"采纳不同的思考方式"对创意与团队合作贡献良多。会创新思考的通晓型领导人能掌握下级的独特观点（就像在淘金一样）。

在《创新者的基因》（The Innovator's DNA）这本书中，作者杰夫·戴尔（Jeff Dyer）、哈尔·格雷格森（Hal Gregersen）和克莱顿·M.克里斯坦森（Clayton M. Christensen）就强调，"探索导向型"（discovery-driven）的主管会跟和自己不同的人打交道，并深知从意想不到的地方去寻找智慧有多重要。身为经理人，你可以把这点应用在自己的组织中，积极不懈地努力拉近你和团队成员之间的距离和差异，而不是忽视那些人。

无论我们可以向各位提出多少学术数据论点和个案研究，以下的实例大概最能呈现出我们在领导发展研讨会中通常会听到的情况。

领导全球团队

吉姆是一家跨国公司的资深副总裁，这家大型消费品公司在9个国家设有办公室，分支遍及亚洲、欧洲与南美。该公司的网站和招聘要求很强调全球的"相互联结"。身为部门的负责人，吉姆所管理的团队有21位下属。而在吉姆的团队里，有很多人也分别在管理自己的全球团队。全球公司明确的宗旨是全球兼容与多元，并鼓励经理人尽可能地扩大应聘者的来源。就他自身而言，吉姆可以自豪地说，他的团队里包含了各式各样的人：马克是偶尔会一起打高尔夫的球友，并受到他亲自指导；23岁的密特拉聪明伶俐，原籍印度；保罗则是巴西办公室的负责人。跨国公司的每个团队在雇用的第一年都受过规定的多元化训练，公司也很自豪自己从没有过种族歧视的记录。吉姆很善于开展定期、持续的管理训练和主管教育学习。在个人方面，他发现自己慷慨的"开门"政策确保了自己能与所属团队保持联系，所以别的团队成员、产品或客户只要一出现麻烦的先兆，他就会知道。

全球多元化作业有一个部分是，跨国公司的人力资源部门安排了吉姆和其团队去参加"文化通晓度"（cultural fluency）的专题讨论。公司希望通过这项活动让领导人努力了解和欣赏其他文化。高层全球主管的专题小组讨论到，"跨文化调适"对所有的经理人都至关重要，尤其是对于那些负责全球市场的人。吉姆在会谈中听得聚精会神，会后他又和会谈人握手致意，感谢他们充满启发的讨论。他拉着马克去吃午饭，并向犹豫的密特拉点了个头，她则用推特发了一句自己在听讲时相当喜欢的话。

"内容很有意思。"在回到校区的路上，吉姆对马克说，"可是我很高兴我们在这方面不只做到了这一切。我们不会挑明众人的差异，从来都不会。我们所遵行的原则很简单：**我们彼此尊重，做事规矩。一切就在于彼此尊重，这是我们价值体系的核心。**一句话，每个在我手下做事的人都是跨国

公司大家庭的一部分。"

吉姆对他和他的多元团队在公开沟通上的努力感到自豪，这相当令人钦佩，**但吉姆可能犯了一个屡见不鲜且短浅的错误，那就是掩盖了团队中的差异。**吉姆相信，自己对待下属一律平等。但在后续各章中，我们会就其中一些细节展开探讨，进而看出吉姆是如何未能切中要点，以及每个员工和公司将会付出什么代价。

吉姆这种"缩减差异"的管理风格带来一个自然而然的问题，那就是他相信只要公司里的每个人都尊重彼此，一切就会很顺利。尊重是正确的基本价值，但也深受情境所左右。可以理解的是，吉姆在整个职业生涯中所管理的其他团队都是斗来斗去并缺乏凝聚力。他必须用"尊重"下属这句话来当作团队的箴言，以打造出同心协力的工作环境。这支新团队"表面上"看不见冲突，不过吉姆所认为的尊重在密特拉看来或许并非如此。他们或许都不明白，对保罗负责开发的巴西的成千上万个女性消费者来说，保罗眼中所认为的尊重也并非如此。尊重被重申了这么多遍，要选哪一个才对？我们要照谁的规则来走？因为负责的人是吉姆，所以我们就要听他的吗？因为目标消费者是衣食父母，所以就要听他们的吗？还是因为密特拉代表了新世代的声音，所以就要听她的？各位可以看到，这种表面的同心协力有多脆弱。意图避免"让任何人感到不快或是在无形中矮人一截"虽然是出于善意，但回避任何辨别、讨论甚至是承认差异的矫正，其实并没有矫正任何事。

> 意图避免"让任何人感到不快或是在无形中矮人一截"虽然是出于善意，但回避任何辨别、讨论甚至是承认差异的矫正，其实并没有矫正任何事。

职场与所属社群中的"外向典范"

差异不一定是像族裔或是性别那么明显，但它所涵盖的沟通价值与风格也会使我们与公司的规范产生距离。在苏珊·凯恩（Susan Cain）鞭辟入里的著作《安静：内向性格的竞争力》（*Quiet*）一书中，她描述了自己在研究内向者时所经历的过程。她访问到的一位哈佛商学院学生压根就认为"哈佛商学院没有内向者。你在这里找不到半个"，并描绘了在他们学校显然很受欢迎的特定成功形象。当然，实情并非如此。我们就遇到过善于交际的内向者在哈佛商学院就读（后来也成功当上了主管，甚至是组织的负责人，并横跨营利与非营利界）。但有某些职业或组织会强化某种主流的"风格动态"（style dynamic），使它在该组织中被认为较有吸引力，并让新进人员（包括有意就读的学生）察觉到，只有符合"外向"形象的人才需要来应征。

确切来说，这种"外向典范"（extrovert ideal）无所不在，而且在北美大部分的企业环境、学校与社会中经常受到赞赏。当职场重视"强悍、引人瞩目的领导特质"时，个人要是没有以明显的大动作来展现领导力，常常会遭到忽视。

我们老是听到这种"让我们彼此尊重"的管理哲学。如果要了解它有多盛行，不妨把缩减差异的本能摆在系统中来看。吉姆的思维反映出差异在历史上所受到的歧视与不公平待遇。女性和少数族群进入美国职场的历史只有短短50年，而且在公司的董事会中几乎看不到他们的身影。在打造更多元的工作环境时，确保薪酬与地位平等以及禁止歧视的法律规定是必要的基础，但做到了这一点并不足以完全消除潜藏在组织中的成见。公司固守着由主流文化规范所塑造出的故步自封的强硬态度，没有留下任何空间给不同于这个模式的员工。

从20世纪初期到中期，我们肯定是大有进步的。假如我们的目标只是让女性和来自多元文化背景的人能公平从事与进入特定职业，这会很容易让人以为我们已经成功了。但假如我们真心想要在全球经济中获得成功，这条路就不止于此。我们要懂得如何善用我们的共同点，还要学会如何辨别和运用我们的差异。

下一步则是20世纪八九十年代的扩大职场多元化训练，主要是关于种族、性别和基本权利的观念，由企业里的人力资源和法务部门主导，目标是不要给差异贴标签，并把成见与歧视揭露出来。但凸显多元问题所引发的意外后果只带来了成见、偏见与不公，因为只要一提起多元化，负面的影响就挥之不去，使人稍微一谈到就紧张兮兮。

乔治城大学麦克多诺商学院（McDonough Business School）的院长大卫·托马斯（David Thomas）说，这种凸显的效应之一是使公司拿出了"防御性的政策"，以指导经理人从表面上停止辨别差异，并就此打住。与此同时，企业案例则不断演变成对多元的从业人员有利。在严苛的劳动市场上，公司对多元化的关注被顶尖的人才视为一大优势。顶尖人才高昂的养成和训练成本使公司需要去了解多元化员工的需求，才能留住他们。多元的从业人员逐渐被视为能准确反映出多元消费群的需求。领导人和研究人员虽然标榜"多元是一流公司必须要有的表现"，但法务团队和人力资源部门却在消灭或掩盖差异。

因此，在我们的经验中，我们在大大小小公司内部都看到了不成文的假设、矛盾的信息和公司内部的困惑所造成的冲击，并涵盖三个主要的群体：文化、性别和世代。其他的群体当然也会呈现出职场上的差异，像是种族、宗教、残疾和性别倾向，而且有研究证明，主流文化对于这些群体同样缺乏了解并形成了权力鸿沟。不过在本书中，我们会聚焦在前面三个层面上，因为学会辨别差异并适当磨合管理风格对领导人至关重要。

女性管理者会带来什么

虽然女性持续受到公司积极争取与聘用，并在职员及小主管当中占了半数左右，但《金融时报》近来有一则报道却指出，英国的公司一直很难提拔和留住女性主管。克兰菲尔德大学（Cranfield University）管理学院的《2012年富时女性报告》（Female FTSE Report）指出，女性在"富时100"（FTSE 100）的执行董事中只占6.6%，在"富时250"（FTSE 250）当中则仅占4.6%。[①]企业主管培训机构普雷斯塔（Praesta）的研究显示，女性鲜有领导上的角色模范，所以她们在采用传统模式时会遇到指导上的危机，于是有些公司便拿出非传统的指导安排，像是以比较资深的女性来搭配资历浅的男性主管，以协助男性了解女性的定位，或者在各公司都是由女性互相指导。

跟男性高层所采用的领导风格比起来，女性所展现出的领导风格有时被认为"太过柔弱"，其实这对女性不利。寻求共识的风格至今仍未被视为强势的领导风格。许多人的心里都有个假定，那就是女性根本就承受不了领导职位所带来的压力。但这是公司不敢触及的话题，对女性高层的信赖也是闪闪躲躲。要是我们不能坦诚谈论女性领导风格的价值并从根本上支持女性的发展，女性主管的高流失率就会持续处于高水平。

"影响领导力21"（IMPACT Leadership 21）的首席执行官兼创办人珍妮特·萨拉萨尔（Janet C. Salazar）指出，女性在职场上最常犯的错误就是假定男性会自动去了解她们。"想都别想。身为女性，你绝对不能假定男性

---

① "富时100"指数由世界级的指数计算金融机构富时集团（FTSE）所编制，自1984年起，涵盖在伦敦证券交易所交易的市值最大的100只股票。——编者注

会去了解你、你的领导方式，或是你的背景。男性的思维模式（和女性）不一样，所以你必须教育他们、学习他们的语言，并善用这些性别上的差异来共事。对男性来说也是一样。女性所用的语言跟男性不一样，所以你要去了解（女性的）独到之处和对互动的影响，以及女性是如何理解男性的一举一动。"

两性专家阿维娃·维滕贝-考克斯（Avivah Wittenberg－Cox）的著作《女人不容小觑》（*Why Women Mean Business*）中认为，了解女性会为组织带来独特价值。女性有强大的购买力，并能为领导决策带来不同的观点。女性职场研究组织卡特里斯（Catalyst）和麦肯锡近来的研究也显示，董事会或执行委员会里有较多的女性会带来重大的绩效优势，盈利也会增加：销售报酬率为73%，股东权益报酬率为83%。

有位全球消费品公司高层领导人表示："员工看起来越接近顾客并了解他们，我们就会越成功。"他看出了善用组织内部的差异会直接影响到公司的成功。

文化危机

在衡量权力鸿沟时，性别只是公司需要考虑的其中一项差异。嘉德亚服务（Cardea Services，它的前身为健康训练中心［Center for Health Training］）指出，组织如果要想真正强盛，所要展现出的就不只是文化上的多元化，还要体现出对文化的精通。

美国联邦政府"玻璃天花板委员会"（Glass Ceiling Commission）在"标

准普尔500指数"[①]企业中发现了一项既可观又鲜明的差别：在多元化相关措施上居于劣势的后100名公司中，其平均进账的投资回报率是7.9%，位居前100名的公司则是这个报酬率的2倍多，平均达到了18.3%。把精通文化的举措渗透到公司整体的价值观、政策和方案中，所得到的效果就会很可观。

我们在自身的工作中也看到，"缺乏文化意识"会成为有效经营的阻碍。亚历克斯是个带有拉丁血统的投资银行年轻员工，他回忆起自己陪同高层去巴西拜会一家潜在的本土客户的经历。首次拜会时，本土公司的两位高层领导人盛情款待了他们，并花了一个小时来认识这个银行团队，甚至问到了银行高层人员的个人兴趣和家庭背景。亚历克斯察觉到，随着时间流逝，他的高层管理团队正逐渐失去耐性。由于巴西的企业文化十分讲究关系与信赖，因此在跟美国的伙伴建立起某种深层的个人信赖感之前，他们并没有要谈生意的意思。相反，美国人则希望在会面20分钟内就把文件给签好。亚历克斯回忆说："我们差点就搞砸了那笔买卖。我们才要开始暖身并认识彼此时，我们这边的资深常务董事就急着往签订买卖的后续步骤迈进。动作不是非得这么快不可。假如我们把那些时间拿来建立关系，还是会获得成功。"

对文化背景的差异会造成不同的后果，还有个例子是，在一路爬到高管的职业生涯中，服务于西方公司的亚裔人士会变得停滞不前。亚裔人士现今在美国是教育程度最高的文化群体（50%的人有大学学位），在某些行业的基层从业人员当中占了15%～20%，但在公司管理层当中只占0.3%，在公司董事当中则占不到1%。这么不对等的背后原因为何？人才创新中心（Center for Talent Innovation，前身为工作生活政策中心［Center for Work-Life Policy］）在2011年的美国亚裔研究中指出，对于要怎么调整自己的举止、外表和言谈来迎合职场上固有的领导模式，有半数的亚裔男女觉得有压力。虽然外界仍

---

① 标准普尔500指数（S&P 500 Index）是记录美国500家上市公司的股票指数。——编者注

是通过"模范少数族群"的刻板印象来看待亚裔人士，但真正以项目来支持他们的职业发展的举动却很少，尤其是亚裔人士所背负的这些特质和主流的期待形成了反差：美国强调的是积极的领导风格，必须明显地展现出个人魅力，以及不厌其烦地自我推销。

因此，根据加州大学河滨（Riverside）分校在《应用心理学》（*Journal of Applied Psychology*）杂志上所发表的研究指出，运用少数种族的知识与经验在全球市场上会带来明显的竞争优势，但在企业领导人怎样才算优秀的认知上，刻板印象和成见却挥之不去，以致少数族群在领导岗位上的升迁受到了很大的影响，机会与市场份额也就此拱手让人。

世代鸿沟

有个老生常谈是，父母从来不了解自己的孩子或孩子的朋友，所以孩子自然听不懂父母的意见与观点。每一代都有自己的一套价值观、成见和喜好，都有别于其他的代际。所以可想而知，美国职场目前所雇用的员工来自四个不同的代际，每一代人都有独一无二的工作心态、工作方式以及职场文化，所形成的多元化挑战不下于性别与族群。

婴儿潮世代很容易接受一周工作80个小时，Y世代的人则把工作与生活的平衡以及工作的意义看得很重，无法忍受那种对工作任务的终极目标不明就里的期待。

事实上，领导发展顾问和世代专家也表示，塑造职场价值观与留才率的世代差异在现今的公司中日益显著。"在Y世代身上，公司与员工之间的社会契约已有所变化。"Y世代专家兼《从学业到职业》（*Getting from College to Career: Your Essential Guide to Succeeding in the Real World*）的作者林赛·波拉克（Lindsey Pollak）说："对千禧世代来说，忠诚并不等于要待在公司，建立职业生涯，然后退休。他们希望经理人把他们视为个人，并了解他们的贡献。他们希望领导人把每个千禧人都培养为平等的参与者，而不只是会做事的人。他们想要爱自己的公司，因为公司和品牌就是自己的投射。"她说，婴儿潮世代对于Y世代的下属多半没什么意见；X世代对下一代人则不太了解。X世代的老板最好要学习，"当事情展开后，就要对它放手，尽到了本分就好。要去想的反而是，要怎么让Y世代比较好做事。你要怎么利用Y世代对于企业目标的既有知识？把他们送进你不想参加的委员会。这些是新的领导人。要去了解新人类！我们需要他们的知识！"

随着越来越多的领导阶层即将退休以及空前的人才荒，对于有意吸引和雇用年轻一辈员工的公司来说，了解要怎么激励年轻人就变得日益重要。但要是对不同年代的管理风格以及价值观缺乏了解，势必就会产生抵触。不管你喜不喜欢，Y世代的人才都会去寻求并找到更契合本身价值与工作风格的地方。婴儿潮世代或许反抗过他们较为保守与传统的父母，但他们还是需要得到下属的尊重。同样这些包含X世代与Y世代的团队在先天上就比较有创业精神，甚至会对公司内部传统的层级结构感到恼怒。

经常被老一辈形容为"眼高手低、只顾自己、沉迷科技"的Y世代，展现工作价值的方式多半不太一样。他们可能一到五点就下班，等到晚上却会重新开始工作，直到半夜。他们要的是有意义的工作项目，连最基层的应聘人员都希望与更大的组织核心有所连接。他们利用社交媒体进行多任务处理的一面或许会让老一辈的经理人摸不着头脑，但他们确实知道应该如何去迎合7200万个来自Y世代并且有消费能力的新生代。

根据盖洛普（Gallup）在2013年的研究，无法让员工受到激励并发挥产能的组织一年估计会损失4500亿～5500亿美元。柏克曼国际（Birkman International）的训练总监麦特·詹周（Matt Zamzow）表示，"无法以适当及有效的方法来化解世代鸿沟"的公司，将面临空前严峻的留住人才问题。

牢不可破的"雷同性"

要是以明显的成见以及对多元的反动来论断，前面故事里吉姆的"众人齐头式"架构看起来可能像是进步的行动。毕竟他的团队很多元，我们也看到吉姆在态度上对下属所表达出的善意。不过研究指出，就驾驭差异而言，仅有善意和正面的意图是不够的。吉姆虽然秉持着最好的意图，我们却在他的管理哲学中看到，他或许是出于无意识而隐约相信，自己的做法是对的。毕竟吉姆、马克、密特拉和保罗之间依旧存在着文化、性别和世代上的差异。吉姆期待团队中的那些文化异类能融入主流职场文化，并在如何成功、如何齐头并进上接受相应的行为与期望。

当领导人只从自身的视角来感知与判断行为时，他就会迫使在主流文化以外的员工改变自己在职场上的行事作风，无论他们是否明白自己在做什么。为了符合领导人的要求，女性可能会被迫展现出较为积极或好胜的风格。来自其他文化的员工在行为与性格上必须接受西方或美式的观念，这些甚至会与自己本身的文化价值观相抵触。对进入职场的千禧世代来说，融入可能就代表着要放弃使用他们熟悉的社交平台，以符合公司比较能接受的沟通模式，或者是接受比他们想象得慢的升迁路径。要是没有调适与通晓型领导人来当家做主，鼓励不同的看法，员工就会有很大的压力要去迎合团队中既有的领导规范。

在理想的状态下，组织和来自特定文化或代际的员工要彼此互相磨合才对。这虽然没有神奇的公式可循，但归根结底就是，双方都需要做对企业最有效的事。要做到这点有赖于多发问，而不是自动把人安插到默认的系统里。这代表要在组织的默认风格、流程、沟通和主导升迁的不成文规定上去挑战（双方的）假定。经理人可以自问并鼓励员工发问：每种风格有什么优缺点？它会如何影响公司的盈利？它会如何影响关系的建立？哪种做法最有效，不同的情境下是否要有条件地使用不同的风格？

大多数的经理人并没有意识到，自己是在强迫团队成员改变自己的风格。毕竟如果要看到改变，他就必须了解及观察这些多元团队成员的背景。有的人则认为这看起来很公平，毕竟他们处于公司架构的顶端；那他们为什么非改不可？依我们所见，简单的答案就是，不这么做就会有风险。在这样的管理方式下，员工可能不会有发展，或是对自己被迫改变感到愤愤不平。时间一久，有些人对于要不断走出自己的舒适圈来迎合新的文化感到厌倦，并且干脆去找个可以让自己更容易发挥所长的组织（或经理人）。如此一来，他们就会表现低落或一走了之。这还没把台面上"未经开发的闲置潜能"给算进去——这是指如果能利用员工风格、价值观与经验上的差异（我们称之为"未尽其用的文化资本"）来增进公司利益的那种潜能。

多元化的旧企业案例已不再够用。光是在团队里招募多元化的成员就希望得到最好的结果，这并不能使公司受益。事实上，哈佛商学院的罗宾·伊利（Robin Ely）表示，经过"实证检验"，多元化若未经整合及群体之间的双向学习，反而会成为毁灭的力量。研究证实，吉姆"限制谈论差异"的色盲模式根本不管用；同样的，未经深究就根据所认知的优缺点来"适当"指挥多元团队成员的经理人也不及格，而且事实上可能会比没有相应基本优势的同质团队遇到更多的冲突。多元研究网（Diversity Research Network）联合集团表示，多元需要超越企业案例的简化论证，因为它少了实践的复杂性。该集团说，假如对此置之不理，研究显示，多元反而会对团队凝聚力产生负面影响，导致沟通不良与冲突扩大。他们反倒发现，"在分析多元化是否影响绩效的本质时，情境至关重要"，而且有一些乐观的证据显示，"促进对多元的学习"会使组织直接受益。

在现今的全球市场上，假如不从管理的角度做好小事，我们可能面临的就是从"人才充分发挥"到"心不在焉和错失良机"间的差别。各公司都在利用多元化员工的大军来产生文化上的洞见以启迪创新。假如我们不投入时间或心力来了解所属团队成员的文化组成，在驾驭跨国团队上就会落于人后，能激发创新思考并联结多元化消费群体的人也会无用武之地。

成功的领导人必须愿意与团队成员一起寻找折中点。他们会承认并跨越差异，以便对团队成员给予适当的建设性的建议，同时寻找每个机会来利用差异并提高盈利。

难以启齿的差异话题

优秀管理者本身的意愿与意图是关键。因为真相在于，不只是以防御为能事的法务部门会鼓励回避差异，人性的固有特点也会使我们回避差异的议题。它部分与语言有关；身为美国职场的管理者，我们缺乏令人满意的词汇来谈论差异。我们既有的字词全都显得太过沉重，要不就是无法把我们的意思确切表达出来。

我们从大众媒体上所接触到的对文化差异的描述有许多都是夸大的刻板印象或是一概而论，对讨论差异更是打压而非鼓励。谈论差异令人不自在。它看起来几乎注定会引发冲突与敌意。我们畏惧负面的反应。事实上，我们极度害怕自己会有错误的假设或是说出失礼的话，以致扼杀了我们对彼此产生的所有好奇心。

所以我们必须发展出以有益的方式来谈论差异的共同词汇，好让我们能展开这些基本且必要的谈话。这也是充分了解彼此观点与立场的第一步。

> 我们极度害怕自己会有错误的假定或是说出失礼的话，以致扼杀了我们对彼此产生的所有好奇心。

"我们不看肤色"的谎言

且不论我们在职场上讨论差异会有困难，有些人可能对子女也避而不谈文化和种族上的差异。碧姬·威特鲁普（Birgitte Vittrup）是在德州大学儿童研究实验室研究多元文化故事情节与儿童种族态度的博士生。她发现她所调查的美国白人父母几乎没有直接跟子女谈论过种族问题。他们的家庭采用了一些概括的引导原则，像是"人人平等"或"撇开肤色，人人都一样"，但几乎从来不关注种族和文化上的差异，而非白人的父母讨论种族的概率则是他们的3倍左右。

对未知的恐惧

在比较基本的层次上，全球各地的不同社会与文化似乎正以迅雷不及掩耳的速度在融合，但我们落伍的大脑还跟不上这种节奏。

有些神经生物学的研究人员相信，我们对差异或许有进化上的成见，这点则支持了多元化群体在特殊学习与融合上的需求。神经领导力研究院（Neuro Leadership Institute）的大卫·罗克（David Rock）和丹·雷德奇（Dan Radecki）表示，不熟悉的功能会在我们的脑中引发或战或逃的反应，以便让我们在面对潜在的威胁时不至于受害。

有些研究指出，"威胁"可能就来自不同种族群体的人。由中美合作进行的一项研究显示，人们会在无意识当中感同身受地偏袒所属种族群体的成员。研究证实，在处理朋友或同类的相关信息与陌生人的相同信息时，我们会下意识地区别对待。当我们察觉到某种固有的"相似性"时，处理起来会比较准确和感同身受。要是察觉到对方和自己不是一类人，我们在处理信息时出的错就会比较多。假如我们老是一副不信赖或怀疑别人的样子，就很难处理好从对方身上所接收到的信息。假如我们接受自己与生俱来"对于跟自己最像的人会应对得最好、最准确"，那就特别需要建立必要的技巧以及培养多元环境的管理阶层。我们必须学习把"差异"视为隐性的潜能，而不是包袱。我们不仅要希望去了解不同观点，还要对他人的观点与动机永保好奇，并以技巧来形成领导风格，以便为团队激发出最好的结果。这就是通晓型领导人的特色。

> 我们必须学习把"差异"视为隐性的潜能，而不是包袱。

关键才能：通晓

领导人对差异视而不见并不够。领导人不能期待着身处在主流文化之外的团队成员盲目融入主流文化。那多元化团队的经理人应该要期待什么才对？我们在跟像吉姆这样的经理人共事时，目标是要让他们具备现今的领导人所必需的关键才能，也就是我们所谓的"通晓"。

就英文来说，"通晓"这个词是指能轻轻松松、毫不费力地表达自己。

就跟通晓多种语言的人一样，真正通晓的企业领导人能毫不费力地与形形色色的有别于自己的人共事及沟通。

> 真正通晓的企业领导人能毫不费力地与形形色色的有别于自己的人共事及沟通。

我们一想到通晓，就会联想起另一个语言学词语——语码转换（code switching）。在描述通晓在企业情境中所能发挥的效果时，它是很好用的比喻。语码转换是指在一段谈话中同时运用不止一种语言。各位可能听说过西班牙式英文和新加坡式英文之类的说法，其中就隐含了语码转换的概念。

语码转换在过去被视为人所表现出的一种应对行为（copy behavior），因为他对任何一种语言都不精通，被卡在两个语言世界之间。为了加以弥补，他就会在自己所知道的两种语言之间转换，并交替使用字词和语汇，好让别人明白自己的意思。后来在《幼儿读写期刊》（*Journal of Early Childhood Literacy*）、《国际双语期刊》（*International Journal of Bilingualism*）和《科罗拉多语言学研究》（*Colorado Research in Linguistics*）上所发表的研究指出，语码转换并不是情急之下的战术，而是有意识地在语言之间挑选合适的词，以确切掌握说话的人所要表达的细微差别。

因此，和在分别精通某个语言的情境下被视为蹩脚不同，说话夹杂两种语言便成了利多行为，有时还能因此创造出混合式的第三种语言来表达微妙的措辞与意义。他们利用本身的差异来使自己受益。通晓文化的领导人就跟在不同的语言之间毫不费力地转换语码的人一样，能在不同的文化、性别和世代之间说话和转换，并以情境所需要的最有效方式来沟通。

你看得懂以下这些"语码"吗？"西班牙式英文""新加坡式英文"和短信全都成了独特的语言，并提供了既好玩又特别的沟通方式。它超出了正常的范畴，但真的相当一针见血而有效：

· 西班牙式英文

Vamanos a hanguear aqui ——"咱们来这晃晃吧！"

Es muy heavy ——"那非常深不可测（或可怕）。"

Trajiste tu lonche? ——"你有带午餐来吗？"

· 新加坡式英文

Ah ya! Cen you help me wit fix car, lah? ——"哦，不会吧！你可以帮忙我修车吗？"

Yah lah, can, can. ——"好啊，可以！"

· 短信

IMHO, ITS PROLLY 2 L8 2 CALL.SO GLAD 2 BHERE! LOL :) ——"以我的浅见，现在决定八成太晚了。我非常高兴来到这里！开怀大笑与微笑。"

LUV UR SELFIES. SO ADORBS! VERY JELLY. ——"我爱你的自拍照。美极了！我非常嫉妒。"

语码转换似乎是在无意识当中以这种方式在运作，用最有效的手段来充分表达自己。但身为领导人，我们在变得通晓之前，势必要走上很长一段路并经历好几个阶段。这段路反映出的是，我们以成人的身份迈向成熟的旅程。

学习阶段与文化才能

我们在和客户共事，以便让他们通晓权力鸿沟时，所用的策略是取材自威廉·豪威尔（William Howell）的"学习四阶段"（Four Stages of Learning, 1982），还有米奇·哈默（Mitch Hammer）的"跨文化发展量表"

（Intercultural Development Inventory，IDI，2009，2011）。

对于在学习新领导技巧时的四个"才能阶段"（stages of competence），威廉·豪威尔的描述如下：

开始的阶段是"无意识的无能"，他们并不知道自己有多无知。他们后来认识到了自己的不足之处，于是来到"有意识的无能"阶段。此时他们仍然缺乏能力，但已经意识到了这点。个人开始有意识地持续学习新的技巧或能力，最终来到"有意识的才能"阶段，不假思索就能把技巧展现出来。来到这个阶段，你根本不会察觉到自己正在适应不同的风格，要练习新的领导技巧就会变得比较容易。

（1）无意识的无能：个人并不知道要怎么做某件事，也意识不到自己所缺乏的能力。在培养为领导人时，这或许是他的"盲点"。个人或许会否认自己需要学习新的技巧。

（2）有意识的无能：个人虽然还没有学到要怎么把新技巧展现出来，但越来越清楚自己缺乏哪些能力。

（3）有意识的才能：个人学到了要怎么做某件事。不过，技巧或知识必须全神贯注才能运用出来。新技巧要通过有意识的努力来执行。

（4）无意识的才能：个人更加频繁地拼命练习新技巧，使练习变得简单许多，而不需要刻意花费多大的工夫。

此外，我们发现跨文化发展量表有助于我们评估团队在领导训练上的"跨文化准备度"（intercultural readiness）。它使我们对个人、团队与组织的文化才能一目了然。"跨文化发展光谱"（Intercultural Development Continuum，IDC）则是在辨别文化才能的五种世界观：否定（Denial）、极化（Polarization）、缩小（Minimization）、接受（Acceptance）和适应（Adaptation）。跨文化发展光谱的工具是奠基及改写自"跨文化敏感度发展模式"（Development Model for Intercultural Sensitivity，DMIS，

Bennett1986，1993，2004），并由米奇·哈默所发展而来（2011）。其间的五种心态如下：

否定：这个阶段所反映的是，在价值、信仰、感知、情绪反应与行为上了解和适当响应文化差异的本领较为有限。它的特点是不感兴趣，或是在某些情况下回避其他的文化。

极化：极化是从"我们对比他们"的角度来看待文化差异的评断式心态，特点是防卫（Defense，认为自己的文化比别人的好）或逆转（Reversal，认为自己的文化比别人的差）。

缩小：缩小是种过渡心态，一边是比较单一文化取向的否定和极化，一边是比较跨文化和全球世界观的接受和适应。在人的相似性（Similarity，如基本需求）和普遍性（Universalism，普遍价值与原则）上，主流文化多半都会凸显出它的共通性，而可能掩盖掉对文化差异较深层的理解。

对非主流文化的成员来说，缩小则是驾驭主流文化实践（也就是曲意顺从）的策略。

接受：个人认识到并欣赏文化差异的形态，以及本身和其他文化的共通性。

适应：适应是种跨文化心态，特点是个人不仅能转换本身的文化观点，还学会了以恰当的方式来调适行为，以更有效应对其他的文化社群。

让我们来看看你的领导实践吧。以下描述了各位可能会具备的四种管理风格。各位边看边试着去真实评估，在迈向通晓型领导人的路途上，自己走到了什么阶段。

风格一：傻眼的经理人

跟有别于自己的人共事使你感到不自在，或者你跟他们互动非常有限。你或许不知道自己和部属之间存在着权力鸿沟，所以当事情并非总是朝着你的预期发展时，你就会傻眼。因此你甚至没有注意到自己缺乏缩短鸿沟的能力。你固守着自己所知道的情况，而不触及任何不必要的议题。对你来说，"没有消息就是好消息"；假如别人没有抱怨你或你的管理风格，那你一定是做得中规中矩。当差异直接引发冲突时，你或许会试着完全避而不谈。

风格二：看不顺眼的经理人

你发现交流方式与你不同的人很碍眼，或是觉得事情有更好的做法。你或许觉得女性工程师没办法像男性工程师那么爽快和有逻辑，或是对Y世代老是在发短信感到不满，并认为这些年轻人可以学学用面对面的传统方式来跟别人交流。你会忍受一些差异，可是在紧要关头，你认为自己的做事方法才是正确的。你期望你的团队能顺应你的风格。

风格三：黄金律的经理人

多元性的训练和过往的经验让你学习到，一视同仁最安全。人的外在或许彼此各异，但毕竟大家都是人。你相信应该要淡化差异，而且就职场上的互动来说，它根本无关紧要。你强调"公平待遇"，也相信假如你以同理心待人，大部分的人都会正面响应。你或许在潜意识中会用自己的经验和立场来建立人员管理的"通用模板"。

风格四：通晓型领导人

你接受各种文化、性别和代际上的潜在差异并感到好奇。你不会运用刻板印象来评价这些差异，而是会在个人层面上去探究及欣赏差异。你会用这些知识来帮忙矫正负面的行为，让员工在更深的层次上发挥出积极的技能与才华，更全面地去激励他们。你能跨越权力鸿沟来磨合，以更有效地管理下属。你会冒险派跟你不一样的人去参与能发挥才能的案子，即使那个人可能能力达不到。你重视他们的意见，并且会设法提升自己在工作上跨越这些差异的能力。

"出于尊重的打探"是通晓型领导人的标志之一，印刷业的一位副总裁克里斯汀就做到了这点。"即使我们的团队一周才开一次会，我们的会计师罗莎却从来不发一语。"克里斯汀表示，"在开这些会的时候，团队里的其他人都会主动提出自己的想法和问题。"但罗莎似乎不太敢发言，即使她的书面报告一向很出色。结果别人都认为她不称职，甚至是不用心。多次的同事评估把罗莎评为表现低下，尽管她的工作成绩很出色。克里斯汀决定要加以深究，于是找了罗莎一起吃午餐，并问她为什么在开会时这么沉默。

对于克里斯汀的提问，起初罗莎似乎有些不知所措。最后她开口说，她是在墨西哥长大和求学。在那样的文化中，让上司来说话才表示尊重。由于每周的会议常常是由克里斯汀主持，因此罗莎觉得自己没有插话的余地。

不过，克里斯汀解释说，美国的经理人会期待团队成员有话就说，无论是在什么场合。在克里斯汀的鼓励下，罗莎逐渐开始发表自己的看法，后来才得以使一项新创事业免于超出预算。克里斯汀也认识到，罗莎对上司的尊重使她能用心倾听，并吸收到比较有经验的人的智慧与知识。罗莎学得很快，经过一些辅导后，她就懂得利用自己的特点来和所有的同事建立稳固的关系。

克里斯汀并没有任由罗莎自生自灭，或是对她缺乏参与感作错误的猜测，而是去深究罗莎的不同风格，以便引导员工的行为，并帮助她培养必要的技能。

第二章

管理权力鸿沟

每周的工作进度会议都令吉姆感到受挫。首先，尽管他喜欢在周一一大早听取进度汇报，但他还是把会议移到了中午，以便让保罗靠视频电话"出席"会议。但真正令吉姆不解的是密特拉。她一直在接新的项目和客户，却不按时通报进展。在会议中，吉姆故意让大伙儿的工作量大到没人受得了。马克很快就笑着说："我手边的事够多了！"但密特拉却完全不推辞。他在清晨两点时收到了她的电子邮件，比截止期限晚了一点，但不管他要求她做什么，她都欣然接受。当他们直接从学校里把她招聘进来时，密特拉就像是个十足的神童。如今吉姆不禁开始怀疑，自己是不是犯下了昂贵的错误。她像是在其他同事面前卖弄，而不把公司放在眼里。

　　当吉姆找密特拉来开会时，除了黑莓手机和一杯咖啡，他还带了很多东西到场。他带上了自己在跨国公司23年的经验，还有分量十足的意见。大伙儿一聊起吉姆，没有人会提到他是哪里人，反而会谈起他的观念。吉姆是个和蔼可亲的人，但对于他以强悍的手段爬到目前的职位，他们还是会窃窃私语。吉姆算是个传奇人物。他对成功无比渴望，对所属团队也要求甚高。事实上，在密特拉那个年纪，吉姆对每个项目子与客户也是能接就接，一周要工作80个小时，所以才能得到老板赏识。

在同事面前，吉姆都称密特拉为"那个聪明伶俐的孩子"，并且他们是在激烈的竞争当中将她招进公司。他知道她的父母还住在印度，但密特拉念大学以后就一直待在美国。她能说一口流利的英语，写东西比一些美国的团队成员还好。不过，他对她的情况了解得并不多。在会议中，大伙儿在谈论吉姆最喜欢的暖场话题——政治或运动时，她从来不加入。但他却听说，她在和另一位同事闲聊时，曾因为YouTube上的某段影片而大笑。他一直不太确定，她是不是故意不正眼看他，因为她老是盯着手机或做其他事，连在开会时也是！吉姆很欣赏她从来不推托任何项目。事实上，她总是笑着把任务揽下来。但假如她的负担过重，她为什么不直说？

吉姆和密特拉之间的情况就是我们所谓的权力鸿沟。

辨别权力鸿沟

在前一章里，我们谈到了经理人和员工在风格、感知和文化价值上的差异。权力鸿沟是把个人与具有权威地位的人分隔开来的社会距离，无论是在正式还是非正式的结构中。

在正式的组织层级中，我们可能会意识到副总裁和资历浅的同事之间的社会距离。但为了讨论方便，我们把少数文化和主流文化加以区分，因为在这些组织中，比较靠近少数文化的人或许常常得不到那么大的发言权。

一般的看法认为，包括多元文化员工、资历较浅的人，还包括年轻的基层团队成员等，这些主流文化的异类应该努力在风格、价值和沟通上配合经理人，并对能缩短权力鸿沟感到振奋，亦即他们应该努力融入组织的既有文化，以"适应"群体。

层级式风格

不过，我们在工作中注意到，传统观念可能并不正确，而且并非总是管用。我们在本书中选择探讨的是多元化、性别和代际群体，因为这些人是已经被全球各地的组织形容为最常感受到的异类（肯定还有其他异类），并且他们在与日俱增的权力鸿沟下与经理人渐行渐远。我们已经看到，同样的情况一再地重演，因为经理人对不同群体的独特观点缺乏了解，使得双方都感到挫败。

在检查与这三个群体有关的权力鸿沟动态时，我们也注意到存在于光谱两端的管理和沟通风格会有所帮助。层级式管理风格仰赖标准化的体系，重视高度控制，并期待把其他人整合到固有的体系或秩序中。权威人士受到高度服从，决策普遍是自上而下的。层级式管理风格大致反映出传统企业的公司结构。虽然跟印度或中国之类的文化比起来，美国企业不算是层级森严的，但它们其实还是支持相当传统的层级式管理风格，许多还是按由上而下的方式运作。职位最高的人拥有最大的权力来决定事情，并为公司应有的面貌和运作方式定下基调。就历史上来说，女性和年轻员工在由上而下的组织中无足轻重，而且大家都心知肚明。过去几十年来，状况已稍有改变，并继续在转型和演变。例如年轻的员工如今多半抗拒层级模式，而偏好比较平等的环境，即使所在的公司是属于层级式结构也一样。女性大学毕业生如今已多过男性，甚至可以为国出征。在对女性授权方面虽然还有进步的空间，但美国的文化号称能在职场上做到充分的平等。

平等式管理风格是以平等主义的观点为根基，这个词源自法语中的"平等"（egal）。一般来说，在偏平式的组织环境中，员工能得到相当平等的决策权。比较偏向平等风格的经理人会设法把自己和团队成员之间的权力鸿沟尽量缩短。有些领导人在层级式的环境中比较自在；有的经理人的风格则平等得多。即使他们所拥有的权力、权威或决策权在形式上大过组织里的其他同事，但他们对待各层级员工的方式可能是一样的。

平等式风格

同样的，对于向经理人提问以及以比较不拘形式地和对方互动，平等式的员工可能会觉得自在，层级式的员工则可能会等着经理人指派工作，并与经理人保持安全距离。大家都说Y世代对平等模式趋之若鹜，但来自层级文化的人可能会认为同样的模式令人困惑，甚至是不够尊重。关键在于要知道自己的个人偏好，并能对周遭人员的偏好有正确的判断。

权力鸿沟是如何体现在所属团队中

以权力鸿沟来说，你的文化背景层级越多，权力鸿沟往往就越大，这是因为层级文化会强化经理人和员工之间的差异。假如你的层级倾向比较强，那你多半会把拥有权威地位的人摆在较高的层级，并对该身份或地位比较尊重，甚至是把权力跟掌握它的人脱离来看。假如你偏好层级，就会把距离当成好事，认为经理人不适合跟下属太熟。结果就是，任何既存的权力鸿沟都会被这层镜片放大。权力鸿沟扩大会导致沟通减少，误解和冲突增加，并可能在建立重大的事业和职业生涯关系上错失良机。

职场上的权力鸿沟是什么样的？以下的一些案例显示出员工在组织的权力鸿沟中被困住。这些员工原本是公司的巨大资产，却遭到了误解和低估。当通晓型领导人把他们发掘出来，并懂得缩短彼此的权力鸿沟时，就能善用多元化人才来增加公司的盈利并使员工的职业生涯受益。拒绝与时俱进的经理人则很可能失去关键的人才与市场占有率。

案例1：吉娜是一家大型汽车工厂的营销主管，她常常列席全都是男性工程人员的设计会议。在开会时，她针对能吸引女性的汽车配件提了几点建议。她还要他们在设计流程中加入一个新的步骤：把从女性焦点团体所得到的信息考虑进去。副总裁却认为，现有的体系好得很。毕竟长年运作下来，这套模式并没有出过差错。他谢谢吉娜的建议，但压根就没有把它当回事。

损失：吉娜对于女性这个至关重要的群体是如何形成购买决定的观点。使顾客认同产品设计的兼容感。吉娜觉得在团队中遭到了轻视。

缩短权力鸿沟使她的主管能得到的好处：新的创新手法。对买主要求和需求的新见解。倾听顾客的具体建议所得到的新竞争力。

不容否认的是，全世界的每种文化几乎都是根植在特定的历史上。假如你是从原本就比较不重视甚至是轻视女性的文化背景而来，那职场上的这种观念就要大费周章才改得了。虽然从20世纪60年代以来，国家进步了很多，但我们绝对还没完全摆脱这种遗俗。除了容易受到挥之不去的重男轻女观念影响外，女性年纪轻轻就被社会化成听从指令与乐于助人。她们会因为这些"好学生"的行为而受到奖励，但其中有些行为可能和高风险、高奖励的企业环境所期望的某些特性相矛盾。相关研究日益证明了男女的沟通方式天生就有所不同。由于女性在职场上已有相当大的进步，因此谈论男女之间的权力鸿沟会令人非常不自在。大家都不想凸显男女之间的差异，而是努力指出相似之处。但这会掩盖掉差异，并淡化一件事实：在大部分的会议室里，主流沟通模式基本上还是很男性化。也难怪在性别角色上，误解会不断发生。

　　案例2：23岁的约翰刚从大学毕业，做事很拼。他已取得了出色的业绩，还不断在争取国际外派机会。但在大多数的日子里，他都是下午五点一到就闪人。

　　他在一家非营利的新创机构担任董事，目的是为市内的贫困中学生提供课后辅导。约翰最近上班都迟到，而且并没有拿起电话打给他的经理，而是在发短信。事实上，约翰似乎花了很多时间在玩他的iPhone，没有外出去跟客户面对面建立关系。没有人指责他的这种行为，并认为年轻人都是这个样子。但也没有人敦促他去申请在应聘时就表示要争取的国际外派。假如他在美国都不能亲自与人建立关系，那他在别的文化中要怎么成功？

　　损失：有机会让约翰展现活力与团队精神，把它向外扩展到客户关系中，并把触角延伸到更广阔的社群里。约翰觉得怀才不遇，而且变得越来越无心工作。

　　缩短权力鸿沟使他的主管能得到的好处：约翰能为了在截止期限前完成工作而全天无休。当项目令他感到兴奋时，他会全力以赴，不用规定或限制，他就能主动配合同侪来执行。额外的加分是，他能利用科技与社交圈的人脉把新产品的消息传播出去。

　　随着人数日增的Y世代进入职场，我们又遇到了另一个"痛"处。在层级式文化中，资历会受到尊重，而且就传统上来说，年龄就等于经验。你越年长，在组织中就越受敬重。但千禧世代平日所见的情况却常使他们受挫。他们渴望的是较为扁平化的组织，不同的部门可以自发地同心协力来解决企业的问题。他们所展现出的决策比较灵活，并有能力使用新科技和新的通信系统来改变企业的经营方式。当新人的期待冲撞到婴儿潮世代老板的传统心态时，这就是经常可以看到的情形。按部就班的经理人可能会不满Y世代的员工期望带来重大而有意义的贡献，尤其是在职业生涯的早期。新的一代期望一辈子能担任好几种职位，而且有可能是在不同的公司。他们所期待的责任或许会超出他们的经验。他们想要快速升迁，而在遭到打压并被告知因为"规矩就是这样"时，他们就会变得很沮丧。

案例3：贾斯汀是第二代的华裔美国人和企业管理硕士，职位是资深理财分析师。他发现公司里斗得很凶，每个人都用尽心机要赢得资深副总裁的好感。"虽然我是在美国长大，但我是在非常传统的华人家庭里长大。我们被鼓励要闭上嘴巴，绝对不要质疑权威。"他说。在贾斯汀以及其他无数的人一样，晚辈要服从长辈，就算这些长辈做错了也一样。对这些员工来说，不多嘴就代表对老板表示服从。

损失：贾斯汀是一等一的分析师。假如他觉得不受肯定，就会离开。

缩短权力鸿沟使他的主管能得到的好处：贾斯汀的二元文化背景，语言能力和广泛、有待发掘的外在人脉，包括他的家人在亚洲的关系。

多元文化员工为了出人头地而去推销自己的成就，晃到老板的办公室去串门子或鼓吹某个想法时，可能会发现自己与公司在尊重和权威方面根深蒂固的价值体系相抵触。结果就是经理人不满意，员工不知所措，沟通逐步瓦解。

综合以上所说的，我们回头来看吉姆和密特拉的情况以及存在于他们之间的权力鸿沟。这两人之间有着资历、文化、性别和代际价值观上的不对等和差异，还有着明显的正式科层制。吉姆享有优势，因为他的定位相当符合全球公司的主流文化规范和传统的美国企业文化。由于吉姆不承认所属团队中的差异，所以他无法意识到密特拉从女性千禧世代南亚移民的生活经验中所承袭来的不同价值观，也无法理解彼此在价值和经验上的差异会如何影响她在职场上的行事作风。

各位会发现，在评估密特拉"问题行为"背后的动机时，吉姆先入为主地用他自己过去的行为来做出他的假定。他并没有考虑到她的观点，而是假定她揽下太多工作一定是为了让他刮目相看和出人头地，就跟他在当初级主管时一样。吉姆虽然欣赏这份胆识，可是坦白说，他也怕她的好强精神影响了团队的表现。吉姆无法拉近彼此之间的权力鸿沟，并深究密特拉太常说"好"的背后原因，使两人都受到了影响。而且在管理多元文化人士或不同性别或世代的团队成员上，吉姆肯定不是无力化解权力鸿沟的特例。有可能会失去熟练员工和现有顾客的不只是吉姆。假如你不把团队内部的权力鸿沟拉近，可能也会在顾客身上失去新的市场机会（本书第二部分会详述这一点）。

　　或许各位想帮吉姆说句公道话。把自己应付不了的工作给揽下来的人是密特拉，为什么说需要改变的是吉姆？在解决方案中，密特拉肯定有她要做的事，但经理人多半不想努力缩短鸿沟。毕竟在许多情况下，鸿沟都是为了抬高经理人的地位。社会距离有时会被当作是在认可权威或表达尊重。可是当经理人选择缩短鸿沟并与员工各退一步时，他们并不是在把权威或尊重拱手让人。缩短权力鸿沟并不需要使领导人变得软弱；事实上，它会有相反的效果，能在以前有冲突和表现不佳的地方建立起信赖与沟通。我们发现，能磨合各种思想与沟通方式的领导人整体来说更受尊重也更称职，因为他们能以独特的方式挖掘出每个人的潜能。

> 当经理人选择缩短鸿沟并与员工各退一步时，他们并不是在把权威或尊重拱手让人。缩短权力鸿沟并不需要使领导人变得软弱；事实上，它会有相反的效果，能在以前有冲突和表现不佳的地方建立起信赖与沟通。

　　例如在吉姆职位上的通晓型领导人会去深究密特拉的行为，既不带着任何先入为主的观念或判断，也不以本身的经历作为评价标准。所存在的问题是，密特拉的工作堆积如山，然后错过了截止期限，可是这样的解决方法还不算明确。假如吉姆能承认并深究彼此之间的差异与距离，他或许会发现意料之外的情况，接着就可以设法加以利用，使团队受益。这个过程就是我们所谓的管理权力鸿沟。对通晓型领导人至关重要的是，你在管理人员的思考方式上要有所创新，并重新思索管理有别于自己的人员时必须采取的行动。对现今多元化团队的经理人来说，这代表着要直接采取行动来评估并深究自己和所属团队成员之间的权力鸿沟。一如我们在贾斯汀、吉娜和约翰的身上所看到的，管理权力鸿沟不但可以修正不必要的行为，还能发掘出未经开发的技能与潜力。

在这种情况下，通晓型领导人可能就会去打听，密特拉以超乎常人的意愿揽下更多的工作是为了什么，即便是在负荷明显过重的情况下。他会发现假如上司要求密特拉把工作揽下来，她无法像马克那样自在地说出"我手边的事够多了！"假如经理需要有人把项目接下来，她会觉得帮忙解决是在尽自己的本分。吉姆和密特拉是用两套不同的规则在玩同一场游戏。吉姆的战术是让它堆积如山，并指望撑到极限的团队成员会说"够多了"。密特拉选择揽下更多的工作并不是要向同事卖弄，她接下烫手的山芋是因为不想让吉姆失望，即使自己已经焦头烂额。

发掘密特拉行为背后的真正动机，会产生什么影响呢？吉姆对密特拉的看法可能会大为改观。她并不是故意要伤害团队，她愿意做得比其他任何人多是为了达成吉姆的心愿！在了解到她为什么会这么做之后，吉姆在与密特拉共事时，对于她该接下多少工作就更有把握，甚至可以重新分配工作量。他就能跟她说，她只需要接下足够的工作就算成功，并展现出她的高超技巧。到最后，行为还是需要改变，当自己忙不过来时，密特拉就要向吉姆报告。管理权力鸿沟是为了让经理人和员工增进信赖并改善沟通，共同找出有效的解决方案。吉姆还是密特拉的老板，他还是会被她尊重（或许还会有增无减），而且现在他会得到他想要的结果。我们看到了这些似曾相识的局面一再地上演。罗伯是一家大型保险公司的资深副总裁，他回忆起自己是如何想方设法引导新来的一位拉丁裔经理，好让她的知识在会议中得到更充分的发挥：

我发现组织里有个新人是从另一家公司跳槽来的经理。有一次在开进度会议时，我注意到她非常沉默。可是我手上有不少她的相关资料，对她的重要背景与技能也有一定的了解。于是在她仍旧沉默了好一阵子后，我便请她过来并对她说："就我的了解，你在之前的工作中有过这种经验。从这点来看，你似乎能对我们目前的经营问题有一定的了解。"在我肯定了她的专长并说我们需要她帮忙后，她就成了我们的重要资产！这帮助她发展成为公司里的专家。

由我们首创的"文化通晓度"圆桌研讨会于近期举行，焦点是在新英格兰一家大型通信公司里领导标准的多元文化团队。透过培训前的团体跨文化发展量表结果，我们得知该团队处在文化才能缩小阶段。在午餐时间，该公司的资深副总裁跑来找我们闲聊。在讲座时，他坐在那里听取所有的信息，并没有发表太多的意见。此时他带着恍然大悟的表情描述了自己的顿悟时刻：

我们公司被视为多元化的模范，是一家会利用多元化来提升业绩的顶尖公司。在过去10年的多元化训练中，我学到了什么该说、什么不该说，最重要的是，不管背景而以同样的方式来对待每个人。这种管理风格过去一直很管用。可是当你们解释权力鸿沟是如何形成，以及不妨调整自己的风格来更有效地与亚裔经理沟通时，我才明白这跟我以往的习惯做法有多明显的冲突。我也才终于意识到，那位经理的成绩为什么会远远不如预期。

该怎么让企业领导人了解到"管理权力鸿沟"有多重要？简单的答案是，假如你打算永续经营，它就必须是你的首要任务。在"新时代领导"这场影响深远的游戏中，了解权力鸿沟的面向是你必备的求生技能。

在检视要如何消除差异上，经理人往往并不认为自己必须付出任何努力来采取主动的角色。各位还记得，对于必须调整开会时间来配合处于不同时区的下属，吉姆就觉得有点麻烦。在思索他和密特拉的问题时，吉姆很纳闷她为什么不主动向他提出她应付不过来这么多工作。但他并没有采取重要的下一步，也就是找她来深谈这个问题。在各位逐步迈向通晓的路途中，我们鼓励各位把心态从过去出于畏惧和逃避冲突的模式中扭转过来，并发挥通晓型领导人的好奇心和主动性来深究新职场。在重新构建多元政策的论文中（Nobel，2011），哈佛商学院教授拉克希米·拉马拉詹（Lakshmi Ramarajan）要领导人把多元化员工的直接参与重新构建为"增进关系"的手段，或是为了"建立方式来让人公开沟通"，并把经理人在拉近权力鸿沟上的努力重新界定为团队进步与成长的重要步骤。

雇用多元团队就希望得到最好的结果，这并不可行。如此一来，在组织内部逐级往上爬或充分发挥所长时，女性、多元文化员工和年轻一代的员工就得不到所需要的妥善管理。经理人所扮演的角色要主动得多，包括检视本身在这些差异上的互动方式，以及给予这些人更有力的带领和指导，好让他们充分发挥所长，善用多元性，并使公司从中受益。假如我们能充分了解权力鸿沟的动态，并努力培养通晓型领导的技能，我们就能做到这点。

第三章

文化与沟通，

跨风格磨合

怎么想就怎么说，怎么说就怎么想。
——美国谚语
会咬人的狗不叫，会叫的狗不咬人。
——中国谚语
不要拐弯抹角。
——爱沙尼亚谚语

本章开始部分的这些谚语说得一针见血。人在建立信赖、互相交流以及沟通本身的需求和期待时，所采用的风格与方式不计其数。我们发现，把社会心理学和人类学的观点应用到商业上会有所帮助。这个观点是指，我们的沟通风格可能会跟同事有所不同。我们所采用的风格和面向来自各种文化人类学家的研究，像是爱德华·豪威尔（Edward Hall）和吉尔特·霍夫斯塔德（Geert Hofstede），他们找出了不同的文化群体所呈现出来的可辨识形态与特性。了解沟通上的差异应该会让各位有新的理解和新的词汇来描述职场上的个人差异，并以不会威胁到双方又能得到好结果的方式来应对不同的看法。在迈向磨合时，经理人的第一步是要学会透过这层镜片来辨别及检视员工的不同风格与偏好。假如成功了，我们就能超越成见与刻板印象来看待差异的本质：世界上另一种生存方式。

　　除了根据员工自身的风格来应对他们，你还要分析自己的互动偏好：你是群体思考者还是个人决策者？你在为工作论功行赏时，比较看重的是自己所达到的结果，还是团队一起完成的事？当你必须对同事提出逆耳的建议时，你会开门见山地告诉他们，还是会试着委婉地表达？你算是感情外向的，还是比较内敛的？如果想要磨合自己所偏好的风格，以确保自己的话有人会听，并提高获得理想结果的可能性，这种自省就至关重要。

在开始更全盘地了解这些维度前，我们想要向各位介绍一个差异的新词汇。我们在下定义时，会以二分法来呈现，例如某人的沟通风格可以说不是直接就是间接，以决策来说则是比较个人主义或集体主义。你或许会认识到组织里有人是属于光谱上的某个极端；有些人所采用的风格依情境而异（例如有人在沟通时可能对上司比较间接，但对别人就非常直接）；有的人则是属于靠中间的地方。在练习磨合领导力时，了解每个人在风格上的细微差别对领导能力会有所帮助，而且随着练习与时间的推移，会变得更善于观察到差异。沟通方式并没有对或错，但各位很可能都经历过，组织中的个别领导人对于特定的互动风格表现出强烈的偏好。以下是本章会探讨的一些风格偏好。我们会向大家解释或许并不熟悉的沟通模式以及它的相关假设，然后举出例子和技巧来说明，要怎么在下列的风格、偏好和行为上沿着光谱来拉近鸿沟：

- 直接 vs 间接沟通
- 外放 vs 内敛
- 任务取向 vs 关系式的信任建立
- 个人主义 vs 集体主义的行为
- 低度情境 vs 高度情境的文化

直接沟通的优点

采用直接沟通的风格是大多数美式公司的规范。整体来说，美式文化愿意面对困难，勇于正面摊牌并把问题端上台面。直接沟通者期待自己不管说了什么话，都能把心意完整表达出来。所以他们会被风格比较婉转的同仁（比如卡姆兰）搞得头昏脑涨，这一点都不令人意外。

直接 vs 间接的光谱

卡姆兰是第二代巴基斯坦裔美国人，他正努力开发一款新的软件。卡姆兰是个比较间接的沟通者。在他的文化中，重要的是不断埋头苦干，靠自己来解决问题，而不是去质疑老板。卡姆兰可能会向同事暗示自己吃不消，并说："工作比我预期的要多。"但他从来不会走进老板的办公室，坦承自己应付不过来。这要如何收场？

在最后一刻，卡姆兰的程序出了差错。他并没有向经理报告，反而住进了办公室，全天无休地工作，以排除程序的差错。他整个周末都在工作，到周一结束时才告一段落，却发现还是赶不上出货日期，使项目大受影响。此时卡姆兰正拿着辞呈坐在你的办公室里听候发落，看自己的饭碗还保不保得住。身为他的上司，你会怎么开口？

一般来说，美国的经理人和领导人在风格上的确比其他文化环境下的人要直接，但个人其实是沿着光谱分布的，甚至能在职业生涯的不同时刻不断转换。假如你偏好直接沟通，那你就会有话直说，并期待别人以类似的方式跟你沟通。假如直接沟通的经理人相信员工在项目上遇到了困难，大概就会像这样对他说："卡姆兰，来我办公室一下，我要跟你谈谈你在做的项目。"

间接沟通者可能会仰赖其他的信息、手势、代码甚至是第三者来传达意思，并靠接收者来自己解读，了解他们想要说什么。假如你偏好间接沟通，你可能会向别人暗示自己对问题的感觉，而不是直截了当地说出自己的意见。要注意的是，间接沟通者并不等于消极反抗或回避冲突的人。消极反抗和回避的沟通者是不主动处理问题的人。当信息实际上是透过其他各种方式间接传达出来时，大家可能就会误以为某个同事在消极对待。在偏好直接沟通的文化中，大家多半不信赖间接沟通者，并认为他们太难以捉摸或是在故意要诈，甚至是在操控局面。不过，我们应该要切记，大部分的间接沟通者就跟直接沟通者一样，都想要把信息表达清楚，只是所用的风格不同。

间接沟通风格的好处

间接沟通者不会像直接沟通者那样要求员工进办公室，并针对项目的问题来主动询问。他们反而可能会请卡姆兰有空时去一趟办公室，好就某件事来听取他的建议。

"有个情况跟你在做的那部分工作时所碰到的问题有点类似，我想要听听你的高见……在这种情况下，你觉得我该怎么做？"假如你去解读这段话，间接沟通者把话说得很清楚，她所约谈的员工其实就是问题所在，而且她想请他针对现有的问题提出解决办法。这种招数就跟"所以我这个朋友的问题就在于……"的表达一样。各位可以看到，依照最让员工感到自在的情境与风格，可能会比较容易得到所要的结果：员工把相关问题给摆平。

由于美国属于非常心口如一的文化，因此当我们位于间接沟通的接收端时，我们就会觉得脱节。但实际上来说，间接的做法也是一种非常有效的手段。

在商场上，有时候我们其实没有自己认为的那么直接。事实上，领导力培训者可以用间接的做法来诱导大家思考，而不是让他们直接面对特定的行为。应鼓励双方在主动参与中去思考问题，而不是告诉别人他做错了事。人常常会陷在这一步当中，认为自己做错了事，而没有继续去改变并努力采取更合适的行动。

在直接与间接沟通风格的对比上，工作范围同时涵盖中美的优秀华裔营运资深经理贝蒂向我们转述过一个贴切的例子。贝蒂的老板是北美的白人主管，在和中国的最大客户开一场非常重要的会议时，他指名由她来做翻译。贝蒂的老板忽略了一件事，那就是在华人的文化中，担任口译会降低贝蒂在客户眼中的地位。做口译会让中国人觉得她只是个翻译，而不是她所要担任的有经验的权威角色。由于她是这家客户的主要客户关系经理，因此这样的错误认知会有损她的公信力。

但贝蒂给老板的说法却不是如此。她本身根深蒂固的文化价值绝不容许她向上司指出，他犯了显而易见的错误。她只是告诉他，在口译这么重要的工作上，她或许并不是适当的人选，于是他就找了另一位口译。间接行事的贝蒂希望他知道自己究竟在说什么。而由于他是个通晓型领导人，因此对于她话中的意图，他心知肚明。靠着这样的处理方法，贝蒂照样可以出席会议，又不用替老板当口译。她替未来的客户关系保住了自己的公信力，又不必去挑战老板的权威。通晓意味着对于直接和间接沟通都要有所了解，并视信息的接收者和情境而定。

直接沟通者或许会把本身的风格视为最开放与最诚实的做法。而间接沟通者是为了把话说得委婉与缓和，这也有它的价值，因为其焦点在于建立和维持关系。贝蒂间接化解了这个问题，因为她并不想挑战老板的权威。但她把信息传达了出去，老板也收到了，并达到了预期的结果。

像卡姆兰和贝蒂这样的人不在少数。间接沟通的文化不胜枚举，而且研究显示，美国的女性一般也偏好比较间接的沟通风格。美国也有地区差异，成长于东北部和南部的人沟通风格就不一样。

属于间接类型的员工很可能比你以为的要多。假如你原本是直接沟通型的美国经理人，又能精通间接沟通的艺术，那你就会培养出一项成为通晓型领导人的重要条件，同时更能拉近权力鸿沟，并与类型更广泛的人有效合作。

婉言以对

在比较间接的沟通风格有其合理性的多种情境下，委婉是很好用的方式。委婉的沟通技巧能缓和信息、要求或问题表述的冲突，有时还能让原本的提问或是你所要谈的人压根不出现在说话者的语言中。

以道歉这个言辞委婉的代表为例，乔治城大学教授暨语言学家黛博拉·坦嫩（Deborah Tannen）有大量的著作谈及，她在男女公开沟通的方式上看到了明显的差异，尤其是在职场上。她认为，承认风格不同很重要，不仅是因为它能防止沟通不良，也是因为它会影响到说话者的技巧和能力带给人的感受。有一个常见的例子是，女性习惯说"对不起"，但她们这么说其实多半不是在道歉，而且道歉不见得都是在表达有人犯了错。

坦嫩发现，当对方做错事、有所要求或造成不便时，有时女性也会说"对不起"。在这种情况下，这些话是为了保持关系或让对方放心。来自不同文化的同事也可能会用"对不起"来表达在工作关系中维持和谐的意愿。

不过，了解委婉的语言要在什么时候以及如何运用是很重要的事。坦嫩表示，对于女性而言，间接甚至带有歉意的风格会让她们显得比较缺乏自信与才能。太过委婉也会让人讨厌或显得矫情，尤其是对希望你有话直说的直接沟通者来说。在这种情况下，间接沟通不见得都是适当的风格。

怎样才算是适当的风格？在某些时候，间接有其必要，例如当对方是间接沟通者时。文化和性别都是可能的因素。不管是在公开还是私下场合，你都可以用委婉来帮别人保住颜面，避免显得挑衅或冒犯，尤其是对于习惯直接挑战你而比较难说上话的人。在和比较高层的人说话时，你可以用间接表达来表示尊重，或是展现礼貌与礼节。

当你有需要的时候，以下是几个要怎么缓和气氛并让人把话听进去的例子。

· 以发问的方式来要求

直接："在周五前把它做好。"

委婉："你能在周五前把它做好吗？"

· 附带条件——希望、可以、也许、有时候、可能

直接："下班前把报告交给我。"

委婉："假如可能的话，我很想及时拿到数据，并在今晚好好看一遍。"

· 把话藏在从句里

直接："我在这方面的经验比较多，我想要主导这个项目。"

委婉："我在斯坦福念MBA的时候做过类似的测试案例。"

对，这就好比是把青菜藏在肉里，这样小朋友就会吃了。但只要他们把青菜吃进肚子里，不就可以了吗？

何时最适合直接？

畅销作家马尔科姆·格兰德威尔（Malcolm Gladwell）在他的著作《异类》（*Outliers*）中论证过，"可以避免的坠机事件却照样发生"就是源于

委婉或缓和的语言，无论是在飞行员与交通控制台的通话上，还是副飞行员在和层级较高的飞行员对话时，如果靠服从和间接的语言来"暗示"解决方法，就容易酿成明显的危机。

在必须直接沟通时却使用委婉的言辞，结果就是惨绝人寰的坠机。有的时候，拐弯抹角只会阻碍流程，无法让自己达到目标。假如你是间接沟通者，那你可能需要强化信息的迫切性，好让比较直接的人听到。紧急或迫切的情况常常需要厘清，像上述的例子就是这样。多注意别人是怎么跟你沟通的。他们是直接沟通者吗？假如你不以同样的方式来回应，他们可能会感到愤怒或困扰。假如你发出一两次委婉的信息后对方似乎没有明白，那就有必要采取比较直接的做法了。

有时不直接会让你显得比较没有自信、能力不够或是应付不了局面，在这样的情况下，直接沟通就是必要的。在十分迫切或是有时间限制（例如项目的截止期限、会议的时间）时，直接沟通也是必要之举。直接表达可能就是像以下这样：

·不含蓄的替代选择

委婉："你跟苏瑞许很熟。你能不能跟他谈谈这件案子？他对截止期限有什么想法？"

直接："麻烦去跟苏瑞许谈谈这个项目，否则我们会赶不上截止日期。"

·去掉修饰语

委婉："假如你这星期有空的话，我们就上次那件任务来检讨一下你的流程。"

直接："我们上周的目标没有达到。明天早上麻烦配合我定的时间，我们要针对你上次的任务做事后检讨。"

·不道歉

委婉："对不起，容我打扰一下，但我们在这点上会不会完全搞错了方向？"

直接："我们的老做法不管用。假如要抓住市场，我们就需要在这批推
广文案的方向上有所创新。"

表达自己

充分表达型的沟通者的优点是，你一看就心里有数了。这些人要是不用
手势、笑容或生动的脸部表情，就没办法向你发问。而且你能确切知道他们
的感觉。即使是在企业的情境中，充分表达型的沟通者也能充分发挥。他
们的声调变化多端。极端情况下，充分表达型的沟通者可能会大吼或拍桌子
（刻板印象中的男性反应），要不然就是掉泪、退缩或离开现场（刻板印象
中的女性反应），以表示不满或难堪。

在美式的情境中，充分表达型的沟通者会面临一些认可和一些障碍。在
外向的表情上，美式文化所能接受的是微笑，连在公开场合遇到陌生人时也
一样。不过，来自东欧的人可能会觉得这样的表达不太正常，甚至是可疑
的。充分表达型常被用来衡量对项目、产品或客户的热忱。同样地，在是否
满意（或不满意）绩效或者看起来是否喜欢某个员工上，要解读充分表达型
的老板也比较容易。而且这些反应可能会在不同的工作环境中受到重视。假
如你是广告公司的经理或业务主任，你的才能是以创意和提案的技巧来衡
量，那你就必须活泼和善于表达，并表现出你很看好自家的产品。

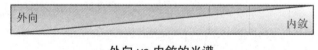

外向 vs 内敛的光谱

至于感情内敛的沟通者则不一样。他们的沟通模式是把话说出来和强调

事实。在谈判条件或应付客户时，内敛的沟通风格所形成令人羡慕的"扑克脸"可能会有用。内敛的沟通者可能会被误解为冷酷或无情，但也可能会被认为比外向的沟通者更理性或更有逻辑。某些文化被认为比较擅长表达，像是拉丁美洲的文化或是法国人和意大利人；有的则被视为内敛，包括一些亚洲国家以及英国和德国人。男人整体来说偏向内敛，女人通常则被社会化成外向的。

布雷恩是在亚洲受教育的韩裔美国人，在一家电信公司担任经理一职前，他是个创业家。最早在一家美国公司任职时，布雷恩就察觉到，目光直视别人会让他感到不自在，所以他宁愿在走廊上稍微点个头，也不愿单独跟主管说话。他很快就察觉到，在职场上，用肢体语言和表现出来的兴奋来让人放心有多重要。他之所以意识到这一点，是因为上司告诉他，他需要表现得热情一点。在知道这对他的成功有多重要后，他就开始把热情展现在自己的语言中，以及在亲身会面时用来表达想法的方式中。结果就是他的点子更容易受到接纳，上司也开始把更大的项目交给他。

虽然布雷恩针对比较外向的风格来磨合的能力帮忙他加强了和领导的关系，但有时候表达过头却对事业有害。通晓型的沟通者会见机行事来评估不同的情况和对象，以形成正确的决定。

和全球伙伴沟通

艾里西欧是一家美国消费用品公司的副总裁，在阿根廷布宜诺斯艾利斯的分公司工作。他即将晋升，但CEO要他先成为更棒的全球管理者。我们应聘去指导在家乡非常称职的艾里西欧，并让他准备好去跟美国、欧洲和亚洲的伙伴及下属打交道。

一开始我们做了全方位的分析，访谈了员工、同级同事和高级经理人。我们请教了在线与艾里西欧共事的墨西哥员工，以及其他公司中跟他共事的人，听到的全都是正面的评价。他的下属当然不敢说什么坏话，但我们从他的老板以及加拿大同僚那里所得到的印象却大不相同。艾里西欧有时候会板着一张脸，并扯开嗓门来发号施令，有时则让人害怕。故事都围绕着他对工作人员大发脾气、和别人吵架。显然，他必须学习其他的管理手段，才能在目前的影响范围外表现得更称职。

基于他在布宜诺斯艾利斯的家族关系以及他在公司内的职位，从来没有人会去挑战他。他确实令公司迅速成长，并带领分公司在过去两年内营业额翻了1倍。可是他是个标准的刚愎自用的人。他口口声声地说要"兼听，并拥有良好、同心协力的工作关系"，但他实际上并不像他自己所说的那么有人缘。

在和北美、西欧、墨西哥和巴西的同事通电话时，他非常外向与热情，但管理阶层的某些人却发现他很难搞。例如在美国，他的同侪预期他"按照制度走"会做得比较好，艾里西欧却觉得那很难，反倒是他的分公司有办法很快就执行他的想法。在跟艾里西欧会谈时，我们指出他低估了不像他那么能言善道与热情的人。他认定他们对项目不用心，也没那么善于推销自己或产品。

他的顿悟时刻是我们解释说，他是个十分擅长表达的经理人。我们认为他有许多的新客户和阿根廷以外的同事，在风格上很可能是比较理性而务实。他也察觉到，在他目前所负责的其他地区，他张力十足的风格并不能让人充分发挥所长。

艾里西欧是个非常有魅力又迷人的人。但假如事情没有顺着他的意思来做，他就会与同事和下属约法三章。当同事搞不清楚他的想法和做事的方法时，他就会失去耐心。我们告诉他，对于美国的同事，他必须去探询他们的想法和建议。他可能必须从提问而不是陈述做起。总之，他在沟通风格上还有待努力。

该公司位在美国的总部有它自己的权力结构和自己的一套价值观。艾里西欧在阿根廷已升到顶级，假如他希望争取到这次重大的升迁，他就必须调整自己的做法。

信任是如何建立的？

与关系或任务取向的风格有关的维度专指要怎么和同仁、员工还有老板建立信赖。简单地说，这可以用"做人和做事"之间的紧张关系来形容。你是在简单的自我介绍过后就立刻进入业务议题，还是在此之前需要多培养关系才会觉得自在？一般来说，在建立信赖方面，美国人非常任务和结果取向。既有的关系并不是签约或谈成大买卖的必要条件：假如条件不错，你又能满足我的要求，那就正式定下来吧。信赖不言而喻，而且形成得很快。有些文化则更加注重关系。有的人可能需要对你了如指掌，从你的家庭背景到你念的大学和整个职业生涯，他才敢在文件上签字。

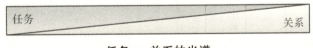

任务 vs 关系的光谱

中文里有个名词叫作"关系"。这指的是你认识的人的首要性和重要性，包括人脉、家庭、关联和关系。在界定你的地位以及你会得到什么样的待遇时，这些都是基础。在中国，除非你明白关系的重要性以及要怎么打通关系网，否则你就做不了生意。在结果取向的老板看来，这像是浪费时间的事，但在相信不这么做就无法取得进展的员工眼中，这却可能是建立人脉和关系的重要时机。反过来说，关系取向的经理人可能会觉得"做事"的员工不听话或不礼貌，因为他在完成工作上的任务时，并没有适度尊重企业文化。我们也看到这一点存在着性别差异。男性经常被视为任务取向，在评估值不值得时看的是结果；女性颇为看重的则是先靠建立关系来确立信赖，而且这么做常常会得到不错的结果。

在此要留意的重点是，做事的人还是会在乎要建立关系，正如关系取向的人还是想要做成生意。这就牵涉到要怎么建立信任以及建立的基础为何。在某些文化中，信任会建立得比较快，而且多半不言而喻；有的则是以你的身份而不是你所扮演的角色来作为信赖的基础。这种信赖和关系有时必须经过漫长的时期才能建立。

不同的时代以及文化处于这个动态的不同端。Y世代的员工经常被认定为具有浓厚的任务取向色彩，而不像老一辈的员工会花时间在公司内树立威望，并建立重要的关系网。年轻员工可能需要对公司文化中建立关系的重要性有更充分的了解。你可以鼓励他们参与公司文化，或是让他们放慢步调来对待需要多交往一些才会觉得自在的客户。反过来说，你可以试着利用Y世代对于快速成功的意愿和渴望来激发出他们的干劲。

把"做人"和"做事"的偏好分清楚不仅在职场内至关重要，在国际合作上也极为重要。印度和香港的团队想要多跟美国的伙伴频繁见面，并不是为了探讨业务和数字或者新项目，而只是为了要亲临现场。这就是他们认识合作伙伴的方式，并以此来增强自信心。美国的经理人喜欢有效率的电话会议和电子邮件，所以往往无法建立交情。假如觉得会面时间的需求得不到响应，亚洲的经理人甚至会把生意叫停。

A.B.克鲁兹当过一家全球媒体公司的首席法律顾问，他在美国海军后备部队担任少将时，是美国第四舰队在加勒比海和中南美洲地区服役的副指挥官。根据他的军旅经验，克鲁兹表示："对于其他的文化里所具有的这段试探期，美国人不见得都懂。我们去到那里，认为我们来这个国家其实只有一个目的，那就是完成我们的工作任务！而且我们带上桌的个人事务其实并不多。我们抵达后，一进到该国的会议室里就表明：'我们来这里是为了什么？咱们就好好来谈这个议题吧！'我们的迫切感让别的文化的人感到不自在。有些人想要对你有所了解，而不想谈公事，尤其是在你刚进门之后。这些差异比我们美国经理人所以为的更重要。"在和平时期，他的海军工作有很大一部分都是在培养信赖。"他在拉丁美洲的工作有很多都不属于硬邦邦的军事层面，而比较像是在建立关系。如此一来，假如有事情发生，那你就会知道要怎么进行下去。了解做人和做事的动态对克鲁兹的工作至关重要。"在美国，我们认为工作就要尽可能高效。我在跟拉丁美洲国家的人相处时，他们却不是如此。他们的'公事'多半是从晚餐和社交活动开始，因为他们其实想要跟你培养私人关系。"

我行我素的个人主义者

美式的特色可能是个人主义。在这个文化层面，你的价值是来自本身对社会或群体独一无二和与众不同的贡献，一切靠自己，白手起家。美国有很多故事都是源自于相信一个人可以创造自己的命运，而且能爬得多高就看你愿意付出多少努力。在集体主义的文化中，认同是由作为群体的一部分来形成和界定。你自认属于个人主义还是集体主义会影响到你如何行事与做决定，并构成你在评断自己和他人行为与行动时的标准。

一般而言，我们已经说过，美式文化很注重个人主义，大部分的亚洲文化以及欧洲、拉丁美洲、中东和非洲的许多文化则比较注重集体主义。

个人主义		集体主义

个人主义 vs 集体主义的光谱

这些地区的男性常被鼓励去闯出自己的一片天，女性则普遍被社会化成为群体的一部分。例如在推动项目或想法前，女性可能会被鼓励要去寻求共识，而不要单凭自己的力量一股脑地展开工作。依赖公司和经理人的价值，有可能被视为善于建立关系，并且是标准的公司职员该有的样子；或者也可能被视为负面，因为缺乏主动的精神。老一辈的人多半会表现出集体主义的倾向，连在美国也是。而随着商业环境的转变，这种价值观也产生了变化。千禧世代对于个人主义趋之若鹜。年轻员工所认为的反官僚的常识或是兼顾工作与生活平衡的行为，可能会被他们的经理人认为是我行我素，甚至是偷懒。了解这些风格的差异是根植在文化、性别和世代中的，将有助于避免草率给予负面的判断，并让你适度地与他人磨合。

考虑情境

高度和低度情境文化背后的理论指出，在低度情境的文化中，双方很少会想当然地做假定。

假如你的文化偏好为高度情境的，你就会遵循许多的不成文规定。同样来自那种高度情境文化的人很容易就能了解，但其他人可能就会看得一头雾水。这常常是生活在群体文化中的结果，关系和年龄、身份以及科层建立并界定了群体内的人际互动。高度情境文化的例子比如，靠非口语沟通把信息传达出去，像是肢体语言、声调和互动的步调。

低度情境 vs 高度情境的光谱

在日本，基层员工都知道，当CEO走进现场时，他们就会回避。他们基于尊敬而离开，并且闪得越远越好，以便对层级远高于他们的领导人表示尊重。他们不敢跟CEO搭同一部电梯。没有人会命令他们不准搭电梯或离开现场，这纯粹是种默契。假如这些不成文规定决定了谁能待在同一个空间，那各位就能想象在协商买卖或跟员工深谈问题时可能会造成影响的各个维度，在不熟悉这些规定的人看来，此举可能显得很莫名其妙。

因此，如果要在高度情境的文化中妥善经营，那就一定要先辨别如何才能在那个文化中成为圈内人，这可能包括要长期培养比较深厚的关系，以便对不成文规定了然于胸。对高度情境的偏好越强，不成文规定就越多！

在低度情境的文化中，行为和信仰则是一目了然并有所界定的。关系可能常由任务和所采取的行动来界定，而不像高度情境的文化是靠微妙的关系。因此，较低度情境的文化更容易进入，因为关系更容易在较短的期间内形成。

完全低度情境的企业环境非常罕见，因为企业中总是会有不成文规定。我们不但仰赖科层体系来掌管企业沟通，也要解读许多不同的信号，包括肢体语言、谈话对象的头衔、办公室的情况，并从中做出推断。不过，有的文化更偏向高度情境，像亚洲文化就明显比美式文化要偏向高度情境。假如你的文化是既十分正式又十分科层，那你就可以确定，自己的工作环境是非常高度情境的。换句话说，在这些情境中，新闻报道的典型提问全都适用——何地、何事、为何、如何、何时，因为在定好基调和确保是照自己的意思来发出信息时，这些都有影响。

虽然美式的企业文化多半还是科层式，但美国有很多领导人和经理人都自认为是低度情境的。这也是美式合同会这么一目了然和冗长的部分原因——因为完全没有假定，所以一切都需要写得明明白白。但即便是在美国，我们在闲聊时还是有一些不成文规定。像是晃到老板的办公室去聊聊职业运动的世界大赛或是家人和休假计划，这在美国受到心照不宣的鼓励。这就是很多美国老板在办公室里建立信赖和增进关系时所仰赖的日常手段。但在世界各地为数众多的国家里，情况就不是如此了。在拉丁美洲的文化中工作时，假如你在管辖体系中属于比较基层，那跟高层谈感情可能就会被认为不妥。在墨西哥的企业文化中，保持距离是对老板表示尊重，也就是尊重权力鸿沟。需要找你时，老板就会主动过来找你。所有的企业环境都有它所重视但并未直接规定的行为。

在检视不同的偏好与风格时，要记得它们并没有好坏之分，要不带批判地接受差异。

我们期待各位学着去欣赏和了解他人的互动方式，这并不是说必须放弃自己所偏好的风格、完全废除科层等级或明文规定或是提倡一套无从取代的行为。事实上，通晓型领导人只会在自己的工具箱里增添手段和方法，视情境来采取不同手段，尽量达到最好的结果。

完全低度情境的企业环境非常罕见，因为企业中总是会有不成文规定。我们不但仰赖科层体系来掌管企业沟通，也要解读许多不同的信号，包括肢体语言、谈话对象的头衔、办公室的情况，并从中做出推断。

记得要开启你的好奇心，并学习要怎么磨合自己的风格，这会使你成为更优秀与更称职的经理人和领导人。说到底，它就是一面达到结果，一面顾及员工的尊严，并提高他们成功的机会。学习这些技巧也有助于你在更理想和更出于本能的层面上与海外的伙伴、客户和市场建立联结。假如你花时间去学习不同的文化维度，你就会扩大和你共事的人在行为、动机和价值观上的相关假设。

在接下来的几章，我们会更深入地讨论，要怎么把你对这些方面的了解应用到日常职场的情况中，来磨合你的管理风格。

第四章
通晓型领导人的轮廓

假如我们要爱邻居，那在做其他任何事之前，就必须先看到邻居。透过我们的想象和双眼……我们必须看到的不只是他们的长相，还有长相背后的生活。

—— **弗雷德里克·比克纳**（Frederick Buechner）

《暗处吹口哨》（*Whistling in the Dark: A Doubter's Dictionary*）

由于情势不明加上经济环境的成长较慢，现今的高管面临着许多挑战。领导人（CEO和第一次当上司的人都一样）所面临的最大障碍就在于，要怎么跟其他背景的人打交道。你在每一步都必须问的问题是，要怎么界定和辨别自己的部门、单位和公司里的每个层级存在着什么鸿沟，又要怎么样拉近这个鸿沟？

　　要成为通晓型领导人，不仅需要以最佳的方式来向团队中的每个人请教，或是对下属主动伸手而不是等他来找你。我们在全球舞台上做生意时，所说和所做的小事都会改变别人对我们的看法。在设法跨越文化、代际和性别的差异来建立更稳固的工作关系时，调适与通晓型领导人有办法融合这些和其他的行为来排除既有的障碍。

　　我们发现，真正的通晓型领导人会稳定地展现出一套核心的信仰与心态来引导其在职场和社群中的行动。连同刻意改善本身的管理技巧，这些特性都是他们从团队成员身上得到影响力、敬佩和尊重的基础，有些则是来自客户和供应商。

在针对通晓型领导人的核心特性来缩小范围时，我们检视了五六种现有的领导模式和典范，但没有看到一种通用的模式。例如在很多模式中，领导人展现出的情商是个重点。但人并非只要情绪成熟、展现出同理心并能正确评断别人和他们的情绪，就是通晓型领导人。通晓型领导人或许也会展现出创新思考的本领，但还有其他的层面是比创意和跳脱出框架来思考更胜一筹。因此，针对真正的通晓型领导人所具备的特征以及领导信仰和行为，我们扩展了新的组合来涵盖整个范围。在本章的末尾，各位会看到对这些态度和信仰的讨论，以及在评估和适应权力鸿沟上用来衡量本身是否通晓的工具。

磨合的艺术

除了研究通晓型领导人固有的信仰体系，探讨他们是如何靠调适来适应权力鸿沟也很重要，而这就是我们所谓的磨合。我们在谈到通晓型领导人的磨合时，指的是你有能力转换行为与风格，更有效地和有别于你的人沟通。把磨合想成是"扩张"人际风格，或是"主动伸手"来跟别人妥协，或许会有帮助。

为了做到这点，你必须从自己的身上找到可以与同事联结的那个部分，即你们的共同点。这点可能有几种不同的做法：

· 联结你们共有的特性、沟通形态或文化维度。

· 寻找共同的兴趣，如你们共同喜爱的音乐、运动、艺术，母校或公司的宗旨。

· 找出共同的经验。

　　了解自己的领导人都知道，不认定只有自己的做法才能把事情做好，你就比较容易从别人的身上找到共同点。他们也明白，要靠这种默契才能欣赏及调和差异。在跨越权力鸿沟进行磨合时，这是至关重要的一环。

　　拿磨合模式来比较其他一些常见的领导模式，以凸显成为通晓型领导人时权力鸿沟所扮演的重要角色，会有所帮助。对于"情境领导"（situational leadership）的观念［这是由领导力专家兼作家肯·布兰查德（Ken Blanchard）所推广的名词和观念］，各位可能已经很熟悉。在情境领导中，领导是依照下属的成熟度来调整，而你跟他们互动的方式则有四种：告知（telling）、推销（selling）、参与（participating）或授权（delegating）。在情境领导模式中，你对新人可能会采用"告知"的做法，因为他们对组织不熟悉，需要一板一眼的直接管理。而参与的做法则适用于在公司比较久，对于在企业文化中执行项目也比较有经验的人。

　　磨合概念的不同之处在于，它鼓励你去塑造自己的风格，透过文化滤镜、年龄、性别和其他差异而不只是资历的镜片来看待差异，并辨别你们之间后续的权力鸿沟。我们发现，除了资历和经验，领导的文化情境也来源于个人从童年以来就深植在内心的固有信息。来自其他文化体验的人对于经理人可能会有不同的期待，毕竟对于同样的管理和沟通风格，新人既不会全都正面地表示或响应，也不会依照同一套价值和信仰来行动。要是忽略新人的细微差异，你可能会埋没他们的天赋，或是错失让每个员工大显身手的机会。

　　跨越鸿沟磨合的概念也不同于因性格类型而异的领导风格。例如迈尔斯–布里格斯类型指标（Myers-Briggs Type Indicator，MBTI）即是根据对心理测量问卷的回答，把人区分成16种人格类型。我们把迈尔斯–布里格斯类型指标运用在我们的研究中，举例来说，那些外向、直来直往的ENFP（外向—直觉—情感—随性）型如何能更有效地与比较分析式、数据导向的ISTJ（内向—感觉—思维—果断）型沟通，这会有很大的帮助。迈尔斯–布里格斯分类法和其他人格量表的好处是，它们让大家了解到，对不同的人可以采取不同的心态。而它们的局限则是，它们所要辨别的是我们与生俱来的人格，而没有考虑到在领导过程中发挥重要影响的社会、家庭和文化因素。我们也深知，来自不同文化的人，无论男女，或是成长于不同时代并受到不同事件和趋势影响的人，都是以不同且深刻的方式受到影响与社会化，因而形成一套套与众不同的信仰与思考过程，并根据这些差异来产生行为。基于这些原因，磨合的模式可以衡量你能不能分辨出差异，以及能不能透过行动先评估、再拉近权力鸿沟。

我要改变多少?

要培养通晓型的领导能力并在组织中建立通晓型文化并没有万灵丹。我们会给各位所需要的工具，然后让各位自行组合信息与见解来为组织发挥作用。当我们在解释成为通晓型领导人背后的观念时，有很多人会问的第一个问题就是，你们是不是要我改变原来的自己？事实上，是，也不是。此处的关键词是磨合。我们并不是主张要把你的道德伦理或价值体系扔掉；也不是主张你要见人说人话，视情境而变成完全不一样的人。好比强力的橡皮筋可以依照它所要套的东西伸缩成不同的长度，你也可以调整自己的风格来与别人达成一致，视情况的需要来加大或减小力道。

无损核心价值的磨合

在保留自己的价值体系的同时，依然可以扩展风格来跟有别于自己的人磨合。事实上，我们发现通晓型领导人有一个共通之处，那就是自我意识敏锐、本身的道德核心强大。他们的行为是根植在所奉行的价值体系上，而不管它是否符合公司的文化。可能要随机应变的是，要以什么方式磨合到什么地步。为了充分与某些人打交道，并缩短较大的权力鸿沟，你可能必须下足功夫，尤其是在起步的时候，因为你要建立信赖并创造新的沟通渠道。而对于某些人，你可能只要稍微调整自己的做事方法或者偶尔为之即可。要在何时以多大频率磨合，这也要看你的对象是谁。

不过依照我们的经验，有些人在变得比较通晓后，便会有意识地选择永久改变自己的管理风格。为了说明这一点，我们回到第一章的语言比喻上。还记得吗？对转换语码的人来说，他们说话的方式成了与众不同的沟通方式，他们掌握了不同的工具，可以在许多重大场合发挥关键作用。同时通晓西班牙语和英语的人可能在家时用西班牙语，上学时用英语，或者也可能在两种情况下都说西班牙式英语，夹杂着两种语言，并以独特的方式来表达目的，好让自己的意思最有效地被理解。管理风格也类似。如果要磨合自己的管理风格，你可以选择：

·在不同的管理风格之间反复变化，同时保持自己的核心偏好或风格。

·创造混合式的新管理风格，把不同的观点融合成新的风格。新风格是在各种情境下跨越差异进行管理的有力工具。

磨合的时机

在第一种方式中，你并不是真的从根本上改变了本身的偏好或风格。磨合是看情况而定，并且可能是相当罕见的举动。

例如你在职场上并不是天天跟德国人打交道，只是为了产品的全球发行，需要跟位在柏林总部的同事合作。你可能会注意和考虑到上次在面对面开会时所遇到的沟通和决策上的文化差异，设法在这些差异下运作得更好，并让所属团队全心投入。接着你可能会把这些信息储存下来，以便将来跟德国的团队互动或遇到类似的情况时，为磨合做更好的准备。或者是你或许注意到，你有两个Y世代员工渴望办公室内部能以比较灵活和非正式的模式来沟通。当然，你不必把写备忘录改成发短信给员工，但你可能会决定以多种方式把信息传达给员工，甚至是客户，以确保对方明白你的信息。

在第二种方式当中，当你针对差异收集到较多的信息后，便开始把其他的风格融入自己的风格，并创造出全新的个人化管理风格来适用于不同的层级。

萨布丽娜是银行的副总裁，从小跟她一起长大的那些人现在几乎都认不出她来了。在职业生涯早期，她害羞到一面对权威就浑身发抖。畏缩又退却的她对于任何一种批评或纠正的反应都很糟糕。但渐渐地，萨布丽娜变成了非常敢言又有主见的女性，在任何社交场合中都表现自如。她还是认为自己很内向。跟天生就比较活泼的同事比起来，当需要在工作上"冲刺"时，她需要更多的时间来沉淀自己，以激发出新的活力。她一进入职场，就很善于评估自己需要的是什么，并察觉到她所选择的行业不接受害羞或腼腆的举动，而对受不了纠正的人肯定也是如此。于是透过她从学校的社团和组织到早期的工作经验，萨布丽娜便开始肩负起更多的领导角色。透过磨合（观察和适应）领导上的要求，像是项目管理、团队领导和领导不同的风格，她逐渐掌握了发言权。虽然她在新的场合中偶尔会变回内在那个比较沉默的自己，但拜长年练习新风格所赐，她很快就会重新找到平衡。

这个例子说明，"频率"对于风格是否要长期调整可能具有的影响。假如你是跟来自不同文化背景的人共事，或是要跨代际同心协力，或者在全球化的情境中工作，那你可能需要打造混合式的风格。频率肯定会成为影响风格调适的因素。或者你可能会发现，将旧的自己完全抛到脑后，并以崭新的面貌出现，才是迈向领导成功的最佳途径。

培养通晓度

我们发现，培养真正通晓的风格很重要，但很难。比方说，要怎么像Y世代的下属那样，把社交媒体的效用和效率给内化？比较传统的沟通方法是否非舍弃不可？不一定。不过，我们发现假如只改变行为，却没有将行为与表象底下的内涵相连，改变就无法持久。对于即将进行的改组，你可能会透过各种渠道来发布详细的报告（包括推特和LinkedIn），但还是相信员工会花时间去看完整的消息内容，而不是靠推特来得知所宣布的消息。假如这种成见还是挥之不去，亦即社交媒体是给懒人用的，那在有效运用社交媒体来塑造所属团队对于改组的感受时，你就不太可能有充分的说服力，并且可能还会对依赖它的人看不顺眼。反过来说，长远的改变是从转换我们的思考过程开始，进而带动我们的行为，再影响他人的感受与行动。

改变的过程

身为组织中的领导人，你可以从许多方面来影响你的团队。你或许可以激励、指导、启迪、教育或引领组织中的人员，但有一件事却是你做不到的，那就是控制他们的行为。对于人的行为，你唯一可以控制的就是自己，而行为始于内在的思考过程。如下页图所示，我们的思考和感受引领了我们的行为。接着这些行动会被他人评价，并转化成他们对于我们是谁的感知。

在过程中的各个阶段，通晓型领导人都是一清二楚并参与其中的。

思考路径（Thinking Path）是亚历山大·凯莱（Alexander Caillet）发展出的架构，它以认知心理学和神经科学所提供的有益模式，把人

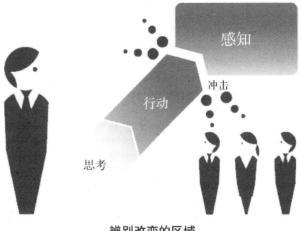

辨别改变的区域

类的思考与执行过程拆解成了若干步骤，以帮助大家带来长远的改变。而在我们的研究中，它则是经过了修订。

思考是起点，它是身体在受到刺激时所产生的认知和机械反应。接着这个认知反应会触发感受，也就是全身的情绪和生理现象。大脑会指示身体加快心跳、产生压力激素（使我们觉得焦虑或紧张）、释放多巴胺（使我们觉得飘飘欲仙）或是其他的生理反应。反应的起始路线是大脑中所谓的神经通路，它是透过重复的思考和态度机制来形成。我们的感受是这些神经通路引发化学连锁反应的产物，它会变成身体的首要反应，因为大脑就是利用最常走的神经通路来衡量反应。这就是表面底下的内在所发生的事。自己的确切想法只有自己知道，而当它转化成感受后，别人就会开始看到表面的现象。

接着我们会依照本身的思考和感受来采取行动。然后行动会对事件或人造成冲击，也就是行动造成了显著后果。在职场上，这会影响到别人怎么看待我们，冲击到我们希望团队达到的结果，并在同仁之间树立名声。

这就是为什么真正的内在改变很难出现。它必须透过思考把大脑重新连接，以诱使身体走别的神经路径，并创造出新的行为。别人会在不同的点上与这条路径互动，并能在双向关系上体验到想法和行为的改变。比方说，你

可以设法从内在来改变，并在本身的想法一出现时就加以质疑和调整。留意和质疑自己的想法会及时抑制这个过程，使你产生不同的情绪反应，并引导出不同的行为，进而产生不同的结果。

有很多人则习惯从这个连锁反应的末端做起。例如你渴望和同仁有更好的关系，或者希望所属团队提高销售数字，但这些是结果。你会从这里开始往回推，试图找出能得出这些结果的行动。或许大家需要精诚合作，并彼此分享更多的客户资源。是什么感受导致了团队成员各行其是？也许是有一位团队成员在会议中总是唯我独尊，于是其他人便视开会为畏途，并开始避免跟那位团队成员开会；或者是最能干的团队成员对于分享自己的想法感到不自在，于是就遭到了埋没。

这些感受底下的假定、信仰和价值形成了我们的以下想法：老板只想听比较资深的人说话，而不想听我说。既然我们的销售数字偏低，那我就要多加提防，在分享信息时留一手。在这家公司，出头的方法就是把别人斗倒。每个人都是为了自己，因为假如你不踩在别人头上，下一次就会被裁掉。这些全都是防御性的反应，但假如大家最根本的信仰就是公司摇摇欲坠，并且同心协力的行为并不会让团队得到奖赏，那可以理解的是，组织里的人就会表现得彷佛这只是一场零和游戏。

不过，即使只是展现出不同的行为，你还是触发了周遭的人不同的反应，而且这些外在的改变可能会回过头来根据新的反应扭转你的感受和想法。

比方说，安娜是个盛气凌人的团队成员，在开会时霸占了所有的时间，频频插话，只顾着自己的构想和想法。她相信别人很重要，但这并没有转化成她对待团员的方式；她对自己的构想很有把握，并超越了她对别人的相信。但透过反馈的过程，她发现自己得到了自恋的恶名；她的行为使别的团队成员觉得不受尊重并遭到轻视。她的经理要她将来在开会时把时间分出来，倾听别人的意见和构想。起初安娜可能会带着善意开始练习这些行为，或许只是为了让人觉得她并没有盛气凌人，并且她是真心重视别人。但渐渐地她养成了这种习惯，而在听到同仁十分宝贵的意见后，这些就会开始挑战她原本的想法，并改变她对于自己和别人的态度。

由内而外和由外而内改变

有些人就像安娜一样，起初在意的是管理别人的感受或得到立竿见影的结果。但假如他们能从改变自身行为中所得到启示，到最后或许内在也能跟着转变。为了改善心情和克服负面的情绪而露出笑容也是一样的道理。有些心理学家发现，露出笑容会使心境为之改观，甚至在觉得难过时也一样。而改变外在同样会对内在产生冲击。

有的人比较注重态度，便想要先改变内在。这件事值得去做但比较困难，而且行为不见得会立刻改变，使别人立刻就看得出来。可能你对自己的价值观和信仰很自信，却没有察觉到自己的行为仍在不经意间产生了负面的冲击。

持续练习这些领导行为，你就会看到结果，包括改善结局、团队成员表现出正面的反应、信赖度升高，而且你会变得比较开放，甚至会热切拥抱另类的心态与观点。

改变和确信的目标是要尽量达到一致性，从上到下、由内而外，全都照着路径走。这并没有精确的公式。你得自行决定，在塑造通晓型领导行为及跨越权力鸿沟来磨合时，要怎么做最好，即使你打心底还没有完全接受通晓型领导人的核心信仰与态度。而我们现在就要来详细讨论这一点。

拟订适合的作战计划

预备——三个重要问题

在起点时，假如你发现自己跟陌生的不相似的人处在新的关系中，那在开口对这个人说任何话之前，先拿以下三个预备问题来问自己。在这个阶段，对人要敞开心胸，直到自己了解对方为止，不要妄下定论。光是这个过程就能替未来的职场互动带来有意义的结果。

每当遇到自己看不懂的情况或行为时，这些问题会帮助你认清自己的态度，并审视自己的思考过程后再行动。

1. 他们在想什么？

·行动的起因是什么？

·他和我可能会有哪些不同的观点和假设？情境为何？这点是由文化、性别还是年龄上的差异所导致？是否有明确的经验影响了他的互动？

·我刚才所目睹的表面行为有什么深层因素？

2. 我该如何出击？

·我要怎么跟这个人搭话？

·我可以说什么来对她表示友好？

3. 我如何设身处地地为对方着想？

·我可以做什么和说什么来表达善意？

·我要怎么证明自己愿意和他达成一致？

·我需要考虑到哪些深层的畏惧或阻碍？

通晓型领导人的心态

我们在为本书做研究时，发现通晓型领导人有六项重要的特征，并包含了向上、向下和横向磨合所需要的态度和行为。联系到长远改变使信仰与行为达成一致的观念，我们希望，了解这些共同的特征以及它们是如何促成通晓，能对各位的管理有所帮助。再者，各位在读到本书所介绍（经验、行业、年龄、性别、族群和全球经验都很多元化）的各种管理者时，我们希望各位看到的是，这些人不仅受到别人爱戴与敬重，而且他们共同的信仰体系与行为大大促进了组织文化的健全和公司的发展。对每位愿意付诸行动的经理人来说，通晓型领导人的这些共同特征都是唾手可得的。

了解自己与他人

通晓型领导人清楚地知道自己的优缺点和偏好。此外，他们一下子就能看出别人的偏好，所以知道要怎么磨合自己的风格。在通晓型领导人的能力上，这是个重要的条件，因为有些经理人或许十分了解自己，但却没有能力看出其他文化或年龄层的人是如何应对权威的，或是没有能力去深究团队成员在行为背后的深层信仰，或是不懂得以适合的方式对待员工以得到所要的结果。这个特征的作用就是在展现领导人的文化才能与情商。

奥兰多是非营利组织的中层管理人员，服务对象是大学生，并以拉丁裔为重点。在与学生联系时，他凭借的是自己在25年前读大学时的经验。当时他是那所小型文学院中唯一的拉丁／波多黎各裔学生，别的学生都不晓得要怎么跟他打交道。他深知自己在当时有多孤立无援，也察觉到那段经历影响了他在整个大学时期甚至是职场上的认同与互动。几十年后，他试图与拉丁裔的学生建立关系，帮助他们。而在工作上，他也开始察觉到，有很多科层式的行为建立在文化价值上，他倾向于平等式风格，尤其是在跟所属团队共事的时候。"对于我真正需要听的话，有时候我的团队会避而不谈。这种科层式的敬老尊贤有时是很不错的，除非你需要有人来告诉你，你要做得更好。我比较年长，经验也比较丰富，但我肯定不会永远都对。假如我说了什么不当的话，我需要有人来提醒我，我并没有做到最好。"同时身为波多黎各裔和直接沟通者，奥兰多努力要打破的错误观念是，拉丁裔全都是以这种方式沟通。"我会直接向比我资历浅的人请教，有时候他们会对我很坦诚。不过，他们在给我建议时，总是带着一定的尊敬，连跟我说话的方式也是。他们会比较迟疑，这点是源自我们敬重师长和信赖父母的文化。但我们的组织文化注重的是直接沟通的风格，所以对于当面听取建议，我习惯得不得了！"了解自己的背景和经验使奥兰多可以更准确地评估和讨论他人的偏好，以借此有效磨合。

适应

调适是通晓型领导的关键条件，指的是能靠适应来扩展风格与偏好，有时会展现出其他的风格，以便和他人更好地互动。虽然常常处在强势的地位，但通晓型领导人也会谦虚地承认错误并采纳别人的信息，并针对情势的需要来调整。通晓型领导人不仅能承认自己的错误，还会把它当成机会来教育他人，并能适应风格与环境的转变，认为自己是为了服务员工、组织和客户而工作。调适型领导人很乐于受教，愿意接受改变。

比尔·波拉德（Bill Pollard）早期在担任威务（Service Master）的高层主管时，没有开会去拟定高层次的公司策略，反而是去到现场，在第一线服务顾客，并在全世界数一数二的住宅和商业服务网当中体验服务人员的感受与挑战。在威务，所有的营运经理都被规定要去做第一线服务人员的实务工作，使他们能更加了解被管理人员的情绪与心态。这种联结使他们更懂得要怎么激励和培养那些为他们做事的人。

同样地，威务的每位员工不分头衔、资历或职位，按规定每年至少要有一天去服务顾客，公司称之为"我们的服务日"（We Serve Day）。比尔则形容这是"把手伸进桶里"的服务机会。它确保了担任领导或"公司"里的人绝对不会搞不清楚，服务人员在服务顾客时在做什么以及被要求做什么。对比尔来说，在服务人员旁边工作给了他新的见解，并帮助他针对改进服务得出自己的想法，以协助服务人员迎合并超越顾客的期待。

对模糊和复杂感到自在

我们在第1章讨论过，坦诚而认真地谈论差异需要特别的勇气和技巧。一般来说，差异是众人习惯回避的话题。通晓型领导人的独特之处在于，他们能剖析复杂的情况和不确定性。在任何特定的情况下，他们都知道要怎么直接进入相关的议题和优先事项的核心。他们甚至要应付棘手的情况，并寻求和解。

在1992年的"洛城暴动"后，副市长琳达·葛里格（Linda Griego）获得的任务是重建风声鹤唳的小区，当时有许许多多的小区，很多少数族群全都自成一群地聚在一起，相互孤立，没有交集。"其中有部分原因在于，大家都认为需要把自己人先照顾好。我反而想让群体之间有所交流。他们是来自不同的文化背景，有的非常宗教性，有的则是政治性很强。当地的邻里摩擦还是很多。"韩裔小区觉得自己遭到消防部门漠视，并在暴动时成了保护其他小区的牺牲品。怒火一致对准了警方。"现场有黑人和韩裔领袖、牧师、非营利组织和企业领袖。大家围坐在桌前，肢体语言传达的却是'我并不想来'。"

面对现场的各路人马，琳达试着满足各个小区的需求。有一项策略是，把小区加以重建并扩大。民众希望有商店可以让他们买到新鲜的蔬菜、水果。"我们开始跳出框架来思考：其中一些卖酒的商店能不能转型成卖水果和新鲜农产品的街角杂货店？探讨这件事引发了很多观点。对于从韩国来的韩裔人士，我们要怎么满足他们的需求？假如非洲裔的美国人不要酒吧，那他们需要哪种商店，要怎么设立？"在琳达的领导下，他们选定了街角杂货店，并减少了小区中的酒吧数。这靠的是桌子两侧的不同思考，并且是个充满摩擦、愤怒、误解和需求的复杂过程。她则有办法驾驭这个场面，并帮忙协商出可以解决小区问题的折中方案。

无条件正面关怀

整体来说，通晓型领导人会展现出无条件正面关怀（unconditional positive regard，UPR）。这个名词是由心理学家卡尔·罗杰斯（Carl Rogers）发明，意指无条件接纳他人，即使他们在风雨飘摇和最脆弱的时刻。罗杰斯相信，这种宽大的态度是健全发展的根本。借由给予无条件正面关怀和完全的接纳，经理人可以为团队成员的个人发展创造出最好的条件。通晓型领导人可以把失败转化成教育的机会，知道团队前进的方向，并引领他们发光发热。懂得无条件正面关怀的通晓型领导人能设想到局势或个人发展的未来状态，给予建议，并想象到别人未来的领导潜力。

雷夫·艾斯奎（Rafe Esquith）在洛杉矶市区的霍伯特小学（Hobart Boulevard Elementary School）教了30多年的小学五年级课程。他的学生的家庭有九成是低于贫困线，而且没有一个人的母语是英语。但雷夫相信，他需要做的不只是在小朋友的脑袋里填满知识而已。"我试着教导学生要正派做人，因为世界并没有教他们这件事。"身为教师和通晓型领导人，雷夫既授权给学生，也给他们空间来犯错、学习和成长。身为教师，雷夫鼓励学生发问，而不是告诉他们要做什么。"同时我还试着创造适合的环境，让他们会害怕失败。我想要把价值观教给他们，像是谦逊、诚实以及努力把事情做好。"

当有人破坏上课的规矩时，雷夫并不怕给学生宝贵的教训。他们要学经济学，而且每个学生会赚到"钱"（可以拿来换礼券）当作奖励。依照他们所完成的特定任务，他们在课堂上会赚到钱，而且必须付"租金"才能坐自己喜欢的位子，或是买到其他想要的机会。有一天，有个学生偷了班上的钱。东窗事发后，雷夫马上就采取了行动。由于事态严重，所以他告诉她说，他得请她的父母过来。他撤销了她的课外权利，不过他完全没有强迫她道歉，而是等她自己来找他和解。他知道一旦她这么做了，就代表她明白自己的行为有多严重，并想要在改过自新中往前迈进。到最后她来问他，她能不能向全班道歉，他允许了。自此之后，他在班上便完全接纳了她，过去的事便一笔勾销。对某些领导人来说，仿效雷夫的方法并把它从教室移到会议室里，这并不是坏事！

创新

通晓型领导人不会死板、拘泥或陷入单一的思考方式。以创新的心态来说，这是相当传统的定义。此外同样重要的是，对于别人、他们对差异的看法，以及他们建立关系和做生意的创新方式，通晓型领导人都有无与伦比和永无止境的好奇心。通晓型领导人不排斥以前没有用过的新流程和新方法。他们遇到自己不了解的事或人时，第一个反应并不是逃避，而是好奇。

康宝汤品公司（Campbell Soup Company）的前任总裁兼首席执行官道格·科南特（Doug Conant）素以他的正面领导风格和个人作风而闻名。但他缩短鸿沟的能力以及坚持追求另类的意见和相异的观点也收到了效果，因为它激发和带动了创新思考，抓住了消费者，并让公司反败为胜。在主掌康宝时，他说："我们并没有讨好消费者。我们拼命降低产品的定价，却在质量上妥协。营业额可以说是每况愈下。"为了赚钱，他们砍掉了建立品牌的项目以及研发经费，而这却是维持品牌生命力最重要的元素。"我们陷入了死胡同。"道格说，"明显需要跟消费者重启对话。"

后来道格花了3年时间把重点放在消费者身上，并着重从女性的角度来观察杂货店的走道。"我们的汤有八成是由女性所购买，我们的汤品却一律由男性来设计。我们请来了女性的焦点团体，男性则坐在玻璃后面。"当北美汤品、酱料和饮品总裁（现任CEO）丹尼斯·莫里森（Denise Morrison）意识到女性有机会取得更大的发言权时，道格听到了。结果就是精选收成（Select Harvest）汤。它是以天然成分为特色，并被信息资源公司（Information Resources, Inc.）选为2009年食品界的年度产品。"我们意识到，我们得把那个声音听得更清楚才行。假如你想要有不同的表现，在事情的做法上就必须有所不同。在这个市场上，我们必须把女性完整地涵盖进来，我们也从这样的改变中得到了创新。"

针对什么没有用和需要什么，道格和他的重要主管提出了尖锐的问题，并跟高层领导人举行了高层对高层的会谈，重点则在于坦白和从头开始。他在一路上遇到了程度各异的抗拒，而且对于事情为什么必须这样做才行，他所面对的一切问题和借口都棘手到令人沮丧。他必须不断地说："我听懂你的话了，但我们需要往前进，事情也需要改变。"在征求供应商的意见时，他和他的团队也有类似的互动，并重新打造了这些关系。最终的结果是，产品和广告更好，康宝的营业额再度开始成长。康宝引进了新的零售上架系统，使汤罐在商店货架上的摆法有所不同，帮助客人更快找到自己要的汤。他们开发了容易打开的盖子，以及适合忙碌消费者的可微波产品。该公司在

"减钠"上有所创新，并扩张了健康诉求（healthy request）的品牌。这一系列的创新刺激了成长，拉拢了顾客。

跨越权力鸿沟来磨合

通晓型领导人对于"领导认同"感到自在，并能有效向上、向下和横向管理组织、顾客和厂商。在科层 vs 平等的光谱上，他们了解自己和他人对于权力鸿沟的偏好。对于资深领导阶层和行政助理，他们同样感到放心。他们会缩短权力鸿沟，并透过同理心、信赖与正直来打造与各个层级的信赖关系。

尼可·凡莫维（Nico Van der Merwe）管理着专做预防和治疗型听力保健的哈斯集团（H.A.S.S.Group），并且是南非比勒陀利亚（Pretoria）双重教育学校（Eduplex School）的创办人和董事。这是一所充分包容的学校，同时招收健康和失聪的孩童。2002年3月时，尼尔森·曼德拉（Nelson Mandela）正式为该校揭幕。身为在南非拥有全球伙伴的生意人，在种族隔离政策废止后，他必须在相对短暂的几年内大幅调整自己的管理风格。他从双重教育的经验中学习到，教育体系可以如何靠磨合来满足国内所有儿童的需求，使残疾可以对师生之间已然存在的权力鸿沟产生巨大的作用。

通过向下磨合来适应员工和全球伙伴的种族、文化与社经差异时，他的经验令他在最艰难的环境中管理权力鸿沟仍游刃有余。"对于种族隔离政策后的文化差异，我本身适应得很辛苦。"他坦承说。"我必须真的学会要怎么真心诚意地跟不同层级的职员打交道，并学会爱他们与接纳他们，包容每个人的独特挑战，对别人一些先入为主的想法释怀。身为经理人，你必须展开困难的对话，以充分了解他们是来自什么地方，以及他们在工作上的行为有什么背后的含义。"你可能必须问问员工，你每个月的交通费是多少？家里有多少人是靠你的薪水过日子？在决定合理的薪资水平时，要从个人的角度去看待每个人的处境。"

了解自己：以通晓型领导人的盘点清单评价你对权力鸿沟的通晓度

有些人自认为是以某种方式在管理，但别人是怎么看待我们跟我们怎么看待自己可能会大不相同。各位在考虑自己是否符合通晓型领导人的条件时，不妨拿以下这些问题来问问自己：

·对于我和组织中其他人之间的权力鸿沟，我会怎么形容？

·对于周遭的人不同的领导风格与偏好，我有没有注意到？当他们跟我不同时，我是如何反应的？

·我对于（文化、性别、世代、生活形态、习惯等等）跟自己不一样的人感到有多自在？我对于差异感到有多自在？我对于哪些差异最感到不自在？为什么？我是否觉得谈论差异很难？

·我会不会主动提出新的情况，就算有时令人不自在？我在这些情况下是如何自处的？我从中学到了什么？

·什么事阻止了我公开与这些人打交道并讨论差异？过去的多元化训练效果、职场歧视的法律层面或者谈论差异的污名对于我担任经理人造成了什么冲击？

通晓型领导人侧写：曹慧玲——建立超越刻板印象的通晓度

> 领导人必须赢得尊重，同时给予尊重。
>
> ——曹慧玲（Rosaline Koo）

我们第一次见到曹慧玲时，对于她冷面笑匠式的幽默感留下了深刻的印象。她目前是ConneXionsAsia的创办人兼CEO，常驻新加坡。慧玲不做表面功夫，或许是因为在人生的初期，慧玲就学到了差异无须隐藏。跟其他许多擅长驾驭权力鸿沟的领导人一样，慧玲拥有和周遭的多数人大相径庭的成长经历，她在瓦兹区暴动（Wattsriots）时期成长于以非洲裔美国人为主的洛杉矶中南区，是个华裔美国人。她开玩笑说："我有好几次必须马上决定，我应该要留下来战斗还是永远离开！"不过，她的童年虽然教会了她要怎么在更广大的社群环境中驾驭差异，但慧玲真正不凡的轨迹却是根植在生涯早期的辛苦职位所带来的启示中，并且那是一段失败的经验。但她并没有就此认输，反而利用这些早期的经验，在海外展开了十分成功的工作。她目前具有难得的文化通晓度，并懂得同时和同事与客户建立联系。

在纽约信孚银行（Bankers Trust）的工作后，慧玲和她先生得到了外派到伦敦的机会。他们很兴奋地准备迁居英国，但在搬家工人来搬运所有家当的那天，他们却被临时告知要改去新加坡。他们并没有让变动打倒自己，而是坦然面对新职位，并展现出临机应变和随遇而安的行为。他们很快就重新锁定了方向，并准备好迎接新生活。

慧玲的处境确实发生了巨大改变。在美世达信福利（Mercer Marsh Benefits），慧玲的工作非常复杂，而且要管理14个国家的400位员工。在她去当地任职前，过去30年美世营业额仅增长到1100万美元。等她在任职8年后离开时，其年营业额达到了8800万美元。她的团队每一年都超额完成目标，成了业界的主角，市场占有率比紧随其后的竞争对手高了五成。她有什么办法令企业扭转局面，并取得这么显著的成长？有部分是因为，慧玲前往海外时不光带了行李而已，她还带上了童年和20多岁时一些早期的启示。

知道自己不知道什么

虽然慧玲是不折不扣的全球化领导人，在亚洲和美国的25年担任过许多不同行业的领导人，但她的第一份工作是在美国中西部，而且是被派去管理宝洁（P&G）的多条生产线。她的工作是负责佳洁士（Crest）牙膏的包装，这对当时21岁的她来说是一大考验。她从洛杉矶的老家搬到爱荷华，并再次发现所处的职场中没几个人跟自己一样。事实上，她是那座工厂有史以来第一个亚裔人士。但慧玲把工作做得风生水起，她所管理的团队有33人，而且年纪全都比她大得多。她很快就察觉到自己有点吃不消，感觉就像是老师被失控的班级搞得焦头烂额。

慧玲回顾这段奠定她职业基础的早期经验，导致她去争取未来的拓展型任务，从而把自己塑造成更好的领导人。她的心得之一是，最好的学习是来自领导团队时所面对的阻碍和失败。在这些至关重要的学习经验中，她的经理再三向她强调听取建议和基层支持的重要性。"在所属团队里，你要一对一地把这些关系建立起来。你必须学会分辨自己所不知道的事，而且你不必无所不知。要和团队建立信赖，并创造出能让他们充分发挥所长的气氛，这样他们就会愿意尝试，以便为事情找出更好的新做法。"他给慧玲的这个忠告，也造就了她未来的成功。他劝她从一开始就要做到同心协力，而不要像很多人那样忍不住摆出"老大"的姿态。她学习到不仅要仰赖经理，还要仰赖团队，并逐渐了解到在那样的环境里，作为没什么经验的年轻亚裔女性，她必须"赢得尊重，同时给予尊重"。

除了缺乏经验和年龄差异，她还受到了与族群有关的刻板印象所累。在职场上很多人曾问她，中国是什么样子。慧玲那时并没有在中国生活的经验，但她把刻板印象的假定转化成了与所属团队拉近距离的机会。更重要的是，在面对这几种假定时，她的老板让她自己来解释自己的背景。他并没有替她解释说她是在美国加州出生并长大，而是让她亲口说出自己的故事，并传达出她的价值观。

回顾那个职位，慧玲心怀谦卑。她觉得自己太年轻，缺乏所需要的能力来扛起领导的责任，并坦承这个角色令她大开眼界，有助于她了解自己还有哪些不足。虽然这可能直接被打上失败的标签，但对于自己的缺点，慧玲既谦虚又清醒，并把这个失败变成了跳板。她记住自己因太稚嫩而没有成功，但她也知道，大家到最后尊敬她的地方在于，她在每次跌倒后都努力爬起来。她无法拉近每道鸿沟，但由于她是如此拼命、用心，因此"在我的任期做到一半时，团队终于受到了激励而开始跟我携手合作"。她在挑战和冒险中所培养出来的技巧与韧性使她无所畏惧，并造就了她后来的成功。我们发现，通晓度最高的领导人都能诚实评估自己的错误与过失。接着他们会兢兢业业地透过刻骨铭心的经验不断提升自己，而不是去寻找代罪羔羊，或试着靠尽量减少错误来博得同事和上司的好感。

靠文化通晓度拉近权力鸿沟

在美世，慧玲成功的部分原因是，她能让大家怀抱愿景，靠着一连串迅速制胜打破了数十年来的惰性，最终激发出足够的士气，使改变无法阻挡。她也很注重关系的建立，而且这是她一直都很擅长的特色。在全亚洲，她发现做每件事都是以信赖和关系为核心。专长固然不可少，但了解观点不同的人和建立私交至关重要，而且这一点在亚洲远比在美国要紧。要在亚洲成为真正的领导人，就要知道怎么在高度情境的层级文化中把事情做好。慧玲说，作风独裁的经理人不在少数，"但会受到尊敬的人都是能跟基层人员紧密合作来解决问题并帮忙推进局面的人"。即使在亚洲，出手来缩短权力鸿沟的领导人也会得到众人的积极响应。慧玲记得，在香港有一位强势并且十分迷信层级的业务经理，知道怎么利用自己所掌握的职位身份来管控底下的业务员。可是一走出他的管辖范围，他就发现自己缺乏必要的关系和技巧来把工作做好。他最大的错误就是：不倾听。

靠着信念上的优势，慧玲得以在极端身份取向的工作环境中，以非常同心协力与平等的方式与人打交道。贯彻自己的想法和采用西式的风格有所差别，这对慧玲来说并不是特技，而是理想的商务实践。在称霸区域的愿景驱使下，她用上了本身所具备的一切技巧来让每个国家携手合作，以推出市场首创、跨区域的解决方案。她承认在和日本与韩国的团队及客户做生意时，她必须针对他们比较科层式的文化多磨合一点，尤其她是背负着女性、亚裔和美国人的三重劣势。她察觉到，为了与当地文化更加融合，她在某些国家必须放慢脚步，把解决方案本地化。同时慧玲可以利用自己美籍背景的差异来达成新的创新，以满足较为复杂的客户需求。她呼吁领导人要检视本身对客户的策略价值。在各种情况下，他们都会问她，这项新的创新对我会有什么用处？它要怎么调整才能在市场上引起反响？

如此一来，拉近鸿沟在经营策略上就不只是反映她所习惯的较为平等式的风格，她更是在策略上用它来提高每个市场的管理标准。有时候她的风格和做法会遇到很大的阻力，此时她就会修正本身的策略与行为，从而反映出一种不同但必要的弹性。

慧玲时常在评估、搜集资料，并衡量最佳的做法。在美世工作的头90天当中，对企业的愿景让她很有信心，但她也不忘要竭尽所能地做到同心协力，于是便前往各国去与管理阶层和团队见面开会。她花时间去倾听，然后把别人的见解融入工作目标，并予以公开表扬和肯定。在8年当中，她每个季度都会在季度的网络直播中说明该区域的员工在实现工作目标上的进展，并细数员工的贡献。而倾听不仅对她的团队很有用，并且对了解客户的需求也至关重要。

　　"我把自己的作风带到工作上，但也把我的亚裔价值当成镜子，并用我的亚裔长相来跟地方团队交流。我的亚裔身份是我在与新对象共事时的切入点，接着我便利用关系上的技巧来亲自与他们联系。"慧玲再度遇到了刻板印象，但这次的差异并不在于她是亚裔，而是她的国籍。慧玲并没有回避众人对外国人的错误观念，反而发现，如果要有效加以利用，了解这些深层的刻板印象会有帮助。例如她发现，对外派经理人的刻板印象是，这种人对工作或当地的人不会投入太多的心思或感情。众人起初都相信她跟大部分的外派人员一样，会把任期熬完，然后等达到了个人的生涯目标就往下一步迈进。于是他们就质疑，为什么要花时间来帮她的忙。慧玲破除了这个刻板印象，非常用心地建立自己的团队，并投入了真正的兴趣来培养那些与她共事的人。事实上，她的团队中有很多人是在之前的网络新创事业和公司时就跟着她。

　　在建立这些跨文化的关系时，慧玲的混合式风格发挥了非常大的作用。她的区域人力资源事业领导人卡罗尔表示，办公室非常重要。新加坡是极为身份取向的文化，头衔和单独的办公室充分说明了你是谁以及你有多重要。慧玲一来就被分配到很气派的办公室，以象征她的职位所享有的尊荣和权势。不过，慧玲婉拒了在办公室里工作，事实上她把专用的办公室全部拆除了。她是唯一跟团队排排坐的区域事业领导人，并且会走到大家的桌子前面谈事情。卡罗尔问到她这个选择时，慧玲回答说，她并不相信"权力游戏的势力范围"。她说她想要跟团队一起展现正面能量、主动出击和头脑风暴的构想。她把墙面视为创新的阻碍。

无条件正面关怀他人

慧玲能在不同的情况下这么游刃有余地磨合，有部分是因为她满怀着无条件正面关怀，并了解每个团队成员的潜力。慧玲每周都亲自招聘人才，并努力为适当的职位寻找适当的人选。她说假如你能把最优秀的人才融入表现优异的团队，"那你就能接受彼此的步调与风格"，也能同时有效应对直接和间接沟通者。

艾伦是慧玲所在国家的另一位管理者，她说慧玲"对于你想做的任何事都会鼎力支持，只要它与目标一致，你也愿意为它付出。假如你有不错的建议，她就会给你空间和权力去落实"，并让下属有冒险的自主权与能力。慧玲很强调领导人要适应亚洲瞬息万变的客户与竞争环境。艾伦告诉我们，"与慧玲共事使我在文化上更能适应"，因为她在美国和亚洲的事业经验非常多元化。因此，艾伦变得更加明确自己的风格，也学会了在必要时做出调整。慧玲非常热情，对团队和企业关切至深，同时又不遗余力地追求卓越。慧玲想要成功，但她也把团队成员的个人成长和发展与企业的目标相联结。

"她十分善于指导我要怎么在亚洲成功。"艾伦说，"在北美，我们比较像是公司的顾问，所采用的风格偏向咨询。在亚洲，客户想要的东西则比较像是处方，也比较重产品。"还有别的差异。"在亚洲工作必须有过人的适应力与韧性，并学会以少许做到超多。我们奉命要在新的新兴市场上迅速扩大市场占有率，却没有像美国那么完备的基础建设。因此在建立新的服务时，你需要非常灵活，并针对我们所提供的服务做很多市场培育。"慧玲帮助艾伦看到了这个差异，并针对不同的需求来磨合。

她过去的同事全都告诉我们，假如你不晓得事情要怎么做，无论是向客户汇报还是处理投诉，慧玲都会卷起袖子陪你做，并教你下次要怎么自己搞定。她会在现场排除障碍，并一路协助他们，使下属能承担较多的风险，并突破自己的极限。因此，主动出击很快就会开花结果。

慧玲懂得把非常个人的作风带到她在亚洲的工作上，并找出独特的方式来形成混合西方价值与亚洲观点的风格。大多数的人恪尽职守是因为那是应尽的责任，动机则在于发挥影响力和工作成就本身。在这种时候，慧玲展现了她的幽默感，以故意夸张并有点戏谑的问题来问同事："我们要怎么成为宇宙的主宰？"靠着不断加强个人与企业目标之间的联结，慧玲扭转了她所任职的公司的高度科层式文化，深深地抓住了人心。她缩短了鸿沟，并带给大家工具、训练、领导、沟通技巧和灵感，每个人都开始思考自己该如何一面自我成长、一面为企业带来改变。"慧玲所订的标准非常高。"艾伦说，"而当我们达到这些标准时，它就成了我们的荣耀。"

Part 2

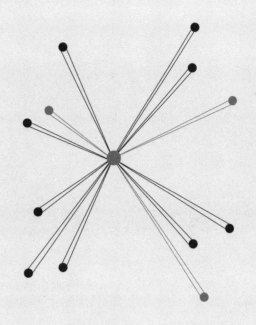

杀手级应用：
跨鸿沟磨合

第五章

权力鸿沟原则：

磨合管理风格

我们都用行为来评断他人，用意图来评断自己。

——知名演说家与激励大师　伊恩·珀西（Ian Percy）

新"开门政策"

　　吉姆一向奉行授权的原则，为此他告诉下属，鼓励大家登门来吐露心声。对于要怎么改善公司营运，他经常征询他们的想法，但却有个问题。2年前，他在团队中增加了一位新的财务人员，她的资历看起来无懈可击，包括学历以及在前东家的出色工作经历。可是对于他广开门户以及积极听取团队成员的意见，她似乎并不感兴趣。他很纳闷是不是有什么地方脱节了，还是他根本就误判了她？

　　有很多人跟吉姆一样，想要靠采用一套策略来缩短自己和员工之间的距离，而在这个例子中就是典型的开门政策。也许各位所用的做法差不多。每天挤出一段闲聊的时间，很多经理人想让员工知道，自己有空听取怨言、进度报告和新想法。有的人更是不拘形式地说，自己的"大门随时敞开"，并认定团队成员会带着自己的问题和疑虑来找他们。

　　若要说我们从评估自己的沟通风格与偏好以及对领导人和跨国公司的写照中学到了什么，那就是我们在与人交往时，全都有预设的模式。磨合的艺术就在于，要是别人跟你在交际时所偏好的模式没有交集，此时就要加以留意，然后跨越权力鸿沟来寻求解决之道。要想将磨合的艺术运用自如，有赖于意愿、时间和练习。虽然有的经理人学得比别人快，但我们第一次要经理人和员工展开对话，并考虑对其中一些员工调整自己的管理做法时，却常常遇到阻力：

　　"你们建议我的事似乎虚伪又做作。那不是我的个性。"

　　"改变不是我的职责所在。我的员工可得记住，我才是老板！他们可不能被惯坏了。"

　　"我不擅长应付人，而且那并不是我的工作重点。"

　　"我对所有的员工都需要运用不同的管理策略吗？"

　　我们对这一切阻力的回应很简单：你或许不需要全面改造，但可能需要改变自己的做法。在跨越差异时，相同的策略或许行不通，或许得不到你所要的结果。但假如希望在我们手下工作的人能有最好的表现，我们就必须培养能力来磨合自己的风格。

磨合的原则

　　·任何人都能学会磨合自己的管理风格，并学会要怎么适应从业人员的变动。

　　·磨合有赖于缩小和团队成员间的权力鸿沟。

　　·磨合就是要使出各种不同的应对之道，使自己更加适应与通晓。

　　·磨合与情境有关：针对对象和情况把你的做法定制化与个人化，就像是你有三个非常不同的小孩而且学习风格与性格各异时，你可能就会这么做。

·磨合向来都是从脚踏实地开始。说明你是谁、你重视什么，然后把你的好奇心扩展到别人身上。

寻找有创意的方式来拉近权力鸿沟

有很多经理人都是靠一套万能的招数来展现对下属的亲切。以吉姆的例子来说，他觉得自己对所属团队发出了明确的信息："我随时候教！直接上门跟我说出你的心声，还有你要怎么做。我想要听听各位的想法！"他表明了态度，接不接受则是他们的事。假如他们采取行动，吉姆就会了解他们的疑问、议题和疑虑。

吉姆试图透过他的做法来展现包容的价值，并带着善意，他所没有考虑到的则是某些团队成员和他之间的权力鸿沟。权力鸿沟是某些员工还是没有随意找他沟通的原因。它解释了他们为什么不提出或能使生涯更上一层楼的构想和解决方案，以及他们为什么不及早着手解决问题或分享议题，使整个团队的绩效或可因此受益。你八成可以辨别出，有一些下属目前似乎并没有跟你按照同一套规则在走。跟你所希望的结果比起来，你那种一体适用的管理做法很可能适得其反，而且在不知不觉中，你的"开门政策"或许反倒阻挡了一大票员工。我们知道你充满了善意，但对于有别于你的员工，你要怎么更进一步缩短你们之间的社会距离？

在不知不觉中，你的"开门政策"或许反倒阻挡了一大票员工。

提出问题：谁不在场？

回到吉姆的窘境，我们来辨别他做对了的事：吉姆注意到，他的财务人员不在他的沟通圈里。我们在前几章谈过，拉近权力鸿沟的第一步就是要辨别出我们在忙于工作时可能会出现的这些空摆设、沟通不良与失策，而不是等到员工辞职或必须给他们劣等的考核结果为止。吉姆知道他的财务人员既优秀又能干，所以才会录用她。可是对于吉姆在培养团队成员上所采取的手段，财务人员却无动于衷，给不了吉姆想要的意见和最新进度。在这个复杂的商场上，我们没有理由假定没有消息就是好消息，被动地等着问题发生。

对于正视问题的第一步，我们建议从上一章所提到的三步骤的预备问题开始。这么做有助于各位理解别人行为背后的价值与信仰，并思考可能的磨合方式，好让自己的话被听进去。这个过程可以帮助各位辨别出，在接下来跟他们一对一谈话时所要探讨的关键因素。

在能针对他们的行为来深究动机前，你必须接受的事实是，跟我们共事的每个人都透过截然不同的镜片来看待世界——无关乎好坏，就只是不同。至关重要的是，不要断定他们的行为是错的，而是先让自己看到差异。这会是个微妙的部分。大多数的经理人和主管目前都被训练成要铲除或忽略职场上的差异，以此杜绝法律诉讼。我们的防备心也促使我们总是想怪罪于人。不过，唯有放下假定和评断，我们才能探究这种行为背后的潜在动机，然后找出解决方法。

雷蒙德处理概念（Raymond Handling Concepts）公司的总裁史蒂夫·雷蒙德（Steve Raymond）是坚守内在价值的通晓型领导人，他对自己所不知道的想法和人也很有兴趣，他会主动找出不在场的人。

"我对任何想法都不排斥。我一定会找人谈；我想要听到蠢问题。"目前他们公司的代际多元性并不明显，但对于公司缺乏Y世代的参与，他却主动应对，并展现出他的通晓度。"我不太懂年轻一辈的人。"他对我们说道，而且接下来他的反应很奇特，"我们拥有的并不够！我们需要吸纳更多人才进来。"在他的监督下，他们公司一直在努力对下情不能上达的人主动伸手，并找出差异而不是规避它。

史蒂夫对每个议题都去深究和探询意见，而不是假定或怪罪。这点从高层往下蔓延，并渗透到了公司的文化中。有一位业务人员告诉我们："我在现场一遇到问题，就会去找他谈，以直接沟通议题的本质。史蒂夫会提问，并紧盯着议题。他要我提出的不只是答案，还有种种用来界定问题的替代方案与意见。如今这也成了我的一部分风格了。我们要怎么思考才能解决问题？我们还能做什么？起初我对史蒂夫的反应是，你的意思是什么？我只要答案就好！可是他有更好的做法。他并没有真正回答我的疑问，而是要我在做中去解决。"

有时候，你在不同地区工作的经验会促使你去磨合自己的管理风格。花旗集团的全球采购负责人斯科特·华顿（Scott Wharton）管理着分散在各地的大型组织以及10位全球下属。由于他的团队非常分散，并涵盖许许多多不同的文化，因此斯科特便把他的管理风格加以调整。以前他可能只会投入他所认为最大的必要程度，并使用最有效率的沟通手段，现在他则自称为过度沟通者。斯科特有一些下属觉得他沟通太多了，但这套做法是他有意识地转变，以更有效地与形形色色多元文化背景的员工共事，并有意地与不同国家的规范联结。他会定期和管理团队沟通，但还是发现需要对世界各地的重要人员投入很多一对一的沟通时间，也就是面谈时间。对他来说，这要同时耗费额外的精力与时间，可是他知道要是不这么做，他就是不称职的。

"你真的要摒除自己对于'有效'和'有效率'的成见。在跨越许多不同的文化工作时，你得改变自己的看法才行，包括什么叫作对员工投入有效和有益的时间，以及怎样的时间运用基本上是缺乏效率的。"这些亲自会面和加强沟通正在开花结果，并且证明在建立员工信赖上极具价值。

> "你真的要摒除自己对于'有效'和'有效率'的成见。"

史蒂夫和斯科特证明了，通晓型领导人对于差异感到相当自在，而能有效驾驭各种文化情境。切记，通晓是种艺术，而不是严格规定的行为。在为跨越权力鸿沟做准备时，最好的办法或许就是诚实审视自己对对方的期望。我为什么会觉得受到了他的冒犯？这是个人行为，还是源自价值观的不同？

手写便条：缩短鸿沟的个人方式

道格·科南特充分示范了，就连"长"字辈的领导人也能维持十分个人化的做法来跟下属保持密切联系。在康宝任职时，每次有员工做了超出期望的事，科南特就会手写感谢便条给他。他还会写便条鼓励陷入困境的员工继续坚持下去，欢迎新人或是恭喜某人升迁。每份公文都是以手写便笺的形式从他的办公室发出，而不是由他的助理打字，并且全都包含写给员工的特别信息。尽管会面和不停往来的行程很累人，但他一天的私人便条平均还是有10~20则，而且在担任CEO时，科南特写给员工、顾客、供应商和其他人的私人便条达到了3万则！他拉近权力鸿沟的举动得到了回报。他的做法帮助扭转了康宝汤品公司的业绩，使它步入了正轨，市场占有率提高、员工更加投入、工作环境更加包容，股东的总报酬也有所增加。

好奇心：有益对话的前提

假如千禧世代的员工写电子邮件来向你说明项目的最新进展，你所期待的却是面对面汇报，可别急着把"无礼"的标签贴在他身上。你或许觉得不受尊重，但这可能是他习惯的沟通方式；只是因为它是新科技，所以在你看来或许不够正式。另举一例，比方一个第一年应聘并且表现优异的Y世代部属来找你谈起，他对公司不同区域的任务有兴趣，因为它的挑战和发挥空间比较大。他根本还没有融入公司内部的体系，而且你在冒险雇用他时，他的背景与学历与职位并不相关。你会怎么回应？会不会因为自己拼了6年才坐上他想要的职位，就笑他无知？

一般来说，比较年轻的员工都会寻求并期待较大的挑战、有意义的工作，期待的升迁步调比以前快。对于你为了往上爬所付出的心血或所缴的学费，他们不见得会视为必要条件。与其为此气恼并给予负面反应，有没有别的办法可以满足他对组织的热忱和做贡献的意愿？你可不可能提出一套做法来涵盖另一种职业生涯路径以及合理的计划与时间轴，使他能充分发挥所长？你愿不愿意磨合自己的升职政策，以免损失这项宝贵的资源？

有时其实只需要把你所知道的分享出来就好。克莉丝缇·卢瑟福（Christy Rutherford）少校是美国海巡队（US Coast Guard）的非洲裔美籍女性，她在对一群Y世代的新兵演讲时，直截了当地告诉他们老一辈是怎么看待他们这一代，并要他们响应这些对Y世代的刻板印象，因而缩短了与他们的鸿沟。接着她和他们分享了在科层式环境中运作的不成文规定。如此一来，卢瑟福少校既向他们说明了了解环境的重要性，又明确告诉了他们成功的关键。她告诉我们："在海巡队里，有些人假定你奉命去做的每件事都要使命必达、分秒不差、一丝不苟。这看起来或许是显然的，但这就是在这里成功的不成文规定。而这并不合乎许多年轻人的习惯，需要有人来跟他们原原本本地分享这点。"

在某些情况下，"问题"行为并不是贸然行动或对话，而是对期望缺乏沟通，或是对想法缺乏分享，像吉姆的那位财务人员就是如此，她并没有向他提出问题或想法。假如你最优秀的女性营销主管在周会上不像大伙儿那么积极或是发言没那么大胆，那你也得思考一下：她是现场唯一的女性吗？我是不是期望她跟大伙儿一样？她不发言的影响是什么？当你去思索可以怎么磨合自己的风格，以更有效地跨越差异来工作时，就会意识到别的因素或许影响了她的行为。除了沟通风格上的差异，她有没有可能觉得没人会注意到她，怀疑自己的意见没有人会听，就算发言了也没有用？

有些经理人所落入的陷阱是，对于没有以同样方式行动、发言与思考的人，立刻就判定他们既难伺候又浪费时间：假如她需要这么多帮助，这或许就不是适合她的工作。有些员工真的并不适合。你的营销主管很有可能具备某种特殊的知识或者对市场有新的见解，只是需要你的鼓励才能将想法分享出来。你可以让局面自行发展，看她会不会改变行为来配合其他的参与者。你也可以等到她的绩效差到把你惹火为止。你可以等着她有更好的机会另谋高就、主动请辞，省得你麻烦。在所有这些情况下，不仅是你的营销主管不会成功，你也会失去大好机会来挖掘她不同的思考与沟通方式。你的投资会付诸流水，包括她的才干或能改善你的绩效和公司盈利的想法。

林森·丹尼尔（Linson Daniel）是美国某个非营利学生组织的领导人，出生于美国，父母是从印度南部移民过来。他非常了解自己，也很懂得为他广泛多元化的团队来调整自己的做法。林森本身的沟通风格非常节制，但发现需要对一位员工采用比较直接的风格。此人把他比较委婉的要求当成了建议，而不是命令，因此造成了很多误解。不过，他对团队中一位东亚裔的女性采用比较直接的做法时，她却老觉得自己闯了祸。她并不需要林森直接下令，因为连林森的小小建议都会被她当成圣旨。

"对于所属团队中这一切不同的族群，我得到了不同的经验，所以并不能一概而论。"对于一位在发展上需要辅导的白人女性下属，目前他所采取的立场是居于两种做法之间。"身为女性，她需要的是授权。我其实必须向她表明，我很重视她和她的贡献。一旦有了这层保证，她就变得非常自主，而且在知道我支持她后，她现在也愿意承担比较大的风险。"

不要妄下论断，而要深究

一旦注意到谁不在现场或是会谈中漏了谁，你就需要开始深究他们为什么不在。问问这个问题：吉姆的财务人员为什么不去利用他设立的明确而平等的沟通渠道？

对于这种现象，身为通晓型领导人，你可以考虑到的原因有好几个。你意识到，基于种种原因，有些员工或许并不觉得自己已经跟老板建立了充分的交情可以直接"登门"。他们或许对于踏进那扇门感到不自在，因为无法有信心地陈述自己的想法，提出更好的方式来推出新产品，自告奋勇举办会议，或是为了在截止期限内完成项目而争取额外的资源。他们或许并不觉得有"话题"可以跟老板聊，像是共同的兴趣或是比较自在的非正式关系。他们或许觉得自行解决问题是职责所在，以免导致你生气和避免可能的尴尬。他们或许觉得给你越多的空间，就是表示越大的尊重。在评估他们的潜力时，这一切都可能造成深远的影响。

你需要磨合的原因在于，有很多管理风格反映出的都是经理人的喜好。如果下属的个性外向，或者刚好是来自重视发言、采取主动、主张立场和表达意见的文化，吉姆的开门政策就有用。员工如果预期或是有过采取主动并得到倾听与认真对待的经验，这就是不错的策略。总而言之，只有在下属的看法跟吉姆相近时，它才有用。我们在无数的例子中都看到，这些风格上的偏好并没有考虑到现今从业人员的变化。文化、性别和代际差异所形成的权力鸿沟很可能会使吉姆对团队的沟通政策作用有限。

是文化的关系吗？

吉姆的财务人员很可能是出身自高度情境的科层式文化，对"晃进老板的办公室"这种随意之举可说是闻所未闻。这些价值观也是代代相传而来。我们所访问的克莉丝缇娜是第二代墨西哥裔美国人，她在家中所受的教养令她非常尊敬权威人士，假如他们想要沟通，就该由他们来主动找她。在她的公司里，虽然她是主任级的经理，掌管了12人的团队，但每当她的"大老板"来访时，她还是觉得有点别扭。她的营销团队每个月会开一次全体大会，对于在这个放松的场合跟资深副总裁汤姆随意聊聊，她还是觉得有困难。她被教导和社会化成要顺从上司，并以谦虚来表示尊重。不过，在观察到同侪会趁此机会跟汤姆交头接耳时，她的这一观念便开始动摇。在克莉丝缇娜看来，对老板发问、挑战和发言是不尊重、不得体的。要是汤姆以自己的标准来评断克莉丝缇娜的行为，他不可能看出她是在尊重他——她看起来简直是被动又不专心。

这些文化上的细微之处清楚表明，对某些人来说，主动登门和上司谈话是万不得已的最后选择。这些员工比较乐意待在幕后，并把重心放在工作上。由于顺从权威，所以对于被点名要求提出不同的意见，他们或许会感到不自在。

是根植于性别吗？

有时候权力鸿沟并非来自文化，而是源自女生从幼年时期就在接收的特定的性别信息。就传统上来说，女生大多被教导要遵守规则。国际教育领导中心（International Center for Leadership in Education）在《性别差异与学生投入度》（*Gender Differences and Student Engagement*）的报告中就证实了这点："女生和男生不同。她们在学习上不同，在玩耍上不同，在对抗上不同，在看待世界上不同，在倾听上不同，在表达情绪上不同。"研究过儿童性别差异的心理学家兼家庭医生伦纳德·萨克斯（Leonard Sax）表示："忽略性别差异并不会打破性别的刻板印象；讽刺的是，忽视牢不可破的性别差异往往会导致性别的刻板印象遭到强化。"这不仅表现在女生和男生的沙盆中，也呈现在各种会议室里。

德鲁·沃尔（Drew Wahl）是领英（IG Partners）公司的创始人兼总裁，也是管理咨询业资深主管。他给组织领导人的忠告很清楚："你可以影响公司的文化，以及别人要如何提拔女性。这要靠上层来推动。假如你推它一把，它就会渗透到文化里，别人也会知道这是可以做的事。"

德鲁观察到，有些不成文规定使女性得不到升迁，像她们不够强悍而无法英勇奋战的态度之类。他说，对于别人视为缺点的事，他则当成是优点。"我会说就派她们去。女性是优秀的谈判人员。我们刚办过MBA的座谈会，我对他们说：'当你们跟兄弟姐妹发生问题时，你们会找的是妈妈还是爸爸？你们都知道是妈妈。'"

身为女性，吉姆的那名财务人员过去可能因为直言不讳或者主动找过上司而得到过负面的回馈。也许她偏好在比较大的会议中提出议题，好让她可以收集众人的意见，并要团队就新计划达成共识，以确保新的方向能得到支持。女性下属在尝试与老板建立私交时，或许需要找个起头的话题，尽管文化价值或经验明显不同。"在我的部门里，副总裁讲话总是简单扼要。"在一家以男性为主的公司里，有一位后起之秀的女性工程师对我们透露说。"假如你不是MBA，而且不是真的对财务很熟，要开启话题就很难。我必须把议题定好，才会真正感到自在。"我们虽然不知道先天占多少、后天占多少，但有足够的研究指出，男女在行为和沟通上的差异必须被列为考虑因素。

有没有代沟？

假如吉姆的财务人员是年轻的80后、90后，这项开门政策或许就不是大好机会，而是《广告狂人》（*Mad Men*）中那种比较正式的科层组织所遗留下来的过时玩意儿。

千禧世代比较倾向于走自己的路，并独立解决问题，而不是花时间去说服老板，或是在出现危机时向管理阶层报告。美国的千禧世代普遍表现出比较平等的行为，因此或许会让某些婴儿潮世代觉得他们"眼高手低"。Y世代的员工或许沟通频繁，但在做法上或许无法让婴儿潮世代的老板一眼就能看懂。与其走进领导的办公室大门，千禧世代或许反而会选择开放的网站，并仰赖科技手段（电子邮件、聊天工具或短信）而不是面对面的沟通来发表观点，或是为本身的疑问找到解答。

开门政策之外

虽然开门政策是用来广纳建议以及和下属对话的常见管理方法，但研究显示它相当无效，而这也佐证了一个论点，那就是以磨合来顺应个别的员工是管理者需要培养的技巧。

2010年时，CBS（哥伦比亚广播公司）新闻有一则报道《你的"开门"政策是否堵住了员工的嘴？》（*Is Your "OpenDoor" Policy Silencing Your Sta?*）

谈到了康奈尔大学的教授詹姆斯·狄特（James Detert）的研究，他发现"部属有很高概率会把可能至关重要的建议按住不表"。狄特断定，员工常常出于畏惧而保持沉默，"即使他们的批评可用来改善组织"。

以上述这项研究为基础，《哈佛商业评论》在2010年发表的文章《揭开员工封口的四个迷思》（*Debunking Four Myths about Employee Silence*）报道了许多经理人因开门政策的成果有限而受挫，并披露了这项常见政策的一些相关假定。

我们在自己的工作中就遇到过同样的局限。以下是我们发现客户普遍会有的一些迷思：

迷思一：假如员工跟你沟通，你就会听到全部事实。

经理人是根据自己所听到的话来做决定，但他们并非总是能掌握整个真相。《哈佛商业评论》的文章报道说，调查的受访对象中有42%说，当他们觉得直说可能会引发巨大反响，或者是没什么问题可以让他们发挥时，他们就会对老板隐瞒信息。这些是会主动跟你谈的员工。至于其他不主动去找你的人，不要以为他们就不需要被关注。他们不来可能代表你还没找到和他们建立联系的方法。

迷思二：有开门政策或开放表格/意见箱就足以鼓励员工发表意见。

这种做法太过被动，它把提出问题的责任推给了员工。由于性格或权力鸿沟的关系，有的人或许会选择跟你保持距离，或只跟同侪分享自己的想法，并指望最后能传到你耳中。

踏出第一步：有益对话的五个步骤

你已经注意到了问题，现在则想要深究原因并设法找出解决方案。假如员工没有参与其中，或是没有给你关键的信息，以下是可以采取的步骤。

（1）针对你所观察到并有兴趣要挖掘的情况展开一对一的会谈。

（2）说明这些行动对你的冲击，并把它与企业的目标相联结。一定要避免责怪他人。

（3）深究行为的表象底下是什么；检视可能导致这种行为的意图、价值观和动机，以及可能使员工无法形成有效新行为的阻碍。假如同事还没准备好在第一次的会谈中吐露心声，那就趁此机会分享你自己的职业发展经验。这可以是与员工建立联结的第一步。

（4）解释这种行为为何对你们的生产力以及团队很重要。

（5）针对员工所能采取的新行为拟订行动计划，使他的意图、价值和核心动机能与行为的冲击达成一致。

我们深知第3步做起来最棘手，但在某些时候却是会谈中最重要的一步。省略第3步会使你的计划浮于表面，而直捣他人价值观与动机的根源则会带来长远的改变。本书曾提及的南非商人尼可·凡莫维坦承，在种族隔离政策过后主动伸手跨越文化差异让他很挣扎，因为权力鸿沟太过巨大。由于经济和政治环境的缘故，尼可凭借非常个人的方式缩短了鸿沟。

以下实例示范了缩短鸿沟的会谈可以如何展开。罗杰是一家新能源公司的资深副总裁，他刚开完两周一次的会议，以便向全球的创新工作小组更新新项目的执行期限。安嘉莉则是新来的工程师，她正在做新的能源监控数据库。

罗杰（在大家都离开会议室后）：我能跟你聊一下吗？

安嘉莉：当然没问题。

罗杰：我注意到，你在前几场的全球工作小组会议上什么话都没说。包括今天，我知道你刚开始在做西北太平洋区域的推广计划，可是你在开会时并没有把它提出来。

安嘉莉：你说得对。可是你也知道这些会议的步调，这些会议真的进行得很热烈。我去开会时，是有几件事想要说，可是现场有这么多专家，其中有些还是副总裁级的，还有你所有的顶尖手下。我开口就显得多余了。

罗杰：了解。可是安嘉莉，我知道你有很棒的构想，而且在一对一时，我看得出来你真的为项目做出了贡献，而且才花了一个星期！想想你想要凸显其中哪些概念，下次在更新进度时，我要你发言把其中一个分享出来！它是个备受瞩目的项目，咱们这就由你来出马吧。

安嘉莉裹足不前或许是因为，她觉得自己没有资格在全是副总裁的场合发言。或者在发表意见之前，她可能需要一点时间来整理一下思绪，尤其是在会议节奏较快的情况下。不这么做可能就枉费了她副总裁级的重要赞助人如此了解她的价值，并且可以替她敲边鼓。

像罗杰这样的老板可以说，"跟我聊聊你自己，我想要对你个人有所了解。在我们去开那场会之前，我想要多听听你的想法"，然后他帮助安嘉莉了解到，在开会时把她的想法讲出来很有必要。

假如员工不希望被点名，试着用第3章里的一些技巧来帮他们减轻一些压力。分享一个你当年是如何处理类似问题的例子，或是谈谈在你的职业生涯之初，这些大型会议也曾令你望而却步。展现谦虚以及对团队成员表示关切或许能使团队成员打开心房。你也可以在团体会议中塑造开放和有话就说的气氛，并以此来定调。扩大焦点则是鼓励沟通的另一种方式。把焦点集中在团队身上，如此一来所聚焦的就不仅是个人的绩效，而是团体的集体贡献。这在许多的文化中都是重要的价值观，而对女性来说多半也是如此。

各位从上述的例子中会注意到，通晓型领导人有一个特色是，能以中立和不带评价的方式深入提问，并以此来培养人员。假如这对你来说是新的领域，你或许会想复习一下本书之前所谈过的技巧，包括把语气放软和运用比较间接的沟通风格："我很想听听你在项目中碰到的问题，因为我还没听到你的看法。我们明天去吃午饭时，我想要了解一下你发现了什么。我需要知道，你认为我们赶不赶得上截止期限，还有你所需要的一切是不是都有了。"

要员工开口等于是允许他们以自己的方式来谈论重要的议题。

磨合是为了一起寻求解决方案

如果你跟吉姆一样，看出有个团队成员基于某种原因，对于直接跟你商量或带着问题来找你会感到不自在。这个团队成员或许不愿意炫耀自己的付出，或是向你或其他的经理人汇报自己的优秀表现。你在自己的职场上要怎么应对这种不同的个性？

比方说你正在跟下属举行两周一次的进度会议。你想要追踪他们做得怎么样，同时为团队成员创造一个百花齐放的平台，以鼓励他们互相挑战与学习。温迪是团体中的年轻女性，她针对自己的项目给出了最新进展。可是在接下来与同事问答时，她把困难的问题全部丢给了你。她所受到的挑战越大，她就越不开口。你知道她知道问题的答案，但你不明白这是怎么回事。她的胆识到哪里去了？你当下就断定，她是因压力而退缩，或者是无法应付冲突。你开始担心她可能会被最难搞的客户难住。你该如何缩小权力鸿沟，并分析温迪的真正想法？

首先要确认她的行为并厘清具体影响。温迪不发言，因此她本身的构想就得不到称赞。这会让人觉得她不是做领导的料，即使你知道她具备了技巧与才能。

"咱们来谈谈我们在这个星期前所开的几次会。我注意到，在昨天举行的最后一场会议上，你把问题全部丢回给我。我知道你知道答案，所以我搞不懂你为什么这么做。"

在讨论的过程中，很重要的是，你要清清楚楚地把行为与它对企业的冲击相关联，并指出问题并非单独存在。如此一来，你提点她的方式就是联系上她未来在组织中的成功，而不只是因为与你有所不同就要求她改变习惯或风格。这会使员工比较重视你们的沟通，而不是怪罪于你们之间的个性问题。

其次要说明所观察到的行动对你和团队的冲击，并把它与企业的发展目标联系起来，而不要怪罪他。

和她讨论这种行为时要有很高的敏感度，不要怪罪于她。关于她的行为，你或许有隐含的假定。假如做得巧妙，并且是真心想要了解她，你或许就会从她的观点中找出新意。试着往表象底下去探究，挖掘出这些在此情境中对她的成功造成阻碍的动机与价值。让温迪知道你有多需要她的参与，然后讨论她可以如何改变自己的行为，既为公司做出贡献，又发挥自己的价值。

一旦真正谈到关键之处，也就是温迪的个人转变，收获就会出现，因为她明白了要怎么为公司创造更好的未来，并提高升迁的机会。

最后要针对员工需要怎么磨合提供明确的见解，并和她一起拟订后续的步骤。

身为经理人，你必须把后果说清楚、讲明白："这就是本公司的做法。我们需要你的建议，我们需要你对这个项目更加主动，并协助团队中的其他人加深了解你的需求。假如你不这么做，你要更上一层楼的机会可能就会打折扣。现在我要怎么做才能帮上忙？"你的磨合之道是辨别问题、深究成因，并一起寻求解决方案。靠着执行改变来修正行为，你的团队成员既能和你相互妥协，又不用舍弃她的价值观。

现今的领导人无不被要求去管理种类庞杂的人员。如果要奏效，有时就要由你踏出第一步，由你去找他们打开话匣子。这种主动性就是使你成为磨合型领导人的条件。但要注意的是，在上述温迪的例子中，你可以踏出第一步，但联结与追求共同的目的才是目标所在。磨合并不是让员工置身事外，而是分享责任并厘清期望。

成功磨合的策略

你可以成功调适自己的管理风格，并学会以有创意和脚踏实地的方式来应对不同员工。假如你通晓这些技巧，收获就会很大：你可以降低员工流失率，留住顶尖人才，并学会怎么栽培他们，甚至到最后将他们变成秘密武器：靠跟自己不一样的人的特长与见解。为了满足多元化团队的需求，以下是尝试为真的磨合策略，从走出办公桌到辅导候选人的访谈技巧。

不要等着员工来找你

现今的成功管理者大部分都是以和员工协同而闻名。他们在投入管理时会四处走动，离开自己的办公室，走到大厅去问下属，事情进行得如何，自己能不能做些什么来让他们的项目进展得更顺利，以协助团队更有效率地运作。

出生于叙利亚的企业家奥马尔·哈默伊（Omar Hamoui）是其中一位以四处走动和亲临人员的面前来实践管理的CEO。在《纽约时报》2010年的专栏"角落办公室"（The Corner Office）中，行动广告网（AdMob）的创办人兼负责人哈默伊解释说，他之所以得到更好的成果，靠的是把办公桌四处移动，并堂而皇之地在各个部门落脚。这是怎么回事？

别等着下属来找你

你来主动缩短鸿沟

"假如你走到大家面前，他们就会把自己所想的事告诉你……而我只是拎着电脑坐在别的地方。"他说，"假如大家看到你就坐在那里，而且没有在忙什么事，他们就会走过来跟你聊天。如果要听到事情进行得如何以及大家觉得公司怎么样，或者大家觉得你怎么样，这招相当有效。"

对于缩短权力鸿沟和采用更广的文化视野使公司受益，这是个绝佳的例子。我们请教过的许多通晓型领导人都运用了这项技巧，从新加坡的曹慧玲到稍早所提过的洛杉矶五年级导师雷夫·艾斯奎都是如此。

尼尔是我们共事过的一位人力资源主管，他也采取了类似的做法。他决定一周至少要待一天在营运现场，面对公司在工厂里的内部客户。他待在办公室时，大家多半不会找他谈敏感的人员问题。去找人力资源部门就代表有坏事临头或是出了问题，公司的这种文化也在人力资源部门人员与公司的内部客户群之间形成了巨大的权力鸿沟。尼尔决定要开辟新途径来让别人找他，于是便走入人群。他主动向内部客户伸出手，目标则是要成为他们所信赖的顾问。

当他一开始走进主要营运现场的大厅，他的风格就很平易近人，向他吐露心声感到自在的人也变多了。在他长期建立起来的信赖关系下，各式各样的人都能提出对于自己的职业生涯很重要的问题。而对于他招进企业里的几位外部新人，也可以密切掌握近况。他有一次在探访现场时，有7个人把他拦下来请教重大的议题，像是学费退款政策、新的绩效管理流程以及请调流程。这些谈话不见得都会揭露出新的人力资本问题，但他却以同行从未做过的方式联结了客户群。他建立了公信力与信赖。以45分钟的投资来说，报酬还不赖！

以磨合来协助新人

来看看这则关于美国一些一流商学院的消息。根据管理类研究所招生委员会（Graduate Management Admission Council）的资料，在2011年美国研究生院的全日制商学院中，国际学生占了申请人数的45%，比2010年提高了6%。《美国新闻与世界报道》（*U.S. News & World Report*）发现，美国商学院在2012年所招收的学生中，国际学生平均占了30%。在某些课程计划中，MBA在第一年就要学习如何进行信息访谈和网络会面的综合课程。但类似的会议在亚洲国家并不常见，像在中国，你所念的学校和入学考试成绩就是评价你的标准。对于要怎么着手跟潜在雇主直接联络，学生或许就需要额外的引导。国际学生可能需要辅导与练习来帮助他们学习在美式情境中要怎么推销自己。有的人在银行和咨询业有校友可以请教，有的则必须做过至少五六次信息访谈，才比较有概念。这些是封闭的行业，你需要认识业内人士才能一窥究竟。

在招聘时，另一个要考虑的关键问题是：某人不擅长推销自己并不代表他不能干或不称职。在北美，求职人选大可公开推销自己的技能与经验。事实上，你需要自吹自擂，因为你有责任去说服招聘经理，你能胜任这份工作。而在亚洲国家，要是向招聘经理推销自己，可能就会被视为自负和不得体的。在这些本土文化中，你只要是从顶尖大学或研究院毕业或许就够了，因为进得了这些学校就代表有两把刷子。你或许想要主动来收集这些信息，并针对每位人选的特长勾勒出其完整的面貌，以确保你能得到最优秀的现有人才。

开发隐藏的潜能并提拔适合的人

对于在沟通和表现上有别于你的员工，各位或许正碰到的一些相同议题也会出现在"选择要重用或提拔谁"的时候。对登门去你的办公室详谈视感到有压力的同一批人在成就上可能也会遭到不公平的评估，甚至可能在升迁上遭到打压。为了让在你手下工作的每个人都能充分发挥，在考核、发奖金和升迁的时机方面，跨越权力鸿沟便至关重要。

为了辨别可以加速提拔或考虑予以升迁的高潜力人选，我们为经理人界定了6种所要谋求的精通度。这份清单汇总了我们检视企业作为以及如何决定升职的经验，并请教了7种行业的人力资源领导人、领导顾问和招聘人员。你会发现，这些基本规则能让人在工作上得心应手。各位在评价以下的技巧及权衡每位员工的重要性时，要特别留意权力鸿沟。我们称之为"一般公认升迁准则"（Generally Accepted Rules for Promotion，GARP）。每条后面都有一些自问的问题，以及为了缩短你和这些员工之间的权力鸿沟所能采取的办法，好让一般公认升迁准则与他们的表现联结得更紧密。

1. 采取主动

员工是否总是在团体会议中推销自己的新想法，而不是只对你？他们是否在项目或争取客户上表现得十分出色，但对你却只字不提？要告诉员工为什么主动表现是积极的态度，并考虑到主动所能采取的不同形式，以及这一切信息是否都在你的掌握之中。

2. 对自己的沟通风格有信心

自信的沟通常常跟直接沟通画上等号。假如员工不是直接沟通者，那就要深究原因何在。他是不是在与不同类型的人联系时，才会展现出直接式的技巧？他是不是会依照现场有谁来调整自己的沟通风格？他的间接风格是不是纯粹为了顺从你？他在采用直接风格时，是不是受到了别人的严苛评价？他的风格可能打击了他在工作上的信心。

3. 积极建立自己的人脉

往传统的圈子以外去寻找员工有良好人脉的证据，并要他们和你分享他们可能没想到会跟职场产生联系的人脉。他们是不是跟文化团体有紧密的联系？他们是不是在非营利机构担任志愿者？或者他们也许只找女性导师？下属所利用的资源和信息以及所取得的支持可能是来自非正式的场所。找机会搭上那位员工的人脉来网罗多元化的人才、新颖或创新的观念，或是跨公司结盟。

4. 展示自己的成就

我们已经知道，对许多人来说，自我推销可能会造成困扰。有没有方法可以让员工讲出自己的成绩又不感到被威胁？你能不能教导她向上报告的技巧与技术？

5. 主导自己的职业发展

传统的看法或许是，你的下一份工作不是别人给的，但在某些文化中，这却是实际发生的情况。为某人画出职业生涯路径的是上司，而不是自己。员工对于寻找机会是不是觉得信心不足，或是觉得做起来无能为力？

6. 对历练型任务说"好"

在某些公司，要是在第一线的销售人员没有经验，你就不能掌控盈利状况。在许多高科技公司，不管学科背景为何，你都少不了要承担现有专长领域以外的职能，并在各式各样的团队中工作。有意思的是，我们发现女性比较倾向于在深思熟虑后才接下重大任务；男性则是很快就答应下来，细节等以后再来处理，即使这表示要接下的是特殊项目或是不同地区的海外任务。以他们对快速升迁的期望，千禧世代或许会接受超出本身能力的职位。

一般公认升迁准则的前提深植在传统的美式企业文化中。我们需要再三提醒客户，在迎合这些需求方面，不同文化、性别或年龄层的员工会居于下风，响应这些期望的方式或许也不一样。要花时间来和员工沟通这些价值和不成文规定，而不要假定他们已有所了解。此外，要找出多元化员工展现这些价值的方式跟你所习惯的方式稍有不同的地方。这种差异可能潜藏着无数的机会，或是以往所没有想过的成功途径。

透过广角镜来看待人才库

假如你在公司的某个单位看到有很多员工离职，那起因非常有可能是文化差异。除了投入度调查和其他的文化评估，或许也该以不同的方式来打动人才。为了把问题搞清楚，你需要花时间跟公司的各类员工相处，了解他们的观点。比方说，试着一一去联系公司的员工资源团体（employee resource group，ERG）或联谊网，并向他们请教（参见第11章所谈的最佳项目创新实例）。

一些可以用来和员工资源团体的领导人开启对话的范例问题有：对于你们的需求和愿望，我们有哪些不了解的地方？我们可以从这群特定员工的身上学到什么？我们可以做什么来让他们更加投入地工作？

我们深入探访过一家大型制造企业，它有一个部门的拉丁裔员工占比很高，人员流动率也高得不寻常。我们发现，这些员工期望老板主动找他们询问，尤其是在事情出错的时候。他们无法像同事那样大大方方地向上通报，不知道要如何主动提出建议。

　　结果就是有很多员工感到不满，觉得自己的专长不受尊重。同时，经理人也因为觉得没人愿意"多付出一点"而感到沮丧。经理人还抱怨说，底下的人没有指出可能会出现的问题以及足够的补救时间，因而导致成本严重超支。

　　呼应我们实地看到的情况，Google在2009年时展开了"有氧计划"（Project Oxygen），以密集的研究来分析绩效与调查，甚至是探究最佳经理人奖项的提名。当结果公布时，名列榜首的是"当个好教练"这个简单的指令。当个好教练的重要性在管理的领域中肯定不是新发现，但却是Google管理阶层的顿悟时刻，他们都假定出色的管理光靠技术能力就办得到。他们以往的管理策略是："放牛吃草，让工程师自由发挥。假如陷入了困境，他们就会去问老板，而对方深厚的技术专长一开始就会把他们带到管理阶层跟前。"

　　像Google这种创新、绩效为王、数据导向的工程师公司去检验它的假定，并发现强大的管理技巧与辅导能力是至关重要的成功指标，这对于其他成千上万想要让员工充分发挥所长的经理人和公司极富意义。把这项结果再往前推一步，对于你所管理的每个人，你知道怎么才能当个好教练吗？新的挑战在于，对于带着不同的镜片来到工作环境里的人，你要了解他们形形色色的需求。要主动出击，而不是等着员工来缩短彼此的鸿沟。不管你做什么，都不要对人员"放牛吃草"。

通晓型领导人侧写：刘唐恩——以大方的精神来拉近鸿沟

> 人生中有施予者，也有受赠者。唐恩（Don Liu）就是施予者。

　　如果有任何人认为领导人需要轻声细语、温文尔雅和避免冲突才是称职的，这里有个人就打破了这条规则：魅力四射的刘唐恩，有很多人称他为"唐恩仔"，他是施乐（Xerox）公司的资深副总裁、首席法律顾问和干将。从任何标准来看，唐恩都是意志坚强的领导人，个性强硬，动作快到让人得拼命追赶他的脚步。但他把这种强硬与高度的自知相结合，能跨越障碍来沟通，而且在时间和精神上都是无私又慷慨。有一位在他手下工作的律师说，唐恩对她的工作面试是她所碰到的最难的，但等她得到这份工作后，他就让她深度参与，指导她，使她成了更优秀的律师。"他会有点强硬，"她笑着说，"而且总是充满能量。他在工作上也非常专注，不是那种会停下来闲聊很久的人。"她记得第一天进办公室时，她就盯着收件箱看，因为里面收到他发来的电子邮件不下20封。"我一开始就被吓到了，因为他的强悍无人不知。"她坦承。

　　"但他也会替你说话并且行事公正。他对我很有耐心，并且会解释事情为什么非得怎么样不可。"尽管唐恩既拼命又成功，但他总是会留下空间给刚展开职业生涯的人，或是需要靠指导或额外协助来找到出路的人。

　　当初唐恩从韩国移民到美国费城西区的贫民区时，还只是个10岁的小孩。来到新世界的唐恩很快练就了战斗的本领，因为要在新环境中生存下来需要随机应变、见招拆招。上小学时，唐恩被一个相当壮硕、强悍的小孩死死地盯上，直到唐恩死不退让并正面迎战的那天为止。他对那位同学说："假如你再敢动我，我就宰了你。"唐恩从头到尾都没有伤害他，但他展现出了激情与强硬的个性。欺凌就此终结。

大概是靠着同样的动力，唐恩从哈佛大学一路念到了哥伦比亚大学法学院，后来更成为某世界500强公司历史上最年轻的首席法律顾问。唐恩从来不必为自己辩护的地方就是家里。他形容他母亲是"虎妈"的反面。她总是在自己的朋友和同侪面前夸奖他，以至于唐恩从不想让她失望，反而促使了他去迎合她为他所描绘的形象。他打从心底感受到，她是多么真心地相信他和他的能力，并用赞美的话来激励儿子尽心尽力。这一切令唐恩成长为一个冷酷而严格的老板，并用母亲曾力挺他的方式来保护他的团队成员。他也真心相信他的团队成员，既力求卓越，又期待团队的优异表现。所有人都评价他会"无条件保护"员工。他是如何成为优秀的经理人的？有一位他过去的员工坦承，唐恩"在法律上才思敏捷，他是我这辈子所见过的最强的首席法律顾问之一"。但他之所以出类拔萃，靠的是对卓越的追求，以及相信下属。"他要我们大家都更好，"另一位附和说，他虽强悍，"可是他不会要你去做他自己不想做的事。"

唐恩跟大多数通晓型领导人一样，很懂得展现这种无条件正面关怀，也就是无条件接纳已建立信赖的人，即使（尤其）是在动荡和最脆弱的时刻。当员工贸然行事甚至是因为简单的疏忽而使团队受累时，最能考验领导人的本性。有一位女性律师讲到当自己还是个迷茫的新人时，有一次她把报告的部分内容委托给外面的人来做，后来却发现拿回来的数字不是百分之百正确。唐恩立即对她说，报告中的明细有误。唐恩一开始并不晓得她把工作委派出去；并且，她也没有核对文件。有些经理人会大吼大叫，或是拿没有经验的律师来当牺牲品，唐恩则给予她犯错和学习的机会。他为她的错误担起责任，然后把她找来问是怎么回事，并把问题处理掉。

"噢，真是见鬼了。"他最后对她说，"这没有违反证交会的规定，只是有些失误而已。"他令人安心的反应缩短了权力鸿沟，使她在为错误道歉后能重新振作起来，并决心拿出更好的表现来进步。他所展现出来的就是相信她的学习与改善能力。

事实上，唐恩对自己的错误非常坦诚，对新员工与新同事照样会分享自己比较脆弱的时刻、自己的背景以及得到的教训。在唐恩担任董事的某家非营利机构，它的执行董事在危机时找上了他。她卷入了一些人事上的纠纷。唐恩在劝告时直接告诉这位董事要关注自己的管理风格以及和干部的关系。但他也分享了自己的一些失败经验，好让她充分发挥同理心，并投入必要的时间来修补重要的关系，而不被自身的问题所干扰。

唐恩了解自己并且融入韩裔社群和更广泛的亚裔社群，也以自己的出身为荣。众所皆知，他投入了无数的时间来指导年轻律师，从不吝惜自己的知识与时间，免费进行演讲，并带着明确的尊崇感与使命感来为社群服务。他是康卡斯特公司（Comcast Corporation）亚裔美籍多元咨询委员会的副主席，之前担任过全国亚太裔美籍律师协会（National Asian Pacific American Bar Association，NAPABA）内部法务委员会（In-House Counsel Committee）的主席，并推动了内部指导计划（In-House Mentoring Program）和其他的事务。全国亚太裔美国律师协会把它第一个也是唯一的"代表人物奖"（Icon Award）颁给了唐恩，以表扬他"通过杰出与无私的奉献和领导来推动……使亚太裔美籍律师社群的理想获得了重大进展"。

但他几乎和周遭的每个人都能拉近距离，这大概才是唐恩最厉害的地方，也使他成了真正的通晓型领导人。"他不会被'分析瘫痪'（analysis paralysis）给绊住。"有一位同事说，"他不会羞于表达意见，但他能避免让局面流于个人，并专注在对组织有利的事情上。"他也会让共事的人对他有充分的了解，公开分享自己的个人背景，也邀请别人这么做。最近听说有一群人会固定举行"淑女午餐会"，唐恩便宣布他想要参加。他的出席完全没有让午餐扫兴，他表现得恰如其分，聊到鞋子与政治，看在场女性的眼色行事，把彼此间的鸿沟一扫而空，并跟她们打成一片。他知道什么时候该强悍，什么时候该坐下来倾听，而最重要的大概就是能把专业的法律要点转化成通俗易懂的语言，以增加公司的利益。在他之前待过的一家公司里，他曾和公关及营销部展开对话，因为他想要弄清公司的核心信息。这种同心协力奏效了，因为他不排斥他们的想法，并且会包容错误，而不是把合伙关系建立在他的面子或扩张地盘上。非法律界人士称赞他既能以日常用语来沟通想法、观念和法律议题，又能"真的放下身段去向其他部门学习他不懂的事"，使他赢得了上上下下的尊重。

事实上，唐恩有许多同事都告诉我们，比起跟其他的律师共事，他更擅长和非律师共事。而且他能满口生意经，就像做销售、营销和运营的人一样。这种本事使他懂得针对公司最关注的法律挑战来解读商业议题。

你可以既拉近鸿沟又表现强悍，拟订各式各样的策略来管理各种利益相关者之间的鸿沟也是成功的关键所在，刘唐恩一再证明了这点。

第六章

驾驭与同侪的权力鸿沟

潜力团队全都有科层、职能和个人的差异，
它既是优势的来源，也是问题的来源。

——琼·卡岑巴赫（Jon Katzenbach）、**道格拉斯·史密斯**（Douglas K. Smith）
《**团队的智慧**》（*The Wisdom of Teams*）

"同侪关系"并非全都是平等的。事实上，和经理人和下属一样，同侪的动态也存在权力鸿沟，必须经过协商，我们才能取得完成工作所需要的信息、资源与关照。身为管理者，各位不仅要能缩小与上司及辖下人员的鸿沟，还要格外善于横向管理，与同侪以及在组织的其他职能中工作的人来磨合，项目才能往前推动。事实上，把磨合的原则应用在与同侪共事上有一些直接的好处，无论你是在负责大型的跨职能项目，还是企图在组织上下提升人际关系的质量。有效管理和同侪同事的鸿沟所具有的优点包括：

　　·维系在科层中的地位

　　·在组织中结盟

　　·建立更稳固的团队关系

　　·建立公信力与自身的文化资本

　　·确立领导人地位

缩小和同侪鸿沟的重要部分在于，要辨别出权力鸿沟在特定情况下的精确动态。有些同侪关系在表面上可能看似平等，两人都有同样的头衔、职级，或许还归同样的老板管，但所呈现出的沟通和文化观点却是天差地别。加上文化、性别或年龄的差异，你所要管理的权力鸿沟更加宽广。除了这种直接的同侪关系，还有三种同侪小团体也会形成权力鸿沟。

职能同侪

你们或许是在同样的职能团队或部门中工作，并拥有同样程度的经验与专长。

狄米崔和魏玲是跨国软件公司的开发经理，在公司的验收测试小组里有对接的同事，等他们完成产品的开发阶段后便接手软件产品。曼尼许和帕德玛则是同一家公司里主要的测试经理。他们常常经手同样的产品，但却是在流程的不同阶段，目标和目的也不同。这两组的领导环节时不时会因为优先级和截止期限的冲突而产生摩擦，于是双方便开始在工作上对立，而不是一起追求共同的目标。

年龄层中的同侪

这些是跟你同时进入公司的人，而且大致上和你在同一个年龄段，虽然从你们入职以来，有的人或许在组织中爬升得比较快。你们或许共有许多相同的价值观与兴趣，但却任职于公司许多不同的层级，身份职位也各异。

罗伯特和理查德是在同一年进入公司，他们培养了紧密的同侪关系。不过随着时间推移，罗伯特晋升得比理查德快，最后成了理查德的老板。虽然他们一开始是同侪，但身份的变化带来了态度与期望上的差异，所以两人都需要加以深究才能建立起新关系。

级别相同、职能专长不同的同侪

你们的经验度差不多，或许都有相同的头衔（例如全都是经理、主任或资深副总裁），但你们是在不同的部门或单位工作，汇报结构和优先顺序也不一样。

阿福是一家大型金融机构的人力资源部主任。他获派为公司大型重组案的共同项目经理，跟他搭配的则是不同业务类别的行政主任珍妮弗。他们奉命要共同削减开支与裁员。这要跟领导高层非常密切地配合，以引导裁员流程，并确保这项困难的工作处理得审慎而仔细。珍妮弗和阿福同时进入公司，属于同侪，但她在处理裁员上比较有经验，因为她有过管理员工关系的经验，并受过法律训练。

年龄层相同

管理经验相同

经验度相同

缩短与不同同侪团体的鸿沟

在项目的整个进行期间，阿福都是让珍妮弗去向高层报告裁员的进度，因为他假定她已经建立了这些关系，并把两人在做什么持续向他们汇报。到项目结束时，高层事业领导人对阿福几乎一无所知。他为什么不多露露脸？"我觉得珍妮弗总是有很多事可以教我。所以我就专注在项目的其他层面上，像是人力规划分析，而和事业负责人的管理互动就交给了珍妮弗。"阿福说，"回想起来，她应该多让我跟受到裁员冲击最大的事业单位负责人沟通。但话说回来，我也可以采取主动，更积极地促成这些讨论，无论她有没有把我引见给他们。"在谈到他的共同项目经理时，他对我们说："在和最大事业部的负责人互动时，珍妮弗是主角，因为她在其他项目上和他们共事过。她并没有找我去参加那些会议，可是到最后，受伤的却是我。那个负责人根本不知道我是谁，后来他跟我的经理说，我没什么贡献可言。"

结果在经理眼中，阿福失去了信任，也失去了重要的成长机会。就算他的同侪珍妮弗对这种项目的经验比较丰富，并且知道关键人物是谁，他还是可以采取主动并直接联络事业部的负责人，和他们建立关系。如此一来，无论她是在保住地盘或者纯粹是独立工作，阿福都会出现在台面上。回想当时，他应该以不同的方式来和珍妮弗以及所有事业部的负责人培养关系。可是这么做有违他最初的直觉。

对于同侪在缩短鸿沟上缺乏磨合的结果，阿福的心声可以说是警世良言。当然，诚如阿福所说，他的项目经理可以主动与阿福磨合。她可以在过程中主动指导他，或是由她来牵头要他扮演较为重要的角色，好让他下次能准备得更好。我们总是告诉领导人，要假定他人怀着积极的意图，但有时同侪就是会设法为自己争取目光并一再如此，除非你站出来为自己发言。因此，为了团队合作更有效，学会和同侪甚至是你的竞争者来磨合，这就跟经理人针对员工来磨合一样重要。长期来说，能横向往来的人会比较成功。你会遇到比较少的挫折，和上司及周遭的人建立起比较好的沟通，并获得比较好的工作成果。此外，大部分的大公司都有某种形式的同侪审查，或是全方位的评估。这表示同侪也会评价你，并针对你和团队里的其他人相处得如何来发表意见。

向下沟通以缩短和员工之间的鸿沟可以证明，它对于跨越鸿沟和同侪往来同样有效。把各位在上一章所学到的相同磨合原则应用在你认为有权力鸿沟的同侪关系上。假如对不同解决方案保持开放态度，设想正面的意图，并小心探索同仁行为背后的深层动机，它就会带来更好的工作关系。

以狄米崔和魏玲为例，两人是跨国软件公司主要的开发经理。他们不仅需要努力来缩短与测试小组同事间的鸿沟，还发现需要彼此磨合才能达到本身的进度。魏玲所负责的新软件产品计划要在6个月内出货，她无法在截止期限前完成则令狄米崔感到沮丧，因为他的工作要靠魏玲完成一部分程序代码。魏玲落后的进度会拖上好几周时间，这还没把做不出来的可能性算进去。狄米崔终于再也忍不住了。另一位团队成员建议他寄一封"最后通牒"的邮件给魏玲，并发送副本给老板。这样的话，假如延期，狄米崔起码不会受到连累。但狄米崔选择了不同的解决方法。狄米崔决定和魏玲一对一单独谈谈，并猜测没有老板或团队在场，他或许能得知更多的信息。

他向魏玲解释说，他担心赶不上出货日期，自己能不能做点什么来帮助她，因为彼此的工作会互相依赖。他发现她现有的程序代码出了大纰漏，而且在团队会议中提出这个大问题令她感到不自在。她告诉狄米崔，她觉得把它厘清并让案子回到正轨上是她的分内工作。这就是为什么她并没有针对延期来向他或别人解释。狄米崔原本以为她是在逃避责任，事实却是魏玲打从内心深处相信，错过截止期限是她要解决的问题，而不是借口。在了解详细的情形后，对于魏玲可以如何解决问题并把工作延续下去，狄米崔提出了他的想法。他还问，他们能不能一周开一次进度会议，就他们两个人碰面，好让局面步入正轨。最后，产品在他们的通力合作下准时出了货。

是同侪还是竞争对手？

当你和同侪在同一位老板手下工作，而且明显需要自己表现得比同事出色时，就会格外棘手。人经常要身兼多职：你们虽然在同一个团队，理应和别人好好相处，但你还是期待着从同侪中脱颖而出。你们是同事，也是竞争对手。有些公司是透过排名或分成5个等级来评估绩效，人力资源部门以此流程来确保明星员工能获得升迁、分红和配股，而排名垫底或倒数20%的员工大概就得准备走人了。在这些体制中，就算你真的表现不错，可能还是会发现自己在最底层，因为相对于和你进行比较的对象，你表现得并不出色。在这种压力下，同事的竞争可能会抢走你的饭碗，所以主动来缩短和同侪的鸿沟看起来似乎违背直觉。

不过很重要的是，各位从一开始就要确定这段关系要如何改善。假如你能把预备问题应用在开始与新同侪共事之前，并以主动出击的方式及早拉近权力鸿沟，你们的工作关系就很有可能从严峻的公司政策中存活下来。即使关系后来碰到了竞争或政治压力的考验，也还是可以补救的。

以之前所提到的罗伯特和理查德为例，在成为理查德的老板后，罗伯特自以为对理查德的感受和动机了如指掌，因为他们并肩共事了这么久。事实上，当他升任为理查德的上司时，他便期望理查德能在他的团队中担任重要角色。不过，罗伯特很快就意识到，自己低估了职位的变动让理查德有多难受，而彼此的权力动态转变得太快，起初也令他措手不及。权力鸿沟大大改变了他们的关系，尽管两人在公司是同时起步，多年来也共同经历了许多。罗伯特开始注意到以往所没有的不自在和紧张的迹象。

罗伯特闭口不跟理查德谈到这个话题，这肯定是难以启齿的事。但他也知道，他不能假装没这回事，但指望理查德会不请自来。这会损害他身为领导人的公信力，并影响到整个团队。他选择坦诚面对理查德，而且当他开口讨论时，理查德显然松了一口气。"我以为我对这点能看得开。"他对罗伯特说，"可是10年了，我还在原地不动，你却升了5级，这件事让我很难释怀。"罗伯特意识到，他们不再是同侪了，他们需要重新建立新关系并把这点考虑进去。罗伯特花了很多时间重建他们的关系，理查德也成了他在团队中的挚友。到最后，他们坦白的对话以及为了彼此磨合所投入的时间得到了回报。信赖在他们的关系中获得重建，理查德到头来更成了罗伯特团队中的重要人物。当他退休时，他告诉罗伯特说："在我的生涯结束之际，我要谢谢你为我带来了平稳的过渡。"

建立新的关系和累积这种信赖不会在一夜之间发生。重点是要记得，就跟变成通晓型领导人一样，如果想和觉得嫉妒、遭到背叛、生气或愤恨的同侪建立信赖与沟通的新关系，强大的韧性与谦卑就不可或缺，尤其是明知自己什么都没做，只是努力工作和表现优异就引发了对方这种感受时。假如你能有所作为，在关系的和解上或许就会有所收获。对同侪磨合需要对对方的情绪保持同理心，尤其是对你的职位或权威感到愤恨的人，还要有成熟的情绪控制以及对自己能力的自信。通晓型领导人知道，磨合并非示弱，反而是勇敢的表现。

尤其是在对同侪磨合的情况下，强调技巧与通晓型的同心协力而不是盲目争权的领导风格会带来比较好的结果。这与传统的看法背道而驰，尤其是在竞争激烈的环境中，因为它会让同事互相较量，以激发出每位员工的最大潜力。女性往往比男性更偏爱同心协力的风格，同侪磨合则给了她们机会把这种差异化为资产。

莉莉是一家国际美容公司营销部门的年轻女性，在职场上老是碰到营销和创意部门之间的摩擦。营销部门对宣传活动有个构想，也许会邀请一位大明星；创意部门却按照自己的方向来构想，做出来的方案不符合营销团队的期望。这是一触即发的态势，营销和创意部门都在为了掌控最后的宣传活动而较劲。但莉莉告诉我们，她的老板是解决问题的高手。她找创意部门来开会时，并没有把问题归咎于他们，而是从他们全都是一体的角度出发。营销部门力推的宣传活动会邀请一位明星，她问创意团队，大家要怎么样才能一起做好这件事，创意部门要怎么帮忙才能使宣传活动成功？到最后，创意部门参考了营销部门的观点，但重点在于它是一场同心协力的行动，而不是斗争。这位管理者以非常有效的方式发挥了同心协力、以团队为基础的风格，使双方的观点都得到表达。

年龄会在权力鸿沟的动态中扮演某种角色

年龄和代际的差异都会造成同侪之间的不对等与权力鸿沟。年龄、资历和头衔被用来区分员工，并构成了高情境科层式文化的重要部分，比如在大型的跨国公司或世界各地的本土文化中。在这些环境里，大学毕业以后人们自然就会在既定的升迁轨道上前进。在这些组织中，你很难跳级；尊重伴随着年龄与资历而来。以韩国为例，尊重取决于大学毕业至今的时间；而对男性来说，它则是来自服完兵役，以及被用来称呼年长同事或上司的尊称。

黛安是一家大型金融服务公司负责多元化与兼容的资深副总裁，她太清楚不同世代之间会存在着权力鸿沟。她的团队探究世代差异特性的方法并不是从绝对年龄的角度出发，而是侧重于他们在独特文化观点和价值上的差异。在她的经验中，Y世代、X世代、婴儿潮世代和传统派全都有相异的观点和不同的做事方法，并建立在本身的价值体系上。

"我们不只是在孟买或秘鲁需要跨文化的能力，就连在美国也要。"她还谈到她的组织是如何在全球的团队中运作，然后应用到美国的多元性当中，包括世代差异在内。黛安从柜台出纳开始她的职业生涯，然后升到管理岗位，并在信用风险管理集团工作。黛安把权力鸿沟和世代的文化差异视为她的风险管理背景可以派上用场的"经营问题"。"为了尽量降低风险，我们需要进一步接纳与善用员工人口结构的变化，同时充分了解客户的需求。"黛安的故事也一针见血地剖析了各个世代，以及消除疑虑并针对比你年长或年轻的同侪来横向管理的策略。

传统派 vs 千禧世代：多个世代并肩共事

黛安所在的分行所面对的是隔阂很深的从业人员。在她的银行里，有超过71%的柜台出纳是千禧世代，包括很多兼职工作与学业进度配合完美的大学生。另一个渴望兼职工作的人群人数虽不多，在银行人员当中也发出了较大的声音：70岁以上的退休员工（她称之为老将）。一般的科层结构中都是由较年长的员工管理较年轻的员工，但在这个例子中，却是由千禧世代管理婴儿潮世代和退休员工，尽管他们之间有着显著的年龄差距。他们在职位上也是在同一间分行里工作的同侪。打从在一起工作之初，双方便彷佛毫无共同之处。随着时间推移，两代员工不断彼此摩擦，紧张关系也逐渐升级。到最后，分行经理以及千禧世代员工和退休老将都认为，有增无减的紧张关系深深伤害了他们在分行中并肩共事的能力。

传统派的反应

较年长的员工抱怨说，当Y世代的柜台前面没有人在排队时，他们就一直在看手机或发短信。他们指控年轻的员工缺乏"基本的礼貌"，因为他们很少对客人微笑，也没有眼神接触。在传统派看来，这有违客服入门的基本要求。尽管如此，年轻员工还要求赶紧晋升，喜欢比较有趣的工作。银行的分行会给新员工90天的考核期，以考察是否要把他们留下来。而在试用期还没满的时候，其中一些年轻员工就已经要求晋升了！

Y世代的观点

"老员工对于现代科技的运作方式毫无概念！"千禧世代反驳说。他们对经理抱怨说，老同事永远都在招呼每位客户、聊孙子的事、问候客户配偶的健康，或是聊起客人的狗，他们就算看到了人才也分辨不出来。当较年轻的员工追求晋升或是要求承担更多的责任时，年长的员工就只是要他们等，对于为什么现在不行却不加以解释。他们需要慢慢熬才行。

他们如何互相妥协？

有趣的是，两群人的偏好与价值对于顾客的影响各有利弊。靠着及时运用新的网上银行技术，Y世代的柜台出纳能帮忙解决顾客在银行业务上的众多需求，并高效地销售产品。顾客来到柜台出纳的窗口前时，他们可以熟练地从计算机里调出银行业务记录，有效率地为客户办理银行业务。不令人意外，他们的交易量和效率都很高。不过，千禧世代的服务评价却比较低。较年长的柜台出纳则更擅长运用个人关系、熟知客户情况。由于他们对分行的熟客了如指掌，因此能事先评估该不该向客户推荐船贷、车贷或其他的银行产品。他们的交易量或许比较低，但服务评价始终都是优秀。

这两群柜台出纳并肩共事，但对彼此却极为不满，看不到对方的优点。领导阶层必须插手，才能鼓励这两群人一起应对世代的价值、假定与判断，并讨论年龄差异的细节，以便更好地共事。黛安的小组成立了论坛，两个群体都有机会公开和对方探讨各不同年代的人所展现出的正面与负面特质。虽然第一步不是由自己踏出，但把两群人聚在一起后，他们就能缩短彼此间的鸿沟。他们能看到并听到对方如何评价自己，然后透过训练来放下自己的判断，并开始学习和对方并肩共事时，设法好好利用彼此的优点。

透过这个过程所得到的下列观察有助于呈现各世代的价值判断：

婴儿潮世代尊敬权威，即使自己不喜欢掌握权威的人也一样。

X世代的人希望能发表意见。只要有发表意见的机会，他们最终还是会照着管理阶层的指示来做。

对Y世代来说，重点则是要说真话。他们想要听到决策或主观判断背后所有的理由。假如动机真切，他们就会配合；假如只是"领导说了算"，那就会被解读成不尊重而遭到抗拒。

黛安和所属团队的努力打造了更加包容的工作环境，任何年龄的柜台出纳与他人共事时都感到更加自在。对这个分公司来说，这是学习过程的开端，黛安则率先说出，假如要把这种对于世代差异的"文化意识"灌输到新人身上以及组织的整个文化中，肯定还有更多的事要做。她的银行分行如今有个平台可让人员不断向彼此学习，并真正重视每个年龄的柜台出纳所能带给银行的贡献。就组织上来说，他们让不同年龄的同事更容易了解各世代不同行为背后的动机，使员工更容易横向往来，并善用不同的技能组合来提供一致与全面的顾客服务。

赋予头衔

头衔的存在就意味着科层。它在大多数的公司里都代表着员工的经验水平与工龄，并帮助领导阶层区分各种工作类型和职位的专业度。一般而言，世界500强规模的组织几乎每家都设有头衔。无论你的头衔是分析师、经理、董事、资深董事、常务董事、总裁、合伙人或副总裁，每一个都意味着科层结构、权威与权力。人们所感知到的权力差异可能纯粹是建立在头衔的差异上，而无关乎你实际具有的决策权威。

　　由于头衔有强制与昭告的力量，所以把它授予表现优异的员工是不花钱的津贴和奖赏。即使没有调整责任或薪资，光是新的头衔可能就足以在的同侪之间形成权力鸿沟。高权力鸿沟类型的客户和同事或许会根据姓名底下的那行字而自动给予较大的尊重与权威。

　　我们的建议呢？好好享受显赫头衔的尊荣，那是你应得的！但要特别留意被你抛在脑后的同侪所产生的冲突感和紧张。就像在本章稍早提到的理查德案例中，假如你能想办法把他们找来并缩短鸿沟，你在组织中的经验就能发挥出更大的作用。

结交同侪盟友

　　崔希是华裔加拿大籍的MBA，在英国有过国际营销经验。她去中国工作时，其他担任行政和支持角色的女性对她都很冷淡。领导高层很尊重崔希的工作，但年龄相仿的女性却看她不顺眼，因为29岁的崔希已在纽约和德国大公司工作过，管理过全球项目，拥有高学历，并且会说三种语言。崔希大可以不理会这些女性（甚至更甚），专心与其他尊重她的经理人往来，毕竟她并没有做什么伤害她们的事。不过，要想在职位上做得称职，崔希就需要这些女性的支持。她必须帮助她们跳脱出嫉妒与不自在的感觉。崔希靠以下这些步骤来缩短鸿沟：

　　（1）提出议题。正如磨合型领导人需要对他所要缩短鸿沟的员工跨出第一步，你也要主动向同事伸手。问过前一章的三个预备问题后，就要敲定行动计划并跨出第一步。在崔希的例子中，她请了其中一群女性来参加她的非正式午餐会。把会谈移出办公室有助于缓和严肃的气氛，使它比较不像是正式会议，而像是朋友聚会。一旦打破了原本的不自在，她就能和一些女性展开质量更高的会谈。

（2）以谦逊的态度来展现缩小鸿沟的意图以及向他人学习的好奇心。崔希的同侪一开始看她不顺眼，是因为她年纪这么轻就具有跨文化的工作经验，又能直通本土的领导高层。虽然在表面上，她和这些女性同属华人血统，甚至会说她们的方言，但绝对有不言而喻的鸿沟。和她们建立信赖有一个关键是，对她们说明她真的需要她们的帮忙，细腻地扭转权威的气息。等她们齐聚一堂后，崔希告诉她们，自己愿意和她们建立稳固的工作关系，还解释了自己的角色，最后还特地解释她们可以如何帮上忙。后来当她们一起在做项目时，她也继续提供协助。

（3）争取盟友与分享权力。在强调这些女性对她完成工作有多重要后，崔希便开始吸收盟友，并把这些女性招入她的团队中。她请其中几位去支持接下来她负责的项目，还利用自己的教育背景和经验来帮助她们。她们渴望改善自己在中国境外的其他办事处和管理阶层往来时的沟通技巧，她便开始指导她们，后来还为其中一位前途光明、大有进步的女性写了推荐信。

与男生打成一片

凯特是一家小型投资银行的合伙人。她的身材娇小，看起来很年轻，而且主要是跟男性共事，所以有着更大的差异，彼此间所感受到的权力鸿沟更多。这意味着凯特在横向往来上需要非常有策略，针对同侪来磨合自己的风格，就算这表示要走出她的舒适圈也一样。

长年下来，她摸索出了与男同事共事及磨合的方式，好让自己的话被听进去，并在各式各样的互动中坚守立场。"我不聊运动，也不打高尔夫。"

她甚至不骂脏话，而这在她所属团队的男性之间却是展现交情的常见话语。为了弥补这些风格上的差异，她花了加倍的心思来准备每场会议。比较年轻的时候，假如搭不上软性的议题，她一定会用巧妙的方式来弥补，包括专注在客户的关键信息上，以及展现出对数字的信心。时间一久，凯特也必须调适自己的沟通风格，以便看起来更为贴近同侪，包括在凸显自己的成就时更加公开、更有策略性，以及在沟通时更直接。

不光是在组织内，在跟客户初次会面时，凯特经常因为年轻的外表与身材而被误认为是下属，所以她必须培养出比较直接的沟通风格来弥补表面上的落差，对客户发出明确的信息：她和她的同侪一样能干。由于她必须意识到这些感觉，并管理内外人士对她的看法，因此凯特所培养出的通晓度便有助于她管理与同事的鸿沟，也缩短了与客户的鸿沟。她以让双方都受益的方式利用了自己与同侪的差异。

大体上来说，凯特相当擅长在一两次会面时就掌握到更多细微的客户线索。有一天，她和公司里一位较为年长、非常有魅力的男性资深合伙人去拜见客户。会面前，她做了研究发现，这位客户的风格跟她的合伙人非常不一样。她的合伙人很健谈，而这位客户拥有博士学位，而且在近期的媒体访谈中看起来知性而拘谨，说话的步调非常缓慢而慎重。在这种情况下，凯特对不同风格的应对经验相当有用。她在直觉上就知道要怎么跟这位客户洽谈；她的资深合伙人则会因自己咄咄逼人的销售手法误入歧途。

首先，她在会面展开前分享了她所知道的事，以缩短和资深合伙人的鸿沟。她以手上的真凭实据向他提出自己的见解，并建议他针对这位客户来磨合自己的风格。她解释了把姿态放低会让客户觉得比较放松。靠着事前所做的研究以及把数据展现在合伙人面前，她说服了他采取最好的做法。他听从了她的建议，结果争取到了这位客户。

真正的通晓型领导人会想办法跨越差异来与同侪横向磨合，连在面对不

155

满与摩擦时也一样。曾经是同侪的人后来被老板与员工之间的鸿沟分隔开来，加上文化、性别或年龄上的差异，关系就会变得复杂。横向管理有时会演变成向下管理的局面。

当杰姬·麦克纳布获得晋升时，有一位同侪垂涎这个职位已久，于是大为光火。他公然有失尊重，甚至对杰姬说，她得到这份工作纯粹是因为她是女人。与此同时，他也没有尽到自己的职责。她告诉我们："我只好说：'我很遗憾你这么觉得，但我的能力才是我得到它的原因。我期待你做到自己的本分，而且这是责任所在。'"他们继续一起工作，她在私下问他：你想要怎么做？你的目标是什么？他还是想要她的职位，这股渴望从来没有消失，他在这一点上也很坦诚。她让自己保持冷静，并就他的优缺点来对他提出建议，以协助他逐步获得与她类似的职位。最后当她更上一层楼时，他已经准备好去接替她的职位。杰姬跟他历经了不同的关系：从同侪、老板到导师。她没有暴跳如雷，也没有试图开除他，而且到最后以导师的身份强调，他需要练习更多的技能，并把他的职业发展与具体的行动与步骤联系起来。

经过证实有效的跨越鸿沟策略

跟同侪当朋友

与同侪展开跨文化对话可能会很敏感。真诚地说出"我可以从你身上学到很多"会大大有助于消除敌意，并让你们真正成为一个团队。让他们知道你需要他们的支持，并询问他们需要什么帮助。

推己及人并提供自己的技能与协助

假如你是高层管理人员，给需要帮助的同侪提供协助，就能明确传达出自己有多想把事情做好。

假如你晋升较快，那就针对你在新的职位上可以如何分享权力来分享自己的想法，以消弭嫉妒与竞争。但不要光说不练，有人支持了你的想法就要加以表扬，并经常给予回报。

衡量自己的长处与短处：自我诊断

·你会以什么不同的做法来更有效地与同侪沟通？（采用广义的同侪概念——年龄上的同侪、头衔上的同侪等）

·想到过去的同侪关系时，哪（几）种同侪关系让你感到棘手？这些关系有没有固定的模式？

·你可以如何在同侪关系中表达善意并主动伸手，甚至是在发生冲突的情况下？

·目前有哪些同侪关系让你感到棘手？

·你如何与不同的同侪团体结盟？

·你在同侪团体中可以采取什么步骤来展现对他人的支持？

第七章

和上司携手并进

我们向客户解释说，这像是在为自己"找镜头"，或是给上司一个镜头来看待他们。假如你不这么做，他们怎么会知道你是谁，或是赏识你的独特天赋与个性？

假如你碰巧是在新创公司或小型办公室工作，可能很难看得出谁是负责人。人人都穿着休闲服，并在同样的开放场所中工作。他们会共进午餐，可能还会一起上健身房，并主动走到彼此的桌前来发问。每个人似乎很容易就能见到老板。虽然不是通过独立的办公室或行政会议室来表现，但连组织结构比较扁平化的新创公司或小型公司也有科层结构或指挥链，以此形成决策。

在其他大部分的公司里，公司的晋升阶梯则兼具外显与隐含的权力结构。为了在组织中往上爬，你要和组织中比你有权力而且职位比你高好几等的人建立关系。假如你是CEO，你负责的对象可能就是公司的董事会。我们都有上级，此人负责评价我们的业绩、准许我们晋升、替我们争取下一个职位，或是驾驭企业的成长。不向上沟通可能会使你未来的生涯选择严重受限。要是忽略了缩短与老板的权力鸿沟（或是不知道要怎么做到这点），你在晋升上可能就会吃亏，或是意见不受重视。

由下而上缩短鸿沟的阻碍

深刻了解自己的风格与偏好的通晓型领导人会利用建立关系的技巧来向上管理，并设法缩短与对方的权力鸿沟。他们不会等着领导阶层向下与他们沟通。有时候这点会很难做到，因为上司所展现出的风格与你截然不同，或是以你并不熟悉的价值观来运作。

有些员工表示对这项任务会感到不自在，并且不觉得"管理"老板是自己的责任。有人相信对上级主动伸手显得不得体或不恭敬，有人则认为这么做代表极度顺从，是有碍自己长期生涯的举动。有的人并不想要向上沟通，因为老板看起来跟自己截然不同，他们也不觉得自己有"门路"或自然的方式可以与之打交道。我们在讨论和领导高层建立交情的重要性时，他们会问说："我要跟他聊什么？我们的交集少之又少。"还有的人怕让人觉得自己是在拍马屁。

无论有什么理由，现在我们要告诉各位，向上管理在职场上是至关重要的技巧。向上沟通不仅是可以接受的，而且很重要，尤其是在上司并没有努力向下沟通的情况下。与普遍的想法相反的是，向上沟通不是在设法获得上级的好感，或是靠奉承来达到目的。你的目标是要跟上级建立更真切的关系，达成互惠的目标。

美国主管会希望员工采取主动。员工这么做就会变得很显眼，并且最容易接下重大案件、获得好评，大体上也会更受重视。但适应必须双向进行。对习惯自己和经理人之间要保持距离的人来说，要缩短与上司的鸿沟或许会很难踏出第一步。就算没把老板视为可望而不可即的最高权威，还是有可能尊敬甚至是崇敬他。

克服与权威人物的"冷场"

汤姆是韩裔美籍律师，目前担任餐饮旅游业的内部顾问。他非常清楚地记得，他的文化观点是如何在法学院的课堂上甚至是在他担任执业律师的初期产生影响的。"对于我在法学院的第一年所做的事，我称之为'冷场'。每当教授点到我时，我往往就会陷入那种呆若木鸡的时刻。而且我注意到，亚裔同窗都有这种现象。其他大部分的人对于苏格拉底式的教法都显得很自在，也就是不断质疑与分析你的观点，并以健康对谈的方式来回应。我对教授无比尊敬，而教授只是在尽他的本分：考验你并激怒你，好让你走进真正的法庭时能准备就绪。这种情况发生了几次后，我便下定决心要对抗这种'一被点到就退缩'的本能。在上课之前，我会练习发言并陈述自己的意见。我会确认我对自己的资料了如指掌，并能以充分的自信来表达想法，好让自己一站起来就能迅速思考。结果同侪和教授都对我刮目相看。"

"回头来看，这要回溯到每次我在跟父亲和亲友说话时，我都会低着头，微微鞠躬地说'Neh'（韩语中的'是'）。我从来不敢跟他们顶嘴，或是正眼看着他们，因为这样不恭敬。所以这很讽刺。对我的亲人来说，这样的举动代表父母把我教育得很好。可是在美式文化中，顺从就是软弱！如今身为内部顾问，当外部法律事务所的亚裔律师来找我们开会时，我在他们身上也看到了这点。一受到我们的挑战，他们也会'冷场'，而且这些都是一流法学院的毕业生。在大多数的时间里，他们都不缺聪明才智；其中肯定有一些文化因素在作祟。从内部顾问角度来看，这点相当不利，因为它会折损我们从对方身上所感受到的信心。"

准备好接受挑战

"在犯过同样的错误后，经过了多年练习、许多的'冷场'时刻，以及更多的实务经验，我才比较有信心与人相处。所以到现在，每当我觉得自己似乎受到了上司、内部客户或CEO的挑战时，我就会准备'见招拆招'。我可以更快预测可能会让人头痛的案件和企业交易，并准备好以自信的方式在正式的会议中应对。回头来看，我认识到这份工作要付出时间与练习才能得心应手。如今我明白了管理上司的重要性，无论他们有多位高权重——CEO、合伙人、客户。你必须了解的是，他们需要觉得自己能派你出去，并对你的能力有信心。每天在办公室里，你都必须'见招拆招'。"

不要把权威人物当偶像崇拜

意识到自己的老板也是凡人有助于缩短鸿沟，使你能比较客观地衡量他想要得到怎么样的应对和"管理"。把老板奉为遥不可及的人物则会有反效果：这不仅令你不会主动去找她，还会对她所讲的每句话太过在意。在那些独立思考才是最重要的时刻，你会比较容易怯场，而不是在讨论中理性思考。你会没办法快速解决问题或如何响应批评，因为那太伤脑筋了。

你在思索要怎么缩短和经理人的权力鸿沟时，要学会如何以恭敬的方式让自己的话被听进去，又展现出经理人想听到的说服力。

科技主管杰姬·麦克纳布坐上了某个职位，她的经理人也成了她的导师。他们有密切的工作关系，直到杰姬注意到一件令她困扰的事为止。在季度审查会议上，她觉得跟其他人应该平起平坐，即使她在会议室的现场是唯一的女性。中场休息时当男人一起去洗手间，他们会继续聊公事。等他们现身时，杰姬便发现他们在议题上有所进展，或是趁她不在时有了一些决定。她找了老板描述了这一情况说："我认为这不公平。你可以从两件事当中挑一件来做：我跟你们大家一起去盥洗室，或者当我不在场的时候，你们就不该有那些私下的讨论！"她的老板很欣赏她的直率，她大胆的解决方案也引发了老板关注。他规定一旦离开会议室，大伙儿就不准讨论公事，杰姬也得以再次全程参与讨论。

杰姬是靠着大胆和一点幽默感来缩短与老板的鸿沟。凯莉在应聘证券公司的工作时，也泰然自若地应用了这项技巧。有人把凯莉带进经理的办公室后，便请她坐着等经理把会议室里的会开完。她从椅子上起身，看着墙上的照片，是芝加哥黑鹰队（Chicago Black hawks）的动态摄影。凯莉对冰球一无所知，她只是猜想这个经理是球迷。等经理回来时，她便提起他的爱好，并问他最喜欢的球员是谁，以打开话匣子。

现在各位有些人可能在想说，万一我不是真的对运动感兴趣，或者对同仁或上司毫无了解呢？这不是等于撒谎吗？一切都要视你的提问策略而定。就算你对冰球一窍不通，或是不关心老板最爱的慈善事业，你还是可以因为他很着迷而表现出好奇心。接近并了解他们为什么会这么着迷，不管原因是什么，都会产生感染力。你不必假装对他们的嗜好感兴趣，而是要对他们感兴趣。像这样以人为焦点自然就会把问题带出来，像是这件事吸引他们的是什么？他们喜欢或欣赏的是什么？他们的动力是什么？这会给你切入点来打破起初的不自在，同时得以逐渐认识他们。

凯莉的策略是让潜在的老板"在面试我的时候觉得自在。我明白让我觉得轻松不仅是他的本分，对他向上沟通也是我的本分"。它奏效了。经过15分钟的冰球话题和说笑后，招聘经理已经觉得聘用她的机会颇高。他指着自己玻璃墙办公室外的交易大厅问："那你觉得我们公司怎么样？"愉快的气氛已然形成：她开玩笑地笑着表示："这个嘛，我看到那里的女性并不多。"经理则回答："这就是为什么我们需要你呀！"

我们在第1章列举的研究曾指出，招聘经理往往会招聘和提拔像自己的人，还记得吗？在这个例子中，靠着缩短与面试官的鸿沟，凯莉得以建立起交情，即使冰球并不是他们的共同爱好。轻松打开的话匣子给了她机会来谈论自己的长处，也使招聘经理在和凯莉互动时比较放松。

展露并提出自己的独特价值

当指挥链中层级比你高的人愿意对你向下磨合时，那是再好不过了，尤其是在你拥有标准以外的才干与技能时。

不过，你不能老是等着老板对你向下沟通，以便把那个独特的领导机会特地留给你，或是一眼就看出你可能会为组织带来最大的贡献。假如你有潜在的技能和才干，或是意识到自己和老板之间有权力鸿沟，那当你能向上沟通并缩短鸿沟时，你就会加速培养有益的工作关系。在职场上的任何互动中，你唯一能掌控的事就是自己的行为和反应。而随着彼此之间的权力鸿沟的扩大，你影响他人行为的能力会降低。这表示你可能需要跨出舒适圈来向上管理，而且起初看起来这可能会令人却步。不过，你只需要设计出有效的方法来表自己的价值观即可，以确保自己的贡献受到肯定与欣赏。

为自己的杰作选择适当的镜头

我们向客户解释说，这就像在为自己"找镜头"，或是给上司一个镜头来看待他们。假如你不为他们这么做，他们怎么会知道你是谁，或是认识到你的独特天赋与属性？约夏·贝尔（Joshua Bell）是位小提琴名家，在世界各地为场场爆满的听众演奏时，地点都是美轮美奂，包括国会图书馆在内。他答应调整自己的"镜头"，以便参与《华盛顿邮报》策划的一场实验。在2007年1月的一个冷天，贝尔直挺挺地站在白宫地铁站的外面，用350万美元的小提琴演奏一些巴赫最振奋人心的作品。他并没有吸引到围观群众，根本没有什么人驻足聆听，但他倒是赚了32美元。路人以为他只不过是平凡的街头艺人，想要向行色匆匆的上班族来讨生活。就跟贝尔一样，你需要正确地定位自己，才能让上司明白你是珍贵的艺术品：向他们说明，他们正在看的是什么。假如你是出身自非主流文化，那当别人看到你时，他们并不知道要怎么分辨自己看到的是什么。为自己的才干选择适当的镜头，帮助他们了解你，对你有更好的定位。

缩短鸿沟的步骤

（1）去找你的上司，并准备好等下次与经理人联系时，自愿展现出自己的某个方面的特质。承认自己有与众不同的地方，而且有的差异（外部的人脉、你所关切的非营利或社会志业、语言技能、家族或文化习俗）或许并非众所周知。

（2）和经理人沟通自己的价值，并针对你会怎么运用所具备的一些外部知识、技术和见解来提升自己的贡献，将它与团队、企业或公司目标的利益联系在一起。说明你会怎么运用自己的文化资本或独到之处，为他们把点串联起来，以符合他们扩展业务的目标。

（3）踏出第一步来和上司展开对话（假如你不主动分享，经理人不太可能会从你的个人史中挖掘出这些独一无二的经验），并针对你的生涯发展把它纳入更广泛的会谈中。

为了采取这些步骤来缩短和上司的鸿沟，你需要表现得比感到自在的程度更外向一点。你要为实际的会谈做准备，就跟你为任何重要的商务会议做准备一样。假如定位正确，你的主动有助于消除经理人在讨论差异时可能会感受到的不自在。在准备采取主动时，所具备的心态要跟有全新发现的企业家一样。企业家会怎么展露他独一无二的特质？报酬就是伴随这样的风险而来。主动指出彼此的差异，你就能让上司有比较容易"参与"的方式来谈论他们或许已经注意到的事——你在某方面跟团队中所有的人都不一样。这样你们都会觉得比较放松，并为下一步打下基础，也就是由你为他们说明，你对团队、产品或客户可以发挥什么作用。缩短和上司的鸿沟后，你就能掌控局面，并把彼此的差异定调为属性，而不是扣分因素。

即使没有人谈到你的独特价值，你也可以靠主动向上提供信息来缩短鸿沟。比方说"对于我们的新营销项目，我所参与的活跃女性团体或许会是不错的传播者"，或是"有种新的软件可以用一半的时间就完成任务"。记住，你和职场上其他人的不同之处可能会使你发挥特殊作用。你可能是顾客的代言人、与外在市场的联结、进入更大团体的"门路"，甚至是竞争对手令人料想不到的优势。假如你跟不同的社群有联系，你甚至可以针对需要比较多元化的领域来帮忙招聘。

《哈佛商业评论》中由人才创新中心（Center for Talent Innovation）所做的研究《你们当中的领导》（*Leadership in Your Midst*）发现，少数族群主管在工作以外过着"隐藏"的志愿者生活要比白人主管多得多，这不仅是在展现对所属社群的伦理承诺，也能培养可转移到职场上的宝贵技能。在接受调查的拉丁裔、非洲裔美籍和亚裔主管中：

·有26%在本身的宗教社群中担任领导人

· 有41%在从事社会推广活动

· 有28%在为贫困的年轻人担任导师

例如文中表示，非洲裔美籍女性会花很多的时间来指导年轻人，并与非营利组织和董事会有极强的联结，但对于把本身的志愿者工作带到工作上却感到不自在。有些人觉得是因为自己所在的董事会并不属于公司所认识的管弦乐团或其他大型的主流非营利机构，所以自己的志愿者工作不具有同等的分量。恰好相反，你隐藏的才干、爱好或独特服务可能十分有特色，甚至会对上司有用。不要害怕和老板分享这些事来建立与强化彼此的联结。此处的关键点在于，要辨别出你在哪些方面与众不同，能对组织的宗旨与价值、它的核心经营方向有利或能提升盈利。

一般公认晋升准则（GARP）

在第5章时，我们曾提到一般公认晋升准则的6个原则，并谈到当下属比较难以理解与实践这些经过时间考验的原则时，可以如何拉近与他们之间的鸿沟。这些原则也为向上管理以及拉近与上司的鸿沟提供了框架。

采取主动

拟订并提出问题，推销新的构想，并设法向公司高层宣传自己的概念。假如你倾向于科层式，以这种方式采取主动起初或许会使你感到不自在。但假如是由你跨出第一步，你就应该考虑自己可以主动扮演什么样的角色来缩短与上司的鸿沟。

对自己的沟通风格表示自信

说话要有说服力。把你在想什么以及你是如何形成经营上的决策告诉老板与同事。沟通良好也是指你有多拥护自己（或所属团队）的立场。一定要以老板所偏好的方式来沟通，并给他所需要的信息来最有效地把工作做好。尤索夫就是在这种情况下沟通不良的例子，他请所属技术团队中的一位成员来向他说明服务器故障对客户的可能影响。她却给了他详细的程序代码，并试图把它改好。他说："我要的是两个总结出来的重点。她的报告里不仅没有我需要的信息，还因为她给了我烦琐的回复，使我要紧盯着她如何处理问题。"

积极建立自己的人脉

向上、横向、向下以及在组织外建立关系会有助于你与上司联结。在做某些项目时，人常常要靠群策群力才能取得所需要的资源与信息，在重要的工作上获得支持，以及找出自己在组织内的下一步发展（寻找和联系导师的实务概念见第10章）。很重要的是，不仅要认识自己的直属老板，还要认识高一两个级别的人以及跨团体的领导人。

哈维尔是一家大型保险公司的副总裁，他最早是在导师的建议下去接触组织内职位较高的管理阶层。在他的生涯早期，有一位经理人曾告诉他，CEO很看重联合劝募（United Way）的活动。其中有个计划适用于高层干部，而且必须捐献到一定的程度才能进入CEO的视线范围。捐款到了那个程度，你受邀参与的特殊活动就会满场都是职位较高的管理阶层。哈维尔听从了建议，后来便跟CEO以及其他的重要赞助人建立起了新的关系。在建立人脉时，不要忽略了像哈维尔这样去创造机会，或是忘记了那些人或许握有联系上司的渠道，其中包括导师还有助理及其他的支持性人物。

管理老板并展示自己的成就

就跟老板称赞你表现出色一样令人开心的是，假如你学会走进老板的地盘，得体地展示自己最新的成果，并讨论自己的职业生涯话题，你或许很快就会看到更大的进展。基于美式企业文化的天性，员工会被期待要定期与老板联系，并寻找管理他的最佳方式。

主导自己的生涯发展

在某种程度上，你需要当自己的老板。要基于策略来思考，锁定并争取自己在组织中的下一个任务。不要指望上司把接下来的那份梦幻工作交给你，甚至是知道你的理想工作是什么。

对历练型任务说"好"

有个不成文规定是，假如你想要在组织中节节高升，你就需要在不止一个方面展现出出色的能力。要注意拓展自己的技能组合，而且在职业生涯的重要时刻，要去争取能使你走出现有专长领域的工作。这可能是指要接下特殊项目、全球角色，又或许是跨职能的任务，也可能需要通过学校或训练课程来学习额外的技能。一定要能界定自己新学到的东西和所增加的专长，有可能的话就去接下会对企业产生冲击而且更容易被注意到的项目。要时时留意经理人的首要任务清单上有哪些内容，因为这些项目或许会随着时间的推移而改变。

大卫·豪斯（David Howse）在2004年加入了波士顿儿童合唱团（Boston Children Chorus）的工作队伍。才过了5年，这位年轻的领导人便肩负起执行董事的角色，带头制订策略、方针和节目的优先级，并监督组织的运作。令人惊讶的是，执行董事是他第一次担任正式的领导职位。他把自己的非传统路径和跳级归功于，当创办人（他的导师）把他推上台时，他说了好。"我在这个非营利机构里还是新人时，他就主动向我伸手帮助我。他在我身上看到了成为领导人的潜质，我则在他的提议下跟随着他。"有很多人想要坐上大卫的位置，以成为他经理人的门生。"我或许有主动伸手，但他是个大人物；在找他之前，我要先建立公信力才对。但他却邀我共进午餐，并让我很安心。他建议我身边不要都是唯命是从的人，而要说话坦诚直率的人。"大卫照着经理人的指示做，并在他身旁学习，最后便一路爬到了高层职位。

大卫看得出组织里有一位有潜力的员工裹足不前，便希望鼓励与提拔他，就像他的经理人对他所做的一样。他是以非洲裔美国人的身份接受正式的训练而成为音乐家，这样的经验意味着他在成长时对于差异的冲击习以为常，因为他受到与本身文化不同的主流文化所熏陶。当韩裔美籍的员工无法依照大卫的鼓励去争取更重要的角色时，大卫便鼓励他找一位导师，并试着帮助他了解自己的领导潜质。"他十分拘谨，不爱出风头。我告诉他，当领导人要看人的本质，而不只是看技巧或工作成果。这出乎他的意料，因为他把为自己争取机会视为太过自私。"

定位：与上司缩短鸿沟的原则

·与上司建立关系，以非正式的拜访来讨论工作与个人生涯发展的相关主题。

·把你在工作上所面临的挑战告诉上司，并告诉他们，你正以什么样的做法来解决。强调你有什么资源，或是部分的解决方案。

·不要抱怨——发牢骚会使你被列入黑名单，否定却拿不出办法成不了大事。

·假如遇到严重的问题，而且没有得到合理的回应，没有足够的资源或是赶不上迫在眉睫的截止期限，那就要告诉别人。

·倾听。要搞懂领导阶层的需求以及他们首要任务的变化，对于他们的需求、疑虑、畏惧要很敏感，并以增进价值来响应。在规定的工作范围以外，自愿来帮忙。

与保持权力鸿沟的老板共事

有的上司会期望下属只要听话并照着指令做就好，有些更愿意针对你的工作任务给予非常明确的方向或框架，对于你采取主动不那么舒服。无论他们选择保持距离是因为觉得受到威胁与冒犯，还是因为他们本来就是这样做事，假如你想要得到好的结果，就要想办法缩短鸿沟。提高你的正式程度会显得比较恭敬，或许会使你得到所需要的"门路"。为了比较正式，你或许需要提前请求会面，配合他的行程安排，而不是特地造访和自发沟通，并且要以刻意的举动来尊重与承认上司的权威。

正式程度会导致权力鸿沟，尤其是作为千禧世代下属的老板。向上沟通可能会成为千禧世代员工的特殊挑战，因为他们一应聘就想要赶紧拿下高强度的任务，同时又对科层模式没有上司那样的拥护感。你觉得准备好了，那为什么不能承担这份责任？假如你想要留在组织里，你就必须强化自己的晋升计划。记住，老板固然重视主动性，但他并不喜欢员工每隔五分钟就晃到门前来问他，自己什么时候能升迁。我们并不是说你必须呆坐着不采取行动，而是说你们之间的权力鸿沟需要你运用一些手腕来跨越。

Y世代的权威专家林赛·波拉克表示，Y世代的员工应该要意识到，"他们是新晋的从业人员，并没有培养出在职场上比较通行的职业'用语'和沟通风格。由于多年来我们的文化已变得比较不拘小节，因此他们对于别的事根本毫无所悉。但连在电子邮件中使用'嘿'或是直呼别人的名字，尤其是在对方比较年长或期待被称为'先生''女士'或'博士'时，这样都会使关系受损。"比较年轻的员工需要意识到，不同的年代对尊重的看法不一样，并且要针对这点来调整。

确切来说，虽然一般公认晋升准则的第一条准则就是要采取主动，尤其是对上司，但千禧世代在这方面要当心，因为他们在组织中常让人觉得"太强势、太急躁"。假如这就是你给人的感觉，那建议你把身段放低，态度放缓，这样你的期待与规划才不会让经理人摸不着头绪。不要在第一次会面之初就以"要求"来开场，一开始要逐步阐述自己的成绩，并询问有没有可能在来年提高你的工作任务。在眼前的工作范围之外，自愿负担部门主要任务的额外工作，这种主动出击的方式既为老板解决了潜在问题，又能让老板看到你的沟通、决策和判断力。在你的日常工作任务以外，它提供了更多的机会来和老板建立自然的交情。要不然你可能需要在组织中有高级的赞助人来帮你争取到你的目标角色。除非看到相反的证据，否则就要假定上司是带着善意。这常常要根据方式（与时机）来判断，以及你愿不愿意为组织贡献一份心力。

那你可以非正式到什么地步？缩短鸿沟是成功的必要条件，但通晓型领导人知道，你可以采取主动的程度是以老板在日常互动中所偏好的正式程度为限。假如你是新人，在被要求去从事具体的任务前，你或许并不晓得所属团体认定的规范是什么样子。在决定自己应当采用的正式程度时，要把文化、性别和世代之类的因素给搞清楚。

大卫·柯罗斯（David Cross）在休斯敦社区大学（Houston Community College）为组成各异的多元文化学生和教职员提供服务，他会视对象来改变做法，并能在情况允许时下向下及向上磨合，以利用正式程度、结构和本身的社交风度来帮助他定调。对于学生，他发现在非正式的场合让他们放开来聊是缩短鸿沟的方法。"假如你不了解这些情况，并以开放与谦逊的态度来对待学生，你的作为就不符合学校的最大利益。我会倾听，并设法满足学生的需求。"不过，他常常被找去和行政人员及校长开会。在这些会议上，大卫表现得就正式得多，以借此缩短和上司的鸿沟。他总是穿着西装，并且会为会议准备一组议题。大卫也会被找去安抚受挫的职员或接受申诉，这是他工作的一部分。在会见这群人时，他也要磨合。"你一走进去就要定调。你不能带着软弱感走进人人都气冲冲的会场里。"

有时候展现实力是必要之举。退休中将罗恩·科尔曼（Ron Coleman）是美国海军陆战队第二位非洲裔美籍男性，做到了三颗星的军衔。假如不是情非得已，他并不会直言不讳。"被派驻到日本冲绳时，我是个少校，听命于某位上校，双方却不太投缘。我试着要尊重他，但根本没有用。我要求跟他私下谈谈，并说：'我就是这么想的。我不喜欢你，你也不喜欢我。我要调职。'他假装吓了一跳。'我挺喜欢你的。'他对我说。我冒了很大的险把话说开，那可能会葬送掉我的生涯。"到最后，科尔曼副官因为直言不讳而得到了上校的尊重。"它在平和的气氛中画下了句号。我们把话摊开来讲。后来虽然没有成为朋友，但我们把关系摆平了。我们是以海军陆战队和它的目标为重。"

假如你不确定对经理人要采取什么做法，那就倾听、观察，并让经理人来定调。在提出批评前也必须仔细观察。小型松散式组织的经理人或许会说："假如看到我走错了方向，你可要大声说出来！"相反，假如你是在论资排辈非常严格的组织里工作，那在团体会议中跟上司唱反调或是质疑项目的方向或许就会自毁前程。用以下的问题来帮忙引导你的发展，以便对上司向上管理，并靠反思过去的经验来启迪想法与方向。

对自我与所属团队进行衡量时的问题

·在工作关系中建立信赖是谁的责任？

·你能否自在地与上司展开会谈，并应对困难的议题？

·你能否轻松地向上司提出想法与问题，并对于给予和听取建议感到自在？

·你可以采取哪些步骤来和上司建立更多的信赖？你可以借由哪些举动和倡议来帮助你展开行动？

·在和老板或上司建立关系方面，你目前有哪些做法？

检视他人的行动能增强你的风格与行为

·老板身边有没有人和他建立了稳固的信赖关系？他们是如何得到他的信赖的？

·在职业关系里，你的上司最重视的是什么？你可以如何以最容易被接受的方式来对他表示尊重？

·在什么样的情况下，你曾有机会来缩短和上司的重大权力鸿沟？对于你的努力，他是如何响应的？你从中学到了什么？

对于认为自己必须等待或者并不适合本身角色的人来说，向上沟通应该会让人振奋，而不是令人却步。即便是在非常科层的组织里，采取主动对上司向上沟通常常也能更好地学习与公开沟通。有些公司制订了反向指导计划来提供这种相互学习的机会，由高层领导与年轻或低层的员工配对。在这些搭档中，双方都被鼓励去提问，自己给对方的感觉如何。对于组织中的新人在公司里所寻求的是什么以及所要探索的领域，高层领导人可借此掌握到常常不为人知的宝贵内情。

唐妮·李卡迪（Toni Riccardi）是世界大型企业联合会（Conference Board）的资深研究员，之前是普华永道（Pricewaterhouse Coopers）的首任多元文化长，曾经是普华永道的13人管理委员会成员之一，负责公司在全国各地的日常营运。她在整个生涯中都必须设法缩短鸿沟，尤其是在性别方面。"当我必须向高层男性说明困难的主题时，所要做到最重要的事就是尽可能地直接与坦诚。这并非易如反掌，领导人多半很难受到别人的坦诚相对。假如你能坦诚得很细腻，你对这段关系就有价值。"她在普华永道当经理时，新来的人力资源主管要所有的经理人把自己的简历给他，却没有把自己的简历和他所要管理的人分享。在节日派对上，唐妮问他为什么要这么做，他回答说："因为我想要认识大家。"她则回答说："你不觉得我们也想有同样的机会来认识你吗？你在要我们的简历时，有没有想过要把你的给我们？"

他一听就明白了，而且从那一刻起，唐妮也成了他的咨询对象。唐妮得以拉近鸿沟的方法是给他宝贵的建议，并让他明白察觉到她的风格以及她的为人。他后来还成了唐妮的教练。

通晓型领导人侧写：小厄比·弗斯特——通晓型"推手"及拥护者

> 多元的威力要在重视及鼓励差异的兼容文化中才会大放异彩。
> 共同的价值是基础，但不同的观点和行为会带来新的理解、观念与成长。
>
> ——厄比·弗斯特（Erby Foster）

　　许多通晓型领导人是绝佳的导师、教练和赞助人，善于带动公司的目标，有部分就是提携手下的结果。但高乐氏公司（Clorox Company）总监厄比·弗斯特可能是我们遇到的最棒的领导人之一——向上、向下与横向磨合都轻松无比，而且自然又细腻。他的职责是就公司的多元化策略、雇主品牌工作、与专业组织的外部合伙关系来辅佐管理高层和董事会，并管理公司的员工资源团体（ERG）。

　　厄比所做的事显然超出了他的职责范围，并对人投注了真正的热情。每次一讨论到他的工作，就要回溯到他为了联结下属并协助他们在生涯中进步所做的事。为了达到这个目的，他要他们把他当成"推手"而不是导师，并把他视为最大的公开支持者，但关起门来又是最严格的批评者。对厄比来说，这些关系并不是总监级职位的额外责任，而是他在此的唯一理由。"我只是可以帮助别人成功的媒介。"他说，"我一看到人就会想，我可以怎么帮助他们成功？我会把人拉出他的和我的舒适圈。"一见到新人，厄比就会立刻启动联结与影响者模式：首先，如何把他们联结上适当的职位与机会？其次，如何影响他们去做他们可能不会主动尝试、但对他们的职业生涯有好处的事？

　　有一年，厄比陪着当时身为资深业务副总裁的CEO唐恩·柯诺斯（Don Knauss）和另外4位白人主管去和全国西班牙语裔杂货店主协会开会。第二年年厄比故意不去参加会议，而是派了3位拉丁裔的中级主管搭乘公司专机飞过去。他们不仅与该团体及市场建立了更好的联结，还在CEO面前得到了难得的亮相机会。"我告诉他们：'别害怕，有话就说出来！'"厄比说。而且这次的联结被证明有所收获。当预算里没有经费时，厄比则以类似的方式想了个办法让员工资源团体的领导人去参加大会。他替高乐氏报名去角逐奖项，当他们获奖时，不仅提升了高乐氏的形象，而且营销主管也要飞去出席大会，这样他就能带着这些人同行。厄比总是在为公司及身边的人寻找机会。

善用本身的人脉来为别人牵线

现任盖普（Gap）全球人资总监的比尔·英汉（Bill Ingham）把厄比招聘到高乐氏时，看中的就是他过人的通晓度。"他很厉害，在所有的分公司和地区中都驾驭自如，是我所认识的最强的联结高手。他是真心想看到别人成功，并利用自己的人脉来促成这件事。他所做的都是小事——他会亲手写便条并加入个人色彩；他会在电子邮件中使用不同的字体。他的沟通非常具体而个人，话语中也会流露出赞美。看完电子邮件，你就会想拿起电话立刻跟他联系！而且他不会让人脉化为乌有。他认识好几百个可以立刻联络的人。我跟他很熟，而他时不时就会主动找我。可是他出手不是为了得到，而是为了给予。"

以一个天生就这么懂得管理权力鸿沟和通晓度的人来说，令人意外的是，厄比并不是从多元化与包容来展开他的职业生涯。厄比其实是财务出身。在高中时他是个数学鬼才，在青少年时期就去读大学课程，还钻研黑人史、加入篮球队、参加越野赛跑，并热爱大自然。跟学校里的其他每个孩子不一样的是，"我开始拿这些差异来赞美自己。"厄比说，"我拥抱它，大家也因此对我肃然起敬。在这样的基础下，我才走上了这条路，明白自己能做很多事。"他在大学时念的是工科，在以数理和工科见长的著名克莱蒙学院联盟（Claremont College）中，是哈维马尔德（Harvey Mudd）学院仅有的三个非洲裔美籍学生之一。接下来他去了南加州大学（USC）读商学院，然后在安达信（Arthur Andersen）会计事务所谋得了会计职位。当时在洛杉矶办事处的上千位专业人员中，厄比是仅有的10位黑人员工之一。在多家大企业担任财务总监的过程中，厄比早已习惯身边没什么黑人脸孔，尤其是在财务的角色上。但就在加入全国黑人会计师协会（National Association of Black Accountants，NABA）后，他为多元性建立商业案例的隐藏才干被发掘了出来。也是透过全国黑人会计师协会，他才认识了高乐氏的执行副总裁兼财务长丹·韩瑞奇（Dan Heinrich），进而得到了目前在高乐氏的角色。

厄比把财务职位联结上多元化与兼容领域的能力受到赏识，发生在他担任麦当劳公司的高层职位时。1998年，麦当劳CEO杰克·葛林博格（Jack Greenberg）去为黑人员工网团体演讲时，与会者在问答时间提出了重大的问题。他们说，他们所看到的重大问题就是没有高层模范：财务职位里没有黑人副总裁，而且他们觉得黑人一爬到主任级，就会被派去担任特许公关的角色，而不是财务总管或是其他财务角色。

"隔天CEO就把我叫进办公室，要我负责对少数族群的招聘。"冒着一点风险，厄比机警地问，招聘少数族群是真正的营业目标还是公关目标？借此厘清他究竟如何以最佳的方式来为公司扮演好联结的角色。"我问是因为这个答案会改变我的策略。假如是以公共形象为目标，我跟所有的少数族群组织都认识，可以介绍给你们。但假如你们是真的想要招聘少数族群，我就会替你们拟订策略。"他们是来真的，而在一年后，厄比就看到了机会。1999年时，全国黑人会计师协会的大会要在芝加哥举行，他便建议麦当劳担任与会的主角。厄比趁机和所有主管级与高层的非洲裔美籍领导人会面，并且轻而易举就拿到了最大笔的赞助经费。他争取到在会议上营销的机会，并打响了麦当劳品牌，使麦当劳跨出餐厅的范畴，并把公司重新定位为潜在雇主，对象则是参与全国黑人会计师协会大会的人。

把它全部交织在一起

厄比在麦当劳的努力证明了，从细微处为员工的职业生涯来联结方面，他的才干过人，而这也从细节上为组织带来了正面的影响。有一位前员工考虑要离开公司，并告诉厄比原因是她想寻求国际化的工作机会。"他要我留下来，并着手帮忙我寻找那些会计方面的机会。"起初她对于自己的生涯前景很短视，"厄比则让我学到了多元化背景的价值。他让我明白会计不只是数字，你必须了解业务才行。厄比会培训有潜力的年轻人，并给他们创造露脸的机会。"虽然厄比担任的是多元性的角色，但他的独到之处却在于对人员的辅导，以及他所展现出的投资眼光。以他的前员工为例，这不仅意味着他要帮忙寻找国际化的工作机会，还意味着要鼓励她在得到机会后，就要照着最好的生涯路径来走，不管是不是要回到厄比所在的公司。其他人在担任他的角色时，有很多都是走比较策略性或者以事件为重的路线，靠措施与方案来和员工资源团体共事并实行多元性。他则是把它当成私事，并致力于帮助员工个人，以此作为他更大策略的一部分。

无论是把会计联结上多元性的目标，还是把个人生涯联结上公司的成长，厄比都大放异彩。他通晓地把多元性与企业的经营联系起来，然后天衣无缝地跨越个人的层次来促进与员工资源团体和外界协会的联系，然后把它们全部交织在一起，直到它在公司的层面上对每个相关人员都有意义为止，并且常常利用有创意与适合的方法来达成企业的目标。

用兼容来带动创新

由于他的工作有一大部分是在跟多元性的组织建立关系以及鼓励员工资源团体参与，因此他会不断找机会从个人的层次来向上形成业务联结。有一位亚裔员工力赞厄比扩展了他对于多元性的看法，并帮助他了解到要怎么运用员工资源团体，同时以个人的层次来与他们联系。"我出席活动时跟他聊了以后才豁然开朗，他的视野不只是从亚裔、西班牙裔或各种性向出发，而是偏重于你要怎么让自己投入工作，并以此来拓展业务。这对我来说是新的看法。"这位员工后来为他在高乐氏的员工资源团体当起了参谋长的角色，并学会了要怎么带领团体以及和员工资源团体的其他领导人互动。"2010年时，我们的员工资源团体写出了愿景宣言与宗旨，以及后来的策略与计策。我们的构想源自厄比，所肩负的挑战则是要把员工资源团体当成企业来拓展与全力经营。"

身为通晓型领导人，厄比能顾及员工资源团体的基本需求（晋升、业务联结以及兼容的文化），并把它们联结上更大的成长机会。"才短短几年，我们的员工资源团体就从促进文化意识迅速转变为培养人才、成为受信赖的顾问，并被认可为企业的拥护者。"他说，"现今的全球市场跟我们许多人在成长时截然不同，在世界观、经验和思考过程等方面都需要新的做法和多元化的领导团队。"厄比与高乐氏的员工资源团体共事的成果就是，在2010年7月时，CEO唐恩·柯诺斯要亚裔的员工资源团体想想看，可以如何将亚裔作为主要潜在消费者。这是美国成长最快的消费团体之一，一年的购买力有6000亿美元。他们立刻行动起来，并从营业挑战的头脑风暴中选出了前三名：以高乐氏的有效绿（Green Works）品牌来主打营销；收购、并购食品公司；涉足印度市场。这三项行动配合上企业的指导，以发展他们的想法并进行必要的研究。他们发现，在日益习惯亚洲口味的国家里，还是需要一点调味包来帮助食物走上普通人的餐桌。最后的结果是，高乐氏收购了加州一家以生产美味、地道的亚洲酱料而闻名的小公司——烧味企业（Soy Vay Enterprises）。

通晓型领导人可带来新商机

这场收购并不是偶然发生，而是靠通晓型领导人努力来打造兼容的体制与组织文化，并和营业活动密切整合。这又是厄比在联结与构建人脉上的能力发挥综合效果的另一个例子。"少了兼容的多元就像是只在油里加上几滴醋就说它是很棒的调味料！"厄比若有所思地说，"你怎么能指望新人主动融入旧模式并带来新价值？多元的威力要在重视及鼓励差异的兼容文化中才会大放异彩，并带来新的理解、观念与成长。"

第八章

联结顾客与伙伴

以人为先和拥抱差异向来都是我们成功的基石。

——阿恩·苏安励（Arne Sorenson）

万豪国际（Marriott International）**总裁兼CEO**

在商业议题中，顾客和客户是至关重要的环节，少了他们，商业就无以为继。没有稳固的客户相信你的价值，市场占有率就不会提高。在现今竞争激烈的市场上，满意的顾客可能会忠诚地拥护你的服务或产品。无数的研究一再显示，人会跟自己所认识与信赖的人做生意，并从中挑选生意伙伴。但企业领导人有时满脑子都是内部关系与流程，却没有把学到的启示沿用到客户身上，并以能建立信赖和打造有益长期合作关系的方式来跟客户打交道。

　　我们在本书中花了不少篇幅来告诉各位，针对横跨文化、性别和年龄界线的员工来建立关系与善用差异对企业盈利会有什么帮助。对顾客和厂商也是一样的道理，无论你是世界500强公司，在全球各地都有办事处，还是小型、本土、非营利组织。毕竟在联结关系人上，非营利机构有少过任何一点投资吗？不管是否为营利，所有的组织都想要提高市场占有率，或是让自身宗旨发扬光大。而对组织来说，思考可以如何与顾客产生最好的联结关系至关重要。在现今的经营环境中，你要比竞争对手更加真切与迅速地联结顾客才行。这事关企业生死。

磨合和建立你的关系风格并推销给顾客

即使你已经很懂得应对所属团队中的不同风格、文化、性别与世代，你还是有很多成长的空间。企业的成功不是只要磨合本身的管理风格，以便和组织内有别于你的人加强往来就好。这还跟建立关系直接相关，而它也是所有销售、谈判和客户培养工作的根本基础。全球化与有国际眼光的组织需要了解及迎合顾客的多元需求，而巧妙拉近权力鸿沟就能做到这点。假如你能留意、欣赏并最终善用你和全球客户之间的差异，同时和外部厂商建立信赖与沟通，你的企业就会欣欣向荣。

几年前，我们在香港的一场会议上演讲时，注意到听众在整个发言期间都非常投入，但在公开问答环节，发问的人却寥寥无几。不过，当我们在会后走进人群时，排队等着发问的人至少有35人。在公开场合发问显然让他们不自在，而在紧接的一对一场合里，他们却非常直接而踊跃。这次就要由我们来对客户的文化磨合，并调整自身的风格来与他们配合！从此我们就确定，每次到当地演讲时，我们就多加30分钟来接受一对一的问答，并为听众开辟多个渠道来回应我们在整个活动中的发言。这有赖于我们分析经验，为每群人选择适当的场合，然后对他们主动伸手。这么做使我们得以接触到更多听众，并能与在座的客户更充分地联结。

就跟对内部的员工磨合一样，在拉近与客户、顾客和厂商的权力鸿沟时，首先要诚实评估你和他们之间的权力关系。有句话说，客户就是王道，而且在大部分的业务关系中，客户所享有的权利优势都高于服务供应商。在管理顾客的询问和申诉时，大部分的销售和面对顾客的人员所受的训练都是"顾客永远是对的"。不过，假如你是跟外部厂商签约，权力鸿沟可能就会倒向另一边，因为此时你是客户。

举例来说，比较平等式的文化和组织并不强调高级职位所具有的权力与权威。但对某些看到客户关系是由年轻、低级别的客户经理来管理客户，情况就会变得令人不解，或者甚至是侮辱人。无论是谈判还是要求交货，权力鸿沟都会影响到各个业务层面。

调和组织内外

那我们所谓的"调和内外部的企业文化"是什么意思？比方说你们公司试图要开发新的客户群。你们的广告和营销活动日益多元，而且你们在所服务的国家和国内都在参与小区活动。你们或许已经在多元文化的从业人员以及女性方面增加了人数，但假如销售过程中完全没有呈现出他们的观点，或者他们的意见在你的经营策略中完全不起作用，那多元文化活动和所主打的广告或许就会落空。

我们有一位客户向我们承认说："我们卖了很多产品给女性，国内有四分之三以上的购买决定都是出自她们之手。可是在这家公司里却听不到女性的声音，在掌管盈亏的职位以及高级的管理职位上都比较少看到她们。女性常常必须去别的公司靠其他的机会才能坐上想要的高级职位。失去她们后，我们所流失的不仅是人才，还有我们对顾客的信誉。"你的组织里很可能正好也有代表客户市场的人才。这或许是个不错的时机来采纳他们的观点与知识，并善用人才的文化资本来接触新市场与更多顾客。

早在20世纪90年代中期，IBM就明白这一点了。当时IBM的CEO葛斯纳（Lou Gerstner）化解了多元从业人员和市场以及管理高层之间的失衡。在葛斯纳和IBM当时负责多元性职场的副总裁泰德·柴尔兹（Ted Childs）的指挥下，公司创立了8个依差异来组成的工作小组，像是性别、族群、性向或能力，同时要求各团体不仅要探讨怎样才能让他们觉得比较受重视并提高成员的生产力，还要探讨怎样才能影响那些成员的购买习惯。葛斯纳把IBM多元化的成功归功于它直接触及了具体而确切的商机：IBM如何才能加强掌握市场，并更加了解顾客的需求？既然以女性员工的需求为焦点的多元性团体可以帮助女性在IBM步步高升，那它也可以帮助公司联结上占目标客户3成的女性顾客。了解多元文化员工的需求有助于衔接从业人员和IBM所经营的全球市场（与超过170个国家），并有助于发掘潜在的商机与策略来争取这些顾客。

有一个透过内部领导来争取外部市场的实例是，IBM创立了市场开发团体，任务是要让公司在少数族群和女性经营的企业中提高市场占有率。它是靠着多项策略来做到这点，包括联合外部厂商来对少数族群和女性所经营的中小型企业提供销售与服务。它以卓越的成效善用了本身的内部文化资本来切入遭到忽略的市场，并了解到一如乔治敦大学麦克多诺商学院（McDonough Business School）院长大卫·托马斯（David Thomas）所言："多元是未开发的企业资源。"

可是，做起来容易吗？不见得。有时公司必须铆足劲才能把这些桥梁建立起来，包括替它想要做生意的国家起草平等机会方面的法律，针对外部作业来调整内部的公司目标等。因为正如柴尔兹所说："从业人员的多元性是全球课题。"假如IBM有部分销售队伍想要在第三世界国家做生意，而且这牵涉到它的业务拓展策略，那它就会在多元性的策略上一马当先并调查差异。我们不知道要怎么在这些国家开展业务，我们要如何做到这一点？我们不知道要怎么突破政府的限令在当地做生意，我们要如何达成目标？在打开这些全球市场以前，公司还有很长的路要走。即使它和拓展市场相关联，但把焦点从尽量减少差异转为促进差异还是让许多人难以适应。

有的人觉得组成团体只不过是说说而已，有的人觉得很失礼，还有的人则担心，把他们有别于规范的地方凸显出来会使他们受到惩罚，或者被认为不是主管的料，或需要额外的帮助才能在职场上成功。但柴尔兹很坚持这项改变，并形容这是对做生意的寻常方式施予"建设性的破坏"。他对团体的组成也很仔细，让它们分别与不同领域的赞助人联手，以促进对话并鼓励打破刻板印象与成见，或协助其他的领域获得有助于业务发展的专业知识。

虽然世界上有很多像IBM这么大型的企业，但小公司也能采用类似的策略。全美国各地比较小的公司和组织也有已经设立的同好团体或员工资源团体。假如领导阶层能发挥这些团体的力量与潜质并对它们进行投入，利用它们的文化资本来增进公司和成员的利益，员工资源团体就能成为绝佳的桥梁，帮助组织联结上合作伙伴与顾客。

员工资源网可以如何缩短与顾客的鸿沟

市场变得日益多元与变动。为了全盘掌握顾客的需求与偏好，前瞻思考型组织的领导人学会了善用内部的员工群来激发创意，以联结外部顾客的喜好。被称为"员工资源团体"的内部网是依照员工共同的社会兴趣、传统或爱好来一起组成的员工网络平台，例如女性、世代、退伍军人或拉丁裔的员工团体。这些内部团体要是运作得当，能为员工提供有效的方式来突破现有的工作，让企业更上一层楼，并达到其他策略性的组织目标。因此，就算你是在后端做研发工作，也会因为所加入的员工资源团体而参与到项目中，并为营销和销售做贡献。消费品公司和零售业者都有机会利用这些近在眼前的宝贵内部资源。

确切来说，创新公司都在请教本身的员工资源团体，请它们就所代表客层的不同世界观、文化、经验、思考过程与生活方式来提供见解。当将多元与兼容的行为整合到研发、营销、营运、人力资源、业务的系统里时，人人都是赢家。在现今的全球市场上，以这种方式来利用员工资源团体会变得日益重要，因为跨国公司发现，有很多持续的成长是来自未经开发与低度发展的市场。

百事公司亚洲网靠顾客创造出市场机会

这种同心协力一个显著的例子就是百事公司，这家全球性的食品和饮料公司所拥有的品牌包括桂格（Quaker）、纯果乐（Tropicana）、佳得乐（Gatorade）、菲多利（Frito-Lay）和百事可乐（Pepsi-Cola）等。在意识到亚裔美国人的惊人购买力后，该公司建立了百事公司亚洲网。这是百事公司内由众多由员工来领导的团体之一，以设法迎合各种消费与利益团体的需求。

在这个实例中，这个员工团体靠着与百事公司的销售部门和营销团体同心协力，针对美国国内成长最快的团体推出了特别优惠。他们选出了一家在印度裔美国人的社群里很红的外部零售伙伴，特别优惠的主轴则是以"灯节"而闻名的流行印度节日排灯节（Diwali），并主打百事公司饮品和薯片里的传统印度风味。在过农历新年时，它们则针对不同的产品推出类似的优惠。这是吸引亚裔顾客的重要节日，因为他们既过公历新年，又过农历新年。该团体还联结上韩裔美籍杂货店主协会（Korean-American Grocers Association），因为他们深知，以小区为导向的小店在郊区的环境里所占据的有力位置比量贩店或大型连锁超市更有利。借助善用本身的文化知识、语言能力和员工的广泛人脉，这个员工资源团体得以靠新的外部伙伴与顾客来支持百事公司打入这个重要的消费群体。

靠缩短鸿沟来创造商机与盈利

驾驭组织内外的通晓型领导人既能缩短与内部各级管理阶层的鸿沟，又能缩短与顾客之间的鸿沟，但这并非一蹴而就的事。

从2004年起，百事公司亚洲网的领导高层就开始和亚裔美籍酒店业主协会（Asian American Hotel Owners Association，AAHOA）建立关系，因为酒店和食品饮料业具有互补优势，并能透过合伙来发现商机。百事公司亚洲网与梅胡尔（麦克）·佩托（Mehul（Mike）Patel）的合作开始得很早，他在2013年时当上了该组织的主席。多年以来，百事公司亚洲网的成员不断在强化百事公司亚洲网与亚裔美籍酒店业主协会的联系，百事公司的昆泰·朱克喜（Kuntesh Chokshi）更是格外用心地经营与佩托的关系。

2013年时，百事公司得以协助亚裔美籍酒店业主协会实现长久以来的愿望，那就是把百事公司的董事长兼CEO英卓·努伊（Indra Nooyi）请到他们的全国大会上演讲。一宣布她是2013年大会的主讲人，公司与该专业组织的关系便获得了巩固，并为提高在餐旅业的市场占有率开启了大门。对百事公司来说，投资的潜在报酬巨大：该组织的11000名会员拥有350万个酒店房间以及2万个物业。

它也使百事公司得到了机会去联结加盟独立旅馆业主、餐厅以及更多的与会人士，对公司来说这些是巨大的潜在客户资源。

以行动拥护的赞助人

百事公司亚洲网和它的领导层无法靠自己就达到这项不凡的成就，还要依靠组织里高级主管的鼎力支持。其中有两位关键人物：汤姆·格雷科

（Tom Greco），菲多利的总裁，并在过去7年间担任百事公司亚洲网的现役主管级赞助人；艾尔·凯利（Al Carey），百事公司美洲饮料（PepsiCo Americas Beverages）的CEO，在汤姆之前也是百事公司亚洲网的主管级赞助人。还有，连同汤姆·川特（Tom Trant，Food Service的资深副总裁）和昆泰，艾尔·凯瑞和汤姆·格雷格都跟佩托开过首脑级的会前会。这些会前会有助于借助合作来促进两家组织的营收。要不是有他们两位的支持和拥护，百事公司亚洲网就无法持续参加亚裔美籍酒店业主协会的全国大会。汤姆不仅为亚裔美籍酒店业主协会提供赞助，还支持其他的领导工作以及社群推广活动和领导人训练工作，并在团体有需要时提供掩护。他对昆泰的努力很有信心，并让他有空间可以持续以他认为最理想的风格来建立关系。他说："昆泰，我相信你在这方面走对了方向。"同样至关重要的是昆泰的另外三位现役导师：迈克尔·克劳斯（Michael Crouse），副总裁兼百事的业务总经理；斯里·拉贾戈帕兰（Sri Rajagopalan），百事公司亚洲网第二任总裁和百事公司董事，他的领导对百事公司亚洲网的成功影响深远；迪帕克·欧罗拉（Deepak Aurora），百事公司亚洲网首任总裁和百事公司退休董事，当初就是由他担任对亚裔美籍酒店业主协会和迈克尔·克劳斯的联络人。麦克尔是强大的拥护者，并采取主动来迅速了解百事公司亚洲网的成就。他搭上私人的时间来全力投入百事公司亚洲网的业务发展活动，并通过下班后的固定通话来辅导昆泰和百事公司亚洲网的其他领导人，针对要怎么灵活驾驭组织及时给出建议。在和亚裔美籍旅馆业主协会经营业务关系的过程中，这些领导人全都展现出了通晓型领导人在组织中向上、向下及横向磨合时所必备的特质。

热情、耐心、坚持与适当的时机

这个故事透露出了联结顾客的复杂性，以及一定要靠向上及横向运作来缩短鸿沟，并且找到最高级的赞助人。这项成就有很多重要的环节。掌握"适当的时刻"有赖于百事公司亚洲网的平台、汤姆·格雷科的鼎力支持与指导，以及昆泰·朱克喜和百事公司亚洲网其他成员的坚持。实行磨合的原则，并对于员工资源团体或同好团体之类的团体给予组织上的支持，你的组织就能得到同样的结果。在设计或建立员工团体网时，我们的经验显示，要让同好团体或员工资源团体最成功的方法是：

· 凡是有员工对团体的目标感兴趣，就邀请他加入。这些团体虽然应该聚焦于某些对象，但也鼓励对团体的工作感兴趣的其他成员并给予支持。

· 有策略性的宗旨来联结组织的使命和成长策略。

· 既有对内目标（布建人脉、专业发展和指导机会），也有对外目标（向顾客和社群推广、把客户服务得更好）。

· 帮助员工接触管理高层（和可能的赞助人），并让管理阶层在核心业务的沟通上联结员工。

· 让公司领导人以妥善的管理方式获悉不同类型与职位的员工的想法和行动。

· 联结公司的不同部分来促进合伙与创新（比如结合营销与营运），以开启新的商机。

要记得，市场很大。员工资源团体应该反映出这一点，并扩展本身对于多元与成员的思考。有一个例子就是，百事公司和其他公司也成立了员工资源团体来专门支持与联结退伍军人、军事人员和他们的家属。

当患者是你的顾客时

我们有时候很容易忘记的是，医患关系实际上就是供应商与顾客的关系。在2020年之前，美国医疗体系有望增加560万个从业人员。而且在2012年时，美国对这个行业就花费了2.8万亿美元。事关营收，加上国家的预期成长，此时无比重要的一点就是，医疗体系需要了解顾客需要和想要什么，并能服务日益多元的人口，包括所有的年龄、多元文化和男女。

纽约大学朗格尼医学中心（Langone Medical Center）暨纽约大学医学院的内外科教授艾迪娜·卡里特（Adina Kalet）会把文化才能传授给医科学生，以协助他们更加妥善地管理自己和患者之间的权力鸿沟。在医患关系、其中固有的权力鸿沟以及这道鸿沟正如何转变上，艾迪娜相当了解自己。

"以往人们都是听医生说，他们是专家，或是会把'真相'带进谈话里。现在属于共同决策，也算是比较真正的对话。"病人有自己的渠道来获取健康资源（尤其是网络），并能问很多的问题。"医生照顾患者的方式正趋于一致。它变得没那么科层，文化才能也变得更加重要。这表示医生是文化才能的重大元素。毕竟，医生不再只是由白人男性组成的单一群体，并带有中产与上层阶级的背景。我们这行有着多元化的性别、种族与族群，所以个人也会有自己的价值体系以及随之而来的信仰体系。有时候医学院学生在多元化方面所能教给教授的东西反而要多得多，因为年轻人对多元化的环境比较有经验，懂的东西很多，而且比这个领域中的前辈要更老练。"

同样，在医学院所有的申请人当中，如今将近半数是女性。有多项研究显示，女性所提供的服务与男性略有不同，行事作风也更有同理心。研究也显示，患者的性别影响可能更大，女性患者讨论病情的方式比较看重个人与体验，而女性医师对于这种风格似乎也比较有共鸣。在《纽约时报》近来的一篇报道中，加州大学戴维斯分校的家庭与社区医院教授可丽·柏塔吉斯

（Klea D. Bertakis）表示，对男性医师来说，"这并不是要设法变成女性，而是要去学习行为"。一句话，就是要学着去磨合。

由于医生是带着自己的经验与风格来到医院，所以他们不见得知道要怎么把知识和态度应用到患者身上。在他们的课程中，学生会学到有效沟通技巧的基本原则与文化，他们甚至会请演员来呈现个案与实例，好让他们可以角色扮演不同的课题。艾迪娜说，在她所属的医学院里，他们把文化才能视为"医疗体系的一环"。为了磨合，医生必须考虑到各式各样的信仰体系与价值，包括文化差异在内，而且一切问题都会因为病情可能引发的恐惧和慌乱而雪上加霜。

艾迪娜举了个她的同事在协助学生练习文化才能的技巧时所使用的例子。他们训练了一位演员，她所扮演的角色是个在美国出生的华人女性，刚搬到纽约生活。患者表示，她的气喘在童年以后就没有发作过了。学生则要向她解释说，为什么它会在这么多年后复发。答案是：这位女性的祖母比较传统，现在跟她同住，而且不希望她吸服类固醇药物。祖母不让她使用呼吸机，而是用中药茶和其他自然疗法来治疗她。为了确保患者能改善病情，学生要和她进行对话，并帮助她协商出一条既尊重又令人满意的道路。在第二个案例中，学生要跟一位白人女性打交道，她拒绝让她两岁大的孩子接种疫苗。学生知道疫苗是防止孩童罹患致命疾病最安全而有效的方法，所以对于她会拒绝感到百思不得其解。假如对方深信用来保护人的疫苗反而会使孩子受害，那你要怎么着手展开这段谈话？这是医患之间典型的日常谈话。

差异甚至会延伸到世代上，并且是个格外重大的课题，因为老龄化中的婴儿潮一代将成为暴增的医疗对象。"在医疗领域中，较年长的患者要比较年轻的患者更能容忍父权模式。"艾迪娜说，"而且人一生病，反应就会放大。"假如医生有坏消息，她就要去评估该怎样以及透过什么渠道来沟通。"我得去问每一个人，你希望我怎么沟通这些信息？你要不要请你儿子过来陪你？你要不要请你的另一半过来陪你？或者我们该不该先私下展开这段谈话？身为医生，对于这段谈话该怎么进行，你或许自有主张，但你得把它放在一边，并设法去了解患者和你不同的偏好。"要记住这点很难，尤其是在你很忙或者事情让人情绪非常激动或复杂的时候。

在会议室里就跟在检查室里一样，磨合的原则可以帮忙拉近医疗从业者和消费者之间的鸿沟，使双方的得到结果都有所改善。

与海外伙伴共事

我们有很多客户的目标不仅是多元的美国消费者市场，还有国际市场要争取。无论你是在别国有客户群，还是在别国设有全球经销点，拉近自己与厂商之间的鸿沟都至关重要，即使你在关系中比较占上风也一样。只期望厂商以你的方式来沟通，并以同样一套价值观来运作，你很可能会很失望并错失机会。不过，要是运用磨合的技巧来缩短与外部伙伴和厂商的鸿沟，困难的局面甚至可以变成双赢。根据我们经常从有海外分销点的公司那里所听到的共同状况，以下是个会把局面给搞砸的例子，要是对权力鸿沟浑然不觉，你的损失会十分惨重。

当梅莉萨和艾德在西雅图成立新的科技公司时，梅莉萨已经做出了一些软件产品，而且多半是跟印度的团队共事，但艾德从来没跟国际同事共事过。在新产品的上市日期快到时，艾德和梅莉萨都知道时间既关键又紧迫。在联络印度的伙伴时，艾德要求他们把产品排入急件日程，并说道："我们其实昨天就需要这样东西了。你们必须在这个日期前把产品交给我们。"电话另一头的经理答应了，而艾德也很满意。不过，梅莉萨无意间听到了这段谈话。"这个时间点根本不切实际。"她提醒艾德说，"他们会赶不上你规定的截止期限。"

"别担心。"艾德说，"你为什么要怀疑他们？他们可是专家。假如做不到，他们就会直说。"

几天后，位于孟买的经理打电话来报告进度，并表示："对，我们在做你们的东西。只是我们现在忙翻了。"梅莉萨解读出他的言外之意："他们对你说他们赶得上我们的截止期限，纯粹是因为他们知道那是你想要听到的话。"她明白像"我们现在忙翻了"这样的修饰语是什么意思：他们赶不上艾德要求的日期。

艾德听不进去，甚至对梅莉萨非常生气。3周之后，产品并没有做出来，公司也错过了交货日期。从像这样的故事中，我们可以学到什么？海外的厂商常常因为害怕丢脸而不说"不"，或者是靠隐晦的语气暗示交不出客户所要的东西，而不是直截了当地说"不"。

梅莉萨深知印度的工程师是如何沟通的，艾德则小看了美国人和印度人在做生意时的差异。他以最佳意图假定，文化不会是个问题。但他并没有深思，基本的文化假定会如何影响到他的交货日期。在与海外的伙伴和厂商共事时，最有效的方法就是事先分享权力。与其定下严格的截止期限，通晓型领导人不如跟伙伴商量说："你是专家。你对这个流程了如指掌。麻烦你指点我一下。以我们在这个案子上的资源来看，截止期限要怎么定才现实？"我们在西方社会往往会假定，假如你提出要求，对方说好，那就没问题了。而在印度之类的国家，你则要界定出必须做到怎样，才会真的没问题。

苏瑞许是位印度工程师，他听到艾德说："我们昨天就需要这样东西了。"他了解他们想要什么，但也表明时间可能会有问题，所以才会强调他对于项目的重视，而不是截止日期。"我们非常希望能在9月前替你把这样东西做出来。"苏瑞许甚至会说，以他手上的资源，要赶上这个截止期限会非常困难。但对艾德来说，这话听起来仍然像是他保证会按时交货。在艾德的下属安审查规格时，苏瑞许让他知道了这样或许行不通，并相信安会以替艾德保住面子的方式把这番话告诉他的团队。随着截止期限逼近，苏瑞许变得越发担心，并问艾德说，假如他们赶不上交货日期，他有什么应变计划。在苏瑞许看来，他和艾德在沟通时已讲得非常清楚，艾德对延期发火显然是无的放矢。

由于美国公司在过去15年当中将工作大量外包，因此像上述的这种误解屡见不鲜。其中有很多可以透过讨论程序以及和海外伙伴分享权威文化来解决，而不是期望别的文化会本能地迎合地道的美式做法。

假如你是在平等式的环境中工作，那就必须靠有意地管理科层式的行为，比如说你的客户只想跟同级的人（例如总裁对总裁、副总裁对副总裁）共事。在科层式的文化中，即使某个客户或项目本该由中层人员负责，其上司（职位较高者）还是难免会对工作予以干涉。有些顾客可能会坚持只跟高层人员共事，在这种情况下，企业就必须迎合顾客，或是冒着失去这位客户的风险。

运用预备问题可以有所帮助，以针对起初看似不屑或违反直觉的行为来了解对方不同的观点。客户以这种方式来做生意可能是基于科层式的文化或其他深植的传统，或者他们可能只是想要让问题获得解决，并且不想跟刚大学毕业的人打交道。依照他们的动机，你或许需要去适应他们的风格，或是做点什么来减轻他们的忧虑并与他们妥协。做到这点的方法可能包括让高层管理人员和比较资深的同事搭档，并在同一个团队里做项目，或是以行动来促进客户与资历较浅的职员自在相处。

在客户面前亮相

我们认识一位专业服务公司的合伙人，他带着团队中的三位下属出席一场交流会，其中包含一位高层经理。客户是一家世界500强公司的技术主管，他对共事了8年的合伙人提出问题说："这些收购对于我们的营业流程会造成什么冲击？"合伙人并没有回答这个问题，而是问他的经理："琴，你对这点有什么看法？"她回答了。过了几分钟，客户又问了合伙人一个后续问题："我们需要讨论什么别的议题吗？"合伙人答复说："分析是琴做的。你觉得怎么样，琴？"到了第三次，他使个眼色就足以让她来答复问题，而他的暗中支持也足以让技术主管开始直接和琴打交道。

有的人则是寻求中庸之道。昆汀·罗奇（Quentin Roach）是默克（Merck）公司的采购部长兼全球供货商管理群的资深副总裁。他和一些全球伙伴共事，并试图确保供应商有话直说。他在德国工作有过一个经验，供应商达不到要求，于是他便要求他们稍作调整。而供应商则回过头来把问题丢回给默克，要他寄一些报告和图表，而在某些人看来，这可是大费周章的事。以"要求"来回应请求可能会被解读为是在防卫，而与供应商共事的默克的员工也有点傻眼。"这种回应毫无诚意。"他们在提起德国供货商时说道。

此时，昆汀采取了非常通晓的举动，要团队想想另一个可能性。"他们或许比我们更看重分析。也许他们并不需要全部内容，而是要我们透过数据说明。"昆汀对其他风格的开放心胸使他得以化解各方的挫败感，并让默克协助供应商一起做出了理想的产品，从而达到了最终的目标。

坚守原则

　　磨合对事业的成功固然重要，但在与顾客和伙伴共事时，公司也必须保持诚信，并忠于公司的内部价值。早在20世纪70年代，在担任洛杉矶副市长以前，琳达·葛里格是电话公司的电话安装人员。她聘用了一位专业的女性安装人员。当这位安装人员去客户家里拉线时，客户连前门都不让她进去，而是要求派一位"真正的安装人员"过来，也就是男性。琳达开车过去，亲自和这位客户讨论。客户不肯退让，她也是，即使他威胁要打电话给公司的总裁。"假如我派出黑人被他退回，那电话公司是不是就要派白人过去？政策是如此吗？"在持续压力下，琳达守住了立场。到最后，这位女性安装人员完成了工作，顾客也道歉了。"在很多地方，你都必须知道什么时候该坚持。在这方面，我不能打马虎眼。我不能独善其身。以这个例子来说，我知道她有适合的经验，我对她的能力也有绝对的信心。"

花时间去建立关系

　　我们有时候会低估谈生意之前与顾客和伙伴建立关系的重要性，这不仅跟买卖有关。美式的企业文化常常满脑子都是效率与结果，所以我们很容易就会忘记，在建立海外的关系时，人在场就跟分享权力一样重要。

　　我们曾经对一家在全亚洲做生意的美国公司做过全方位的评估。在新加坡有一位服务供货商对他的美国经理苏珊极为不满，并觉得她对他的团队毫无感激之意。苏珊的专业技能相当纯熟，对业务也一清二楚，但她从来没有感谢过别人的付出。她在安排跨时区的会议时也不懂得体谅，总是以纽约办公室的时间为准。等评估一完成，我们便发现，苏珊就和其他美国经理人一样，主要依赖电子邮件和在线沟通，而且她和新加坡最高主管间的个人互动可说是少之又少。

我们所共事过的海外公司大部分都抱怨说，美国的经理人很少现身并花时间去认识他们的伙伴，要不就是蜻蜓点水式的。当缺乏稳固而长远的关系时，这些人就不会为你多花一分心思。这个道理尤其适用于以"亲见"为取向的关系文化，它相信要先建立信赖，再来讨论他们所要负责的工作。在高权力鸿沟的环境中，要持续下苦功夫才能得到别人的意见；而为了长远着想，你要全力建立关系，无论所应对的是孟加拉国的厂商，还是自己公司内的员工。虽然一般的看法或许会认为，有效率和立竿见影是最好的，但有时候最快的办法无法让你得到基本的信赖与支持来真正地联结客户，或是让厂商力挺你到底。

为双赢做准备：对伙伴与顾客加强沟通的秘诀

我们发现，在克服沟通风格与文化上的差异时，尤其是对于全球伙伴和顾客，其中最有效的一些方式如下：

· 让伙伴或顾客对自身的专长有明确的主导权。

· 提供公开讨论的平台，让他们可以坦诚说出自己的需求。

· 以对他们的贡献表示推崇的方式来表达期望。

· 清楚解释你的要求和背后的理由（包括项目提要、范围、资源、预算和时间表）。

· 以问题来结尾。

这些结尾问题可能会是关键所在。在你的角色上展现谦卑（"我不是在你们的环境下工作，所以这看起来合理吗？"），并提供协助来达成共识

（"如果要做到这点，你们需要我这个伙伴做些什么？"），是分享权力并得到理想结果的几种做法。其他的结尾问题可能包括：

"以我们所提出的内容来说，这样的时间表合理吗？"

"你们需不需要更多的人手或资源来帮助你们把这件事做得更好？"

"如果要赶上这些截止期限，我们可以帮上什么忙？"

"我们要怎样才能让这个流程运作得更顺利、更有效率和更省钱？我想要帮忙。"

侧写：西南赫尔曼纪念医院——医疗体系为患者的需求找到创新的解决方案

> 你不用害怕成为第一个。
>
> ——乔治·盖斯顿（George Gaston），
> 西南赫尔曼纪念医院（Memorial Hermann Southwest Hospital）CEO

没有人喜欢去医院。试想一下，假如你听不懂医生和护士的话，或是无法准确表达自己的疼痛程度，你的体验会恐怖和严重到什么地步。或者送到你面前的是奇怪的、不合口味的饭菜，家属又无法在病房内陪你。当你离开时，医生或其他的护理人员并没有针对后续的护理给你明确的指示，或是你并不了解接下来要做什么。可能沟通上的文化隔阂超出了单纯的语言隔阂。在其他文化背景出身的患者针对医院的主要服务范围所表达出的困扰中，这只是其中一小部分。

医患关系天生就存在着权力与知识鸿沟。在很久以前，医生都是采用严格的科层式做法，因而形成了单向沟通的动态：患者应该切实遵守医嘱。这种动态至今仍然存在，并且有增无减，因为在文化价值的差异下，有些患者对于和医生讨论自身的问题会感到不自在。既然医生是专家与权威，理应交代所有的信息，那质疑他们或对他们发问有什么意义吗？

乔治·盖斯顿在2010年从西南赫尔曼纪念医院临时CEO罗德·布雷斯（Rod Brace）的手中接下他的位置时，就面临了这一切甚至更多的疑虑。日益增加的越南裔和华裔人口就住在医院北边，而且占医院患者的比重节节上升。此外，西南赫尔曼纪念医院的老年人口是该社区中另一个成长最快的人口组成，他们在急诊室就诊时遇到的压力也有增无减。急诊室常常很嘈杂，并充斥着难以掌控的患者与混乱，使他们感到焦虑与不安。老年患者也常常遇到复杂的病历和诊断，需要额外的时间与专业才能厘清。这个过程造成了对工作人员的挑战，急诊室环境的步调则使压力更大。而这一切所造成的后果就是，医院的服务与风格和主要消费者之间产生了严重的不协调。这个不协调所造成的后果不仅是营收流失和医院的市场占有率下滑，还影响到了在生活质量与护理上真正需要帮助的人。

患者并不是唯一倒霉的一方。在经营了35年后，院方的财务也不如以往。西南赫尔曼纪念医院曾经是赫尔曼纪念医疗体系（Memorial Hermann Healthcare System）的标杆，如今收入却大幅下滑，士气跌到了谷底。包括医生在内所遇到的挑战是，患者群的需求变化和他们所能提供的照料之间出现了鸿沟。当把院区卖给另一家医院集团的提议落空后，乔治却看到了另一个机会。社区力挺院方，因为深知赫尔曼纪念是社区医院，而且在当地存在已久。不过显而易见的是，假如乔治想要保住饭碗，社区想要保住长久以来所珍惜的医院，他们就得扭转局面。

那要靠通晓型领导人的哪种特性才能扭转医院的命运和患者的体验？乔治沿续了由前任CEO发起的做法，在科层中横向及向下沟通，以听取他人的建议。为了设法缩短亚裔患者和医院体系之间的权力鸿沟，他和所属团队倾听了患者的疑虑。他这么做展现出了简单的谦卑观念。乔治相信，"仆人式领导"（servant leadership）对他和医院的成功至关重要；对他而言，领导人应该要卷起袖子努力帮助员工，服务社区和信赖他们的患者。患者和家属都是他们的客户，对，但不只如此，他们也是情绪和生理上都需要精心照料的人。"你必须设身处地替患者着想。"乔治说道，并展现了那种通晓型领导人会有的同理心。假如不以最接近医院的社区需求为重，他们就会无以为继。但这种以他人为中心的做法让他们在危机之际摆脱了任何一种防卫心态，所推行的流程则改变了他们响应社区需求的方式。

在乔治的个案中，这并不是简单的课程作业。在被诊断出病情严重后，他本身在赫尔曼纪念医疗体系的另一家医院接受了多次救命的脑部手术。虽然他还是需要针对这些在年龄或文化背景跟他不同的患者来解决矛盾，但对于他自己在当患者时所渴望的舒适、尊重和沟通等基本需求，他太了解了。

按部就班来解决问题

在乔治·盖斯顿接任CEO之前，院方和他的前任就已经在针对他们的服务质量来征询顾客的意见与建议。事实上，他们所搜集的详细资料是关于某些患者有多不满意，还有他们的疑虑。院方采用了有多种语言翻译的患者满意度调查，并请专业的公司来负责分析。调查中的问题范围广泛，并且是跟患者的全面体验有关，从医院病房的装潢问题，到院方人员所提供的疼痛管理。他们请患者同时针对频率与风格来为医生的照料和医院团队的沟通打分。更重要的是，他们倾听了答案，而且很看重患者的回应。他们依照患者满意度中的重要指标来调整领导团队，甚至和过去的患者、家属以及医师举行头脑风暴，借此找出问题的核心。

虽然真心话有时听来刺耳，但对于他们应如何跳脱传统模式，并且根据文化习惯的不同来提供服务，这些信息却带来了有用的见解。以患者满意度作为领导的核心价值，当运作不顺时，医院便决定采取行动。分析资料后，行政人员发现，公事公办对于亚裔的患者和家属行不通。此外，医生也找到领导高层来表达对社区扩张的忧虑。社区的评价反映出：有很多患者并不了解医生对他们的照料计划；他们无法有效表达疼痛。双语专线没有效；医院的饭菜不太对胃口，尤其是对饮食习惯比较传统、不习惯西餐的人来说。这些关系紧密的大家庭多半是靠家属来帮忙翻译医生的话，病房内却没有提供亲人留宿的条件。在最痛苦的情况下，家属表示，医院处理过世患者的做法不符合佛教的往生和临终仪式。在理想的情况下，当患者去世时，佛教的师父应该要在场诵经并帮忙超度。更重要的是，佛教的传统也规定，佛教徒死后好几个小时内不能移灵，因为据说人的灵魂在脱离躯体后，还会停留一阵子。

催生老人照顾专区和亚裔照顾科

找出这些问题后，乔治和所属团队便投入了由他的前任罗德·布雷斯开启的工作，以具体、创新的解决方案来改变自身的做法，并提供针对性的照顾。第一步，他们请了一位亚裔的服务专线经理来帮忙拉近鸿沟。他们要求担任这个职位的人通晓越南话和中文，以加强和患者、家属及亚裔医生的沟通。新的亚裔服务专线经理要负责扩大拜访患者、家属和医师，以听取建议并帮忙想出解决办法。

院方人员并没有以防卫的姿态来解释他们对事情的做法，患者和家属也没有重提过去的抱怨，大伙儿都不计前嫌来参与以解决问题为导向的头脑风暴大会。有件事对这个过程至关重要，那就是院方知道了患者要什么；不带批评地倾听，请团队成员和外面的社区帮忙，然后利用所有的建议来勾勒出创新的解决方案，以针对特定患者群的需求来磨合。因为把大家提出的构想全部考虑进去，院方对医疗人员展现出了十足的尊重，对患者则展现了同理心。"千万不要忘了你在从事医疗时所要服务的人。"乔治说，"我们不能忽视真正的顾客……那就是患者。"到最后，院方决定采取双管齐下的策略来服务两个成长最快的群体，并成立特别的住院部和护理专区来迎合亚裔及老年患者的需求。

一家德州的医院针对亚裔人口的需求和舒适度来磨合会是什么样子？各位或许会吓一跳，其中一些改变竟然这么简单乃至平凡，例如，设身处地地想一想作为病人，什么才是对你最重要的事。舒适与熟悉对感受与康复有很大的影响。当地的亚裔主厨也被请来教医院的厨师怎么做出比较符合亚裔口味的饭菜。

在亚裔患者护理科，电视上播放的是越南语和中文节目。装修后的病房开辟了空间，好让大家庭可以舒适地探病或留宿。患者与家属还会看到以竹制材质为特色的装潢，以及在许多亚洲文化中都很讨喜的红色。科里安排了懂双语的护士和内部翻译，而且一周7天都有人。对那些遇到最大困难的家属，也就是患者过世时，允许采用佛教的仪式和习俗，这对悲恸的家属有帮助。在一位好心人的出资下，院方打算在不久后就地兴建一座佛塔。

虽然医院里有些人起初对于这些改变半信半疑，但新设的科室得到了一致的好评。社区居民深深觉得受到尊重、倾听与照料，而这也为医院做了大量口耳相传的免费公关。西南赫尔曼纪念医院获得了社区参与奖，还登上了越南的电视节目和亚洲的平面媒体。社区里掀起了风潮，这也为后来招聘新的医生和吸引顶尖人才助了一臂之力。如今西南赫尔曼纪念医院也更加融入这个社区，每隔半年就会举行免费的健康博览会，还有其他各种专门针对亚裔人口的疾病预防推广活动。

同样的，靠着由罗德·布雷斯开启的工作，乔治推出了老年患者专用的急诊室。因为在一般急诊室的忙乱环境中，他们常常会感到不安全或有压力。院方还推出了老人精神病科，名叫老人治疗与复原行为护理科，罹患痴呆症或严重精神病的老人会得到量身设计的护理。此外，对于老年人口经常遇到多重、复杂的健康问题，老人护理住院科则让医师与工作人员有空间和时间来解决。就跟亚裔住院科一样，院方甚至顾及了强调舒适和内心平静的小细节，从加厚床垫到使环境更加安静与平和，以此减轻患者的压力，加速痊愈。

通晓型组织

乔治不是光倾听患者的心声而已，他也为工作人员以及医生付出了大量的心血。在2010年5月时，医院原本士气低落，医院在测评中的"医生满意度"在全国医生当中是惨不忍睹的29%。比较满意、比较满足的患者和改善资源会使医师的工作比较轻松，但盖斯顿还成立了医生咨询会，以协助西南赫尔曼纪念医院的医师指出后续的疑虑和问题。在健康流研究（Health Stream Research）所做的研究中，董事会和请医生来参与医院决策的文化确立后，2011年5月的医生满意度评分便达到了92%。

西南赫尔曼纪念医院遇到了一个最棘手与最常讨论的问题，那就是为日益多元化与老龄化的人口提供医疗，并成功地示范了像谦卑、调整和创新思考等通晓型领导人的基本原则能如何使盈利和民众的生活大为改观。它采取了非常审慎的步骤（加强倾听）来缩短医院体系和病人与社区之间的权力鸿沟，并解决了不同成员在就医中所遇到的困难。医院所提出的解决方案对双方都有好处。医院再度变得赚钱，患者和医生则发现，这种做法使他们觉得自己真正受到了关心与重视。

乔治·盖斯顿和西南赫尔曼纪念医院的工作人员有办法把沟通不良和未获满足的需求转化为让医院扩大成长与财务成功的机会，同时改善患者的医疗成果。在职场上采用这些原则不仅同时改善了患者和医疗人员的沟通与士气，也使西南赫尔曼纪念医院在2011—2013年的医疗评级（Health Grades）中挤进了美国5000家医院的前50名！

Part 3

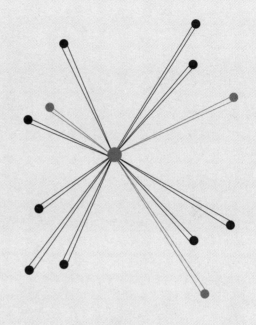

复制成功经验

第九章

员工养成
——从第一天起就做对

所有的经理人都知道，训练员工很费钱，在时间和资源上都是，而且招募人才也要花钱。一旦招募到了顶尖人才，就不要在培养人才上吝啬，以免捡了芝麻却丢了西瓜。

本书合著者之一玄珍以前担任人力资源主管时，都要主办新人的入职培训。它会在周一的一大早举行，就在新人第一天开始上班之前。说明会本身安排了45分钟的报告，概述方针、福利、公司沿革与企业的核心价值。由于这是新人们第一天进公司，所以他们都会尽力表现，希望能给人留下好印象。在入职说明后，接下来他们就要展开第一天的工作，而人力资源部门只能希望领导阶层会尽力培养这些新进员工，使他们在一周内就有个好的起步。

　　即使到了今天，新进员工在听取入职说明时，一般仍是花一两个小时就草率了事。公司肯定变得比较高科技，并开始利用网络式的互动平台来进行入职说明课程，而不是靠人力资源主管亲授。这些说明会多半是在呈现静态的数据，像是福利、信息处理和公司的官方政策。此外，这些简短的入职说明会并没有提供论坛，好让新人针对在公司上班的实际情况来提出真正的疑问。

　　无论是透过人还是透过计算机，这个培训过程都是新人进入团队的第一步。本章要邀请各位来重新思考，该如何把新人和新的团队成员带进圈子里，尤其是要反映出聘用进来的人所带来的各种文化、世代和性别观点。对很多人来说，上班的头几个星期是最好与最恰当的拉近鸿沟的机会，可以在第一时间建立信赖，加强与新员工的沟通。

入职说明与养成

　　大多数的人往往会把"入职说明"与"养成"的说法交替使用，但我们相信，这两者有几点重要的差异。在某些方面，养成是组织提出来取代入职说明的新说法。有一个重要的差别在于，养成被视为流程，而不是单一事件，就像那些周一早上的新人说明会。我们则把养成视为公司所制订的人才培养流程，在人力资源领导的支持下，由招聘经理设计出最适合与最有用的入门方式，好让新员工融入团队。适当的养成所要传达的远不止于该如何登录公司的数据库，以及最近的洗手间怎么定。在这段养成期间，新员工要在公司文化的熏陶下对它有新的认识，认识新同事，并让自己融入团队的节奏。此外，在前几个月可能会以引导的方式把员工介绍给组织中的重要人物，使他们结交到可以帮助新人融入团体的"战友"或圈内人。

　　虽然这是我们对这个说法的定义，但我们在请经理人谈谈养成对他们来说是什么意思时，所听到的回答还是会经偏向对公司的简介之类，而不是扎实的融合过程。他们想到的是书面报告、文件夹、影片，甚至是很多新人在入职的过程中所要做的指纹采集或体检。此外，大多数的公司无论大小，在任何形式的入职说明或养成上对新人都做得不多。事实上，有些公司的文化还会故意把员工搞得比较不自在！在这些残酷的工作环境中，同事甚至会用非正式的欺凌手段来对待新员工，以搞懂不成文规定，并认清谁会在头几个星期帮助他们适应组织。他们的想法是，只有最有技能和最机灵的人才能生存下来。很遗憾，最常见的后果是，当新人四五个月还达不到业绩目标，似乎得不到适合的资源，或是没有以经理人所设想的方式带来贡献时，管理阶层就把矛头指向员工，而不是自己的作为（或不作为）。

好消息是什么呢？用心的养成可以预防这种事发生，也就是立刻让新人上手，并大幅提高成功的机会。

养成员工的重要性

干吗这么费事？你可能会想说，只要新人搞懂了要怎么把工作上的重要部分给做好，他就会过得不错。你可能从来没有在组织里受过正式养成的经验，但也过得一帆风顺。但对这个过程没有投入足够的时间与心力会有很大风险。全球市场情报机构IDC表示，美国和英国的员工因为并未充分了解自己的工作，每年估计就要花掉企业370亿美元。其发布的白皮书《370亿美元：计算员工误解的成本》（*$37 Billion: Counting the Cost of Employee Misunderstanding*）把员工因为误解或误认就采取行动所造成的损失加以量化。此外，我们还听到了很多新人很早就流失的案例，因为他们觉得自己难以跟公司的"圈内人"打成一片。人力资源专家的进一步研究显示，平均有25%的新员工会在第一年离职。

有意义的参与从缩短鸿沟开始

假如你们是个重视人才的组织，借助周全的养成流程，让新员工从一开始就充分参与，这将有助于你们掌握他们对公司的丰富意见。这个及早参与的过程是在整个科层中向上、向下及横向磨合的有力机制，并可以为这些新的工作关系定调。记住，好的养成比较全面也比较刻意，而不只是在处理行政细节。总体来说，它是以刻意的方式向新人介绍组织内的事是如何完成的，并提供真正圈内人的观点，包括：

- ·参与者有谁
- ·内在的公司文化究竟是什么样子，以及事情是如何完成的
- ·培养个人的职业生涯目标
- ·组织特有的"一般公认晋升准则"
- ·了解内部的权力动态

每家公司可能会为养成设定一段时间，从1周到6个月左右。但熟悉新的职位或团队要花多久，这也要视工作的复杂度以及新人所要了解的流程复杂度而定。对养成所投入的时间和心力主要是看组织有多重视新员工对于组织风格与文化的同化。

只要处理得当，员工的入职说明就会是个缩短可能存在的鸿沟的绝佳机会，在你和员工之间树立良好的沟通基础，并在促进和提高绩效之余带来更多正面的结果。你不仅要帮助培养与更广泛社群的联结和多元人才的渠道，而且还要确保员工也能受益，包括减轻新员工的压力，以及提高工作满意度和留才率。

如果有人还在怀疑养成的成效，美国电话电报公司（AT&T Mobility）有一位主管表示，业务部门的养成作业在3个月内就使生产力和投资报酬出现了4成的改善。此外，一开始就把存在的权力鸿沟缩小并和员工磨合，也会降低

新进员工感觉遭到排挤的概率。如果是新人和新的团队成员从内部转调到你的团队中，这点同样适用。从进门的那一刻起就缩短和新人的鸿沟，你会看到生产力得到提高和工作成果更理想、效率更高等好处。

LivePerson把养成当作灌输核心价值的机制

在2010年飞速成长的时候，LivePerson公司的CEO罗伯特·罗卡席欧（Robert LoCascio）就采取了措施来确保公司守住"成为主人翁"和"帮助他人"的核心价值。但成为主人翁和帮助他人是什么意思？在全球人事主管史蒂夫·史洛斯（Steve Schloss）和人才管理主管艾迪·米切尔（Edie Mitchell）的带领下，公司推出了"全球迎新课程"（Global Welcome Program）。它是新人的亲身体验活动，为期3天。全球迎新每8周举行一次，地点在纽约或以色列。不分职位或地点，员工都要搭机去参与这场重要的体验。在为期3天的养成过程中，每位员工都必须走入社区去帮助他人。有一群与会者选择去敲麦当劳叔叔之家（Ronald McDonald House）的门，了解它们的宗旨与做法，最后还捐了玩具给该组织。有的人则送餐给出院回家的患者。接着员工一起回来陈述这段体验，以及它带给自己、彼此和社区的影响。虽然这看起来可能像是件很花钱的事，但它对员工参与组织所造成的长期影响却是无价的。史洛斯说："回报展现在个人身上，并证明了员工选择LivePerson是正确的决定。"

内部转调和外部聘用人员的养成

蕾吉娜任职于一家大型的金融服务组织，她被派去主持校园招聘时，是她第三次外出招聘。虽然她并不是新员工，但她是从某营运部门内调进来，所以她是新接触到招聘与人力资源管理工作的。她的经理知道这个情况，于是在蕾吉娜到岗的第一周，他安排了整整5天的见面与午餐会。经理把蕾吉娜需要联系的每个人都列出来，好让她的新工作能顺利进行，从行政支持、员工关系到人力资源体系，部门中的环节一个都没有漏掉。

靠着安排这些会面以及向她介绍所有的重要人员，这个养成过程做到了两件事：蕾吉娜的老板让她感受到了欢迎与联结，蕾吉娜则很快就有办法确定招聘的行程，因为她手上握有足够的资源来启动招聘。不像许多新员工觉得自己在拖累别人，因为每个人都忙到无法给他们适当的提点，蕾吉娜则注意到，她所遇到的每个人都不吝帮她，并且已准备妥当。这所定下的基调是，蕾吉娜的角色很重要，同样很重要的是，她发挥得很好，这指的不只是她的工作，还有她身为团队的一分子。到了第一周结束时，蕾吉娜已知道接下来要怎么走，以及有问题要找谁。蕾吉娜的经理始终在努力缩短鸿沟，并把蕾吉娜联结上整个科层链当中所要依赖的人员。如此一来，她便为蕾吉娜奠定了成功的基础，并帮助她贡献出自己的能力。

相较于蕾吉娜的经验，裘希则是进入了一家新组织，而且之前她任职于一家大得多且科层较多的公司。在上一家公司，裘希有执行助理帮她打点一切，从替她安排车辆接送，到帮她在加班时订晚餐。每位助理都有大学学位，人人都能写出很棒的备忘录，并能处理繁杂的工作，裘希的助理几乎是她角色的翻版。然而，当裘希来到比较扁平化并偏重自己动手的组织后，却没有人告诉她各团队成员是如何一起工作的。她跑去找行政助理，以之前的那套方式来下命令，结果那位女士看着她，彷佛她长了角一样！在新公司里，行政助理的职责非常固定。裘希假定新组织的流程是以同样的方式运作，别人却觉得她盛气凌人。要是有适当的养成或是内部的战友，裘希就会掌握到信息与技巧来跟职责明确的助理最有效地共事。裘希也能主动来了解内部流程，并学习要怎么跟其他团队成员共事，而不是仰赖假定。

联结

盖洛普的研究发现，有超过三成的员工表示在工作单位有挚友。在工作上没有挚友的人对工作投入的概率只有1/20，有挚友的人对工作比较投入的几率是他们的7倍甚至更高。适当的职前准备和经过仔细设计的培训策略有助于新员工认识组织里的其他人，并能让人际关系发展得更自然。

欢迎千禧世代进入圈子里

研究显示，要想留住那些新的Y世代的大学毕业生，成功而贴心的培训格外重要。有一项研究发现，有46%的新人撑不过工作的前18个月。但公司如果特别留意到，千禧世代是以不同的方式在学习和管理，那这个年龄群的新人就比较容易留下与成功。

成功的千禧世代养成计划可能包括，让他们马上就有机会做出贡献或给出新建议，满足他们在工作上的挑战欲。清楚介绍每家组织的企业文化也会使千禧世代受益，尤其是当企业目标涉及在公司内、更广大的社区或是在全球表现良好时。千禧世代喜欢团队合作，并偏好在同心协力的环境里工作。应仔细去把千禧世代联结上同侪团体，并营造出同心协力的工作环境，帮助年轻员工奠定成功基础，并协助他们全力为组织付出。Y世代员工想要连接彼此，并在组织内外建立与利用人脉。养成计划要是对这种人际关系的建立缺乏支持，就无法顺利让新人融入团队，并可能引发挫折与焦虑。

　　像眼镜公司沃比·帕克、男装店Bonobos以及美妆用品订购平台Birchbox，这些纽约新创公司也很强调这种互动与建立关系的重要性，有时还要有幽默感。它们的做法包罗万象，从沃比·帕克的开发人员所设计的计算机程序会"随机指定和不同员工共进午餐的日期"，到Bonobos的招聘经理催生出全公司版的游戏"虚虚实实"（Two Truths and a Lie），新员工的同事必须猜一猜，对新人的描述有哪些其实不是真的。这些公司意识到，除了给新人提供信息、渠道、期望和方向，把人互相联结是打造团队的最佳方式。

顺利养成的阻碍

　　假如养成对公司和员工都是这么大的双赢行为，那为什么有这么多公司选择跳过这一步？我们看到不少被动的态度和流程已经对新人适应公司文化构成了碍碍。

　　首先是新人不知道有哪些可以运用的渠道，或者是因设立了太多层级而动作迟缓。当事情在内部耗时太久时，就会扼杀新人所能带给组织的活力与创意。各位在设计养成计划时，要考虑如何充分利用新鲜血液所带来的新想法，并确保他们有地方可以让新手的视角与创新的想法派上用场。

　　员工坦承，"你死我活"的公司文化会扼杀他们的学习过程。当文化太有侵略性时，它就会迫使员工用"强出头"来表现自己，而不会以谦卑来表明自己还有什么可以学习的。这常常会使团队行动受到压抑，反倒凸显出人员的个人成就，而无视团队成员的风格与偏好。此外，就算对最积极主动的

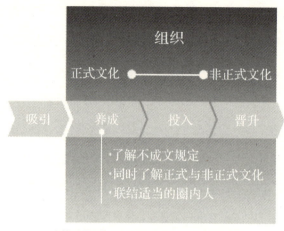

"养成"在人才管理流程中的重要性

人来说，这种自求多福的心态也压根反映不出他们的实际需求。其他文化背景的人要学习不成文规定会格外困难，尤其是偏好间接式沟通的人。多元化的新人不见得习惯靠非正式的人脉来让本身的工作与大环境融为一体。比较年轻的员工或许甚至还没坐稳职位，就会立刻出手扩展自己的工作范围。有些人在驾驭新文化时不需要很多帮忙，但新进员工并非总是知道自己需要什么。他们并不知道自己不知道什么！制订流程来协助所有的新进员工接受组织的提点会好得多。

我们已经提到了，适当养成的最大阻碍或许是：对流程缺乏投入。我们听无数的员工说过"我甚至不知道要怎么把自己的工作给做好"，或是"我不知道要怎么让自己的想法被听到"，最常见的则是"我的经理太忙了，我不知道有问题要去哪里问"。所有的经理人都知道，训练员工很花钱，在时间和资源上都是，而且招聘也要花钱。一旦招到了顶尖人才，就不要在养成上吝啬，以免省了小钱却浪费了大钱。你不仅浪费了那些时间和金钱，也错失了为组织打造创新文化的良机。想想这点：团队中的新鲜血液能让你得到新的观点以及竞争对手的情报。

同时，每次的养成过程都是学习新做法的机会，并可借此评估自身在业界的定位。假如你花时间深思熟虑地落实养成，你就能让渴望证明自己的新人发挥出最大的潜力。毕竟他们会拿出看家本领，让你看到他们的最佳表现。不要放过这个机会，任由他们在没有方向、没有引导与支持的情况下自生自灭。

在适当的养成下，新员工在工作上，更加投入的概率就会提高。经过提点的团队成员很容易充分参与，能加速自身的工作，表现也会符合或超出预期。

拉近与公司新进员工的鸿沟

就新进公司的员工而言，养成的过程是个大好机会，不仅能向他们明确传达出公司的宗旨、价值观和内部流程，还能拉近鸿沟并了解为他们形成互动与所沟通风格的价值观。与其强迫新人完全顺从现状，不如把差异视为机会。各位可以从第4章所谈的三个问题着手，以便为想要如何扩展关系来定调。当你注意到脱节或是自己不了解的时刻，就可以应用以下这些额外的预备问题来自问，并针对新人来设计：

· 他们在想什么？他们行动背后的目的为何？

· 他们之前的工作经验对于他们今后的行为可能会有什么影响？

· 我要怎么跟这个人联结？

· 我要怎么让她更充分地融入组织？

· 我要怎么双管齐下来说明正式的期待，并解释不成文规定？

· 我要怎么站在她的立场来展现正向的意图？

· 我需要知道什么事及哪些关键人物，才能在这个组织起步？

· 我能不能把这个人联结上其他的相关人员或内部导师，以协助她找到自己的发展方向？

新任的经理人可以把养成的过程当成有利的场合，以便从细节上来展现不同方面的工作专长。你可以运用这些问题，并表明自己的意图，借此了解这个人。

菲尔刚接任了资深副总裁的角色，打从一开始，他就跟新接掌的团队里的每个人直说："我是有话就说的人。"他见一个人说一次。"我喜欢直接和面对面沟通。"接着他问每个团队成员："你所喜欢的工作方式是什么？"靠着先表明自己的喜好，他费尽心思来拉近鸿沟，好让其他的团队成员有机会展现出自己的喜好。就算没有文化、性别和代际上的相关差异，背景雷同的人也可能会以截然不同的方式来沟通！有的人认为，人绝对不会有沟通过头这回事，他们喜欢你一再重复特定的信息；有的人则只想要摘要或是2分钟的最新提要，完全不要细节，别人用了3个字，他们只用1个字。拥有这两种迥然不同沟通风格的人如果要相处得好，就必须注意到这点差异，并学习共事的成功之道。公开自己的偏好，然后问别人希望怎么样工作，而不是假定他们的做法跟自己一样。

经理人在把新人带进团队里时，打造出不管是由你还是整个团队来指导新人的文化至关重要。比方说，对所属团队表示包容，并详细讨论要把新人摆在团队中的什么位置。请不要犯下菲尔在为团队增添新的业务员麦特时所犯的那种错误。这位新的业务员极具潜力，菲尔的问题在于，他并没有让他的团队准备好来接纳麦特。菲尔的工作范围遍及全球。他是非常忙碌的经理人，有9成的时间都在外面跑，而这也是他对于能请到麦特来负责日常业务管理而感到振奋的部分原因。不过，菲尔并没有花时间在总公司里打造出包容的团队文化。结果在竞争性的环境下，菲尔的业务团队觉得麦特是菲尔的爱将，于是就排挤他，而不是帮助他适应团队的流程。被放牛吃草的麦特并没有注意到并纠正他们对他在团队中的位置所产生的误解。麦特虽然能干，却发现自己的新工作做得并不成功，尤其是因为他无法针对那些基层人员向下沟通，像是那些担任基层业务支持角色的人。麦特任职6个月后，这位让菲尔深感振奋的新人便萌生了退意。

自我养成

假如你是新员工或则调到新的团队，你应该使出浑身解数来向上及横向沟通，以拉近和经理人与新同侪的鸿沟，同时对那些担任支持角色的人向下沟通。假如你所应聘的是责任重大的管理角色，那除了观察和发问，你还会发现，展现谦卑和不要"自以为无所不知"才能赢得周遭人员的尊重。个人的应对之道各有不同。

南茜是一家大型非营利组织的项目经理，新职位让她很兴奋。不过，由于这个新职位对她来说等于是换了个行业，因此她的经验非常有限，于是决定要采取"眼观四路、耳听八方"的做法。在上任的头几个星期，她在开会时都保持沉默，也不急着建立新关系，而是想对组织的内部权力关系是如何运作的有个概念。不过，这却让别人对她产生了负面观感，包括对南茜期望很高的经理在内。基于她之前的经验，他期待着她立刻就进入状态，在会议中充分展示项目管理能力，并和组织内的各部门建立关系。一察觉到与期望有所脱节，南茜相当迅速地切换了风格。不过，她的联结意愿、主动性和奉献度在一开始已经给别人留下了印象，所以她必须在这方面加紧努力，才能得到她想在别人心目中所建立起来的公信力。

有的人则是碰到相反的问题。很多人有时候会太想表现自己，向公司证明把你招来是正确的决定。不过要知道的是，依赖现有团队的关系，想要卖弄自己的本事或许会适得其反，甚至会使周遭的人疏远你。我们所访问过的许多权力鸿沟高手在一头栽进去之前，都会花时间去梳理新公司文化的小细节，以及要怎么和周遭的人沟通最好。

要是没有正式的养成过程，你在缩短与新同侪和新上司的鸿沟时，可能就要非常直接。李欧丽在生涯早期担任营销的职位时，总裁在公司上下都是把她当成自己的门生来亲自关照和引介。于是这个过程就到此为止。由于总裁是她的顶头上司，能给她的时间少之又少，因此她便采纳了同事的建议，把人员的经历加以记录。这个职位要和顾客及内部团队共事，包括财务、业务和工程在内。李欧丽别无选择，只能拿起电话约时间，并晃到现场向人打招呼，以试着厘清她的工作会牵涉到谁以及她的相关人员有谁。就某方面来说，她在缩短鸿沟时，对于它的存在并没有任何明确的意识。她假定自己可以上前对任何人打开话匣子，而且自己有责任这么做。虽然自我养成是很大的考验，但她融入得非常快，并在很短的时间内就培养出了信赖与关系。

出色的养成模式

有很棒的例子是，公司做对了养成，把新人联结上相关人员与导师，带他们融入团队，订出明确的绩效期望，针对要怎么达成目标来协助他们拟订计划，给他们真正的规则手册来解释流程与团队职能，并把体制上的重要知识传授给新人。我们也从所访问的客户和领导人身上学习到，要怎么应对养成做得不理想以及人员在养成上要自求多福的情况。成功之道就是缩短权力鸿沟，并针对新同事来磨合。

十年前，位于弗吉尼亚州的第一资本（Capital One）投资国际集团靠着大举投资招揽了顶尖人才来推动野心勃勃的成长计划。可是等这些新来的主管和经理人全数就位后，公司却发现效果不如预期。预测会有所提升的创意与创新并没有成真。新鲜血液并没有打通团队的人脉，也没有与员工联结。惨不忍睹的是，有的新人在第一年就另谋高就，并对缺乏养成的过程表示不满。有的则是被迫走人。

为了扭转局面，公司的训练和培养团队订立了名为"新领导人融合计划"（New Leader Assimilation Program）的新流程，以期让新来的主管和经理人有迅速而全面的流程可循，目的是塑造出既高效又能创新的领导人。流程开始是让新来的领导人针对他们所要步入的工作环境有个整体的了解，从团队内的既有挑战到绩效期望不等。这既确保了新来的领导人会与团队成员打交道，也是在鼓励沟通。它还设下了固定的里程碑，使新来的领导人在6个月后会听到全方位的建议，进而修订目标并评估每个人的优势与挑战。

很多人在就职时，都希望有人能提供一份地图来说明"所有的地雷都埋在哪里"，好让我们能避开。你所担任的职位或许原本有内部人选，所以他在迎接你进团队时会很冷淡。也许你注意到，有个同侪在跟团队中的行政人员共事时特别有效，你却还摸不透与他们打交道的正确方式。

第一资本以《新领导人专属衔接指南》（*Customized New Leader Transition Guide*）的形式做出了一份地图，报告中以所有新人的相关人员为来源，同时搜罗了实务与私人信息，好让领导人掌握到每个与团队无缝接轨的优势。领导人不仅在开始前就得知每个相关人员对于团队的诚实评语，对于团队以及每位团队成员在组织内的重要历史也更加了解，并获悉了一些在沟通不良时所没有的那种体制氛围。经理人也利用该指南来辨别潜在的麻烦，并为新人订出为期三个月的培养计划。

有些权力鸿沟的高手随时都能拉近与新任团队成员和下属的鸿沟，有的人则需要多一点的帮助。在第一资本，养成的过程包括在第一周主办团队会议，好让员工认识新经理人，从她的个人目标、教育背景到偏好的沟通风格。此时主办人要帮忙拉近新人和员工之间的距离，使他们有接触新老板的渠道与机会。为了帮助新来的经理人与同侪横向沟通，每位新领导人在前90天里都会获派一位"战友"或同侪导师，以协助这位领导人驾驭新的公司文化，而且过了起初的养成期后，他经常会成为亲密的同事。

在第一资本经历过迅速或加速养成的90天后，新领导人还是会得到建议，并且要肩负起自己的绩效计划与目标。到6个月时，每位新来的主管和经理人都会收到全方位的绩效评估，并能以下属还有同事的观点来对比自己表现得好不好。这有助于新的领导人走上轨道，甚至在必要时调整策略。总之，第一资本投入了大量的时间、心力与资源，以确保新来的主管和经理人能快速而有效地养成，而它的努力也带来了丰硕的成果。

这种迅速或加速养成跟玛丽的新东家成功运用的模式很类似。她离开保守的银行机构后，跳槽到了一家做事方法截然不同的公司。她的新公司属于分权式结构，各单位彼此较为独立，跟她习惯的情形不太一样，而她也盛赞良好的养成有助于她认清事情的做法。玛丽在很多不同的公司和情境中工作过，知道有好几个对她的职位至关重要的人员都需要了解各组织的内部流程和不成文规定。例如她需要知道，要怎么为团队争取预算经费。也许预算是由某一个人负责制订，但把关的却是另一个人，而如何在这两人之间周旋则对团队的成功至关重要。她所坚守的重要性在于，在接掌新职位时，要学的不只是分内之事，还有如何互相交际。"令人讶异的是，我们教计算机如何彼此交谈，却还不明白要怎么以人的身份来彼此联结，并跨越差异来沟通。我们在这方面还是做得一塌糊涂！"

在90天的养成过程中，玛丽获派了一位同侪导师。不过，玛丽并没有拿到内容明确与透彻的书面指南，缺少衔接信息也给她造成了困扰。在上任的前10周里，玛丽就有一位下属辞职。对坐上新职位的经理人来说，团队中很快就有人离开绝对有伤士气。辞职的女子曾应聘玛丽的职位但失败了，她对于自己进到这个团队深感不满。没有人把这件事告诉玛丽，解释这段重要的内幕。她很沮丧自己对这件事一无所知，否则就可以努力改变结果。她曾考虑去找上级投诉，但后来改变了心意，转而去找同侪导师。借由采取横向的做法去请教同侪导师，玛丽避免了被老板视为爱发牢骚，疑问也得到了解答，并表明她想要在事前就掌握到所有的信息。她的同侪导师对于现在的局面感到很抱歉，因此玛丽说："从那时候起，他就有点'亏欠'我，并使我们变得同舟共济。"他们往来很密切，而他也一直不断跟她交换消息。

不光只是在了解不文成规定，玛丽说："在养成的过程中，你还要分析别人是不是想要帮助你在职业生涯中前进。"玛丽应聘进来时，组织其实正在冻结招聘。为了争取招聘必要的新人，以提升部门的绩效，她必须通过层层关卡来获得批准，而且决定全都在保密中执行。连人力资源部门人员对于所有列出来的职位都一无所知！在担任新职位才2周后，玛丽就得知申请招聘新职位的截止期限快到了，而办公室主任和事业负责人仍然没有告诉她大概的数字。她没有得到所需要的信息，于是选择缩短鸿沟，并对她的上司向上磨合。有一天，她看到高层正在会议室里开会，就径直走进去打断他们的对话，并问到了所需要的数字。以一个新上任的女性来说，这个举动很大胆。不过，她的胆识奏效了。"好家伙，你还盯得真紧！"在把数字告诉她之前，办公室主任这么说道。如今玛丽不但可以把本职工作做得更好，也早已把内部同事搞定了。从那时候起，他们就把她看成了事业伙伴，并意识到她为团队所带来的价值。

> "在养成的过程中，你还要分析别人是不是想要帮助你在职业生涯中前进。"

对于养成的过程，还要记得一个经常遭到忽略的重点，那就是非正式联结常常是一些最重要的联结。以实际的方式让员工融入团队，也就是身边有自己了解并可依赖的人，新人的成败就会全部改变。在这个早期而重要的阶段，不要忽略建立关系的重要性。新人把重点摆在建立信赖上就跟公司设法和全球伙伴构建新关系一样重要。关系构成了未来所有互动的基础。

为了让每一位员工都有公平的机会充分发挥所长、迈向成功，采取比较策略性的做法来欢迎新人就能直接强化这一点。正确的做法是采用横跨数月的固定流程，并在初期结束后定期审视。过程中应该把员工与团队加以联结，向她介绍公司的文化，并向她说明组织中不成文规定的关键。你应该为新人订出明确的绩效期望，并陪同他们勾勒出所要达成的职业生涯发展计划。要不厌其烦地审视，给予建设性意见，而且对于早期的成功一定要表示赞许。这个过程就是你和员工磨合的第一个机会。你的努力会有一个明确的好处是，员工知道选了你的团队是对的。她会对自己的工作有认同感，并且全身心投入，希望为公司做贡献。

通晓型领导人侧写：
史蒂夫·米欧拉和雷·贝恩，默克研究实验室——创造通晓型的公司文化

> 如果要成为好的经理人，我学到了不要期待别人会依照我的做法来做事。假如我能以同样的方式来管理每一个人，这样会比较轻松，可是办不到。而且要是少了多元化，那就不会有创新了。
>
> ——雷·贝恩（Ray Bain）

默克研究实验室（Merck Research Laboratories）的史蒂夫·米欧拉（Steve Miola）是训练及职业发展主任，雷·贝恩则是生物统计及研究决策科学（Biostatistics and Research Decision Sciences，BARDS）集团的副总裁。我们第一次见面时，这两个人想要以创新的方式来解决人才问题。随着我们更加了解他们，史蒂夫和雷展现出的通晓度给我们留下了深刻的印象。它不仅在于个人的层次，也在于组织的层次，并在公司内打造出了真正长久的通晓度模式。在设法为一群来自边缘文化的科学家和他们的经理人拉近差异时，两人所聚焦的不仅是科学家，还有他们的经理人，并意识到如果想增进

了解与成功，就要对每个人都下功夫才行。雷在默克所建立的部门有助于这种成长，所打造出的公司文化基因很重视对差异的共同深究，并着眼于善用而非消灭它。

人才"问题"是双向道

因为工作性质，默克研究实验室聘用了为数众多的科学家，包括统计学家在内。他们都是博士，有优异的学历、基本的研究经验以及把本身的技能应用到全球药厂的动机。过去几年来，他们聘用了一大群中国博士，使得研究团队里满是亚洲人。公司获得了一支世界级的科研团队，但后来却发现，这些科学家有一些不同的互动风格，使他们非亚裔的经理人不太习惯。而且他们意识到，其他的成员和经理人过分强调要让大家"融合"，而不是一起努力来承认并且互相了解和利用他们的差异。

雷决定要改变，并致力于重新建构整个部门了解及处理差异的方案，尤其是在文化方面。他们试图透过项目以强有力的手段来缩短鸿沟，而且为了做到这点，他们并不怕冒险。在这个过程中，他们订出了双向的方案；不只是要帮助科学家了解自己应如何培养领导技能，并对文化差异有新的理解，还要帮助经理人和管理阶层了解科学家的文化背景，以及可以主动做点什么来改善工作关系，并促进科学家的发展。

在BARDS集团中，资历显赫且多元化的科学专业人士为组织带来了至关重要的价值。"但我们需要让整个团队了解到，假如我们要想有效应对亚洲科学家在目前和未来的增长，那不管是科学家还是管理阶层，都需要调整风格。"雷说，"对于管理阶层，我分享了自己的心得：不要期待别人会依照你的做法来做事。不是每个人都一样。假如我能以同样的方式来管理每一个人，这样是会比较轻松，可是办不到。而且要是人人都一样，那就不会有创新了。"

打从一开始，他们就知道管理方式与现实情况有所脱节，但并不了解全盘的动态。他们发挥了永无止境的好奇心来探究问题的根源，并找出最好的办法来从中学习与成长。史蒂夫和雷是从心底关切，并告诉我们说："我们把这些人请来并管理他们。我们注意到他们相继辞职，也注意到他们心不在焉，但却不明白是为什么。"令我们惊讶的是，史蒂夫和雷的通晓度创造出这种独特的文化，使这种谈话得以出现在该环境中。我们一起制订了方案，使亚洲科学家和管理阶层都能在默克适得其所。方案中为科学家安排了密集的训练课程，帮助他们更加了解要如何把本身的文化价值发挥到职场上，并协助他们学习领导技能。培训包括和部门的高层领导人讨论，参加经理人的圆桌会议等，使经理人与科学家之间的差异能得到严肃以及坦率的探讨。这使得经理人对其他的文化有了更深刻的了解，并协助他们为团队的发展与互动制订出了作战计划。

定调：把触角延伸到各个层级

重点在于，要注意到这些解决方案并非凭空出现的。我们贡献出专长，并协助参与者把课程上完。但我们之所以能应邀来做这件事，参与者也能以开放的态度来展开那些困难的谈话，靠的都是公司的文化。

"把差异当成机会"的组织会要求各方从自己身上来寻求解决方案，并看出每个人的价值会如何为个人的转型奠定有力的根基。

这样的公司文化是由通晓型领导塑造而成。雷和史蒂夫对员工所展现出的无条件正面关怀、他们对差异的好奇心以及他们对相异文化模糊的舒适感，这都是领导阶层可以怎么磨合的绝佳例子。史蒂夫和雷不仅支持并善用彼此的能力与创新思考，他们的信念与行为也使效果倍增，所创造出的公司文化则有助于启迪、重视与奖赏日常行为中的通晓度。

通晓型榜样

有一位早在20世纪90年代就加入BARDS集团的研究员还记得自己在雷的麾下待过。他很佩服管理高层的能力，因为他们所帮助的不仅是个人，还有多元的组织。"我把雷和他的团队视为榜样。"这位研究员说，"他们在公司内外都很受尊重。他一直对我很好，会提供机会来让我提升对外与对内的领导能力。"这位研究员觉得，BARDS集团的领导阶层都有共同的显著特征——有话直说但对下属很尊重，并愿意向下属征询想法与意见。"当员工提出想法时，雷就会以身作则。他不会在那个时候谈论自己的想法。假如他的想法与头脑风暴的走向相互抵触，他就会倾听与支持，而不会硬要当主角。在这个过程中，他不会强推自己的想法。假如大家真的一无所获，他才会提出自己的见解，但也会鼓励他们创新与讨论。大部分的经理人都尝试着要模仿他！我就是其中一个。"

雷的通晓度体现在他对于组织各层级的人都很信赖，并能看出他们的潜力。我们一走进默克，行政助理就展现出强烈的渴望，想了解和各级管理阶层沟通时的文化差异，并要求参与训练。身为科学家和管理阶层之间至关重要的斡旋者，他们也想更加了解跨文化沟通的技巧，并改善和研究员的关系。雷立刻就响应了这个需求，把他们纳入会谈中，并提供他们所需要的训练。

雷不受限于职位的捆绑或束缚，让行政人员可以自由追求其他的兴趣与优势并学习新技能。有一个例子是，在行政助理琳达的带领下，行政团队自行设计了内部网站，并完全主导了这项工作。没有一个人具备任何一种网站设计或编码的经验，但他们看到了中央沟通枢纽的需求，并得到雷的授权来解决这个问题。他们学习软件，动手设计，并掌控内容与沟通。如今它成了他们这群人的中心。"行政经常被视为阶级的最底层。"琳达对我们说，"可是当我坐在雷的会议中时，我总能感受到自己的重要性，讲话也有人听。我的发言和意见会受到重视。这就是雷在会议中所创造的氛围。所有的行政人员都被当成团队的一部分。最底层的统计人员并不会因为满场都是上司就感到畏缩。"

由于雷看得出集团中全体人员的价值，所以他能把对组织至关重要的大项目交到他们手上。得到尊重、信赖与自主改变了行政人员的感觉与能力。"行政不只是办公桌和电话后面的人，"琳达说，"我们是有知识与权力的人。"

使通晓型文化永垂不朽

当生物统计及研究决策科学集团的人员谈到影响深远的导师时，话题常常都会转到史蒂夫身上。本身就是科学家的史蒂夫有绝佳的优势来挑起这个担子，并不遗余力地提拔与指导个别的科学家，同时往意料之外的地方去寻找贡献与价值。他深受雷的影响，目前在这种一贯的通晓型结构中也占有一席之地。他会着眼于个人，并能问出所有对的问题来挖掘潜力。"招我进来做营销的人是押注在我身上。我获得的是科学方面的博士，并没有营销的经验。但他还是把我招进了他的麾下。这是极大的挑战，但也是难得的机会。他退休时，我对他表示了谢意，他则告诉我：'不用谢我，只要招个像你这样的人进来就行了！'我在寻找有潜力的适当人选时，永远都记得这句话。"尤其是当这些人与众不同时。

在这份工作上，史蒂夫一直在找机会应用这套做法，并帮忙培育和指导员工。有一个令人难忘的例子是，有一位刚被任命为经理人的亚裔科学家来找他。她想要有所表现，但不知道该迎合什么样的期待。"她去上了新任经理人的课程，并要我当她的导师。我给她讲解了流程的明确概念，以及支持和引导。这么做代表我要亲身去了解她第一次当经理人所面临的挑战，以及华人的教养是如何在文化上影响了她。"例如当她提出要提拔麾下的某个人时，她就必须与管理高层探讨，以争取这个决议。整个过程让她深感惶恐，于是史蒂夫就协助她准备，而他的辅导也提高了她的信心。史蒂夫带着她演练，在汇报和洽谈时可以怎么做。"她的那场报告很成功，管理阶层后来也主动向我透露说，她在那些会议中表现得有多棒。"史蒂夫在说的时候，对于她的成就颇为自豪。

辅导这位经理人并不在史蒂夫的工作范围内。但史蒂夫是个一流的导师，而且他在做法中所展现出的通晓度在于，他既能给予忠告与引导，又能注意到自己所不知道的事，进而从新的经历当中学习。这位经理人也有可以教他的地方。"你必须和这个人坐下来了解阻碍。以她的眼光来看世界对我是个挑战，但却有助我理解。接下来靠着完全坦诚和投入时间，我设法提高了她的信心。我卸下防线分享了自己的故事与经验，成功和失败的都有。"

在类似这样的科学背景下，喜欢自己的工作并秉持某种理论的人所具有的"研究性格"会跟企业成功的普遍期望与规则产生冲突。对前者而言，成功的衡量标准是发表论文的频率、文献分析的精准度与深度以及报告的详尽度。同心协力并不被视为解决问题的明显技巧，但在企业的环境中却绝对必要。史蒂夫本身既寡言又善于思考，并具有出色的观察力与无比的好奇心，所以他了解许多科学家一板一眼的风格。他从雷的身上学到了要问关键的问题，包括：他们可以如何把本职工作做得更好？如何在组织内更上一层楼？并协助他们克服成功的障碍。

在发表演说"聪明还不够"时，史蒂夫谈到，科学家"必须就自己的专长来和别人沟通，好让对方了解。在研究员的生活中，这些技巧磨炼得并不够。此外，你的文化差异也会影响到沟通……你可能具有世界上顶尖的天赋，但全部闷在肚子里，它就跨越不了障碍。'你得到这份工作了，恭喜！实际的工作现在才刚开始'"。当史蒂夫谈到对他影响深远的导师和领导人时，他马上就提到了在文化才能上力挺相关工作的同事，主动了解问题所在。"在对政府和学术机关演说时，雷被问到：'你们所找的都是哪一种人？'我们则试图表明，我们需要的不只是科研能力。那或许会让你得到面试或聘用，但如果要往前迈进，所需要的技能组合就比较广泛。你还必须有效沟通，并在团队中同心协力地工作。如此一来，你才能留下来。如果要往上爬，你还必须善于思考，必须要有远见。"

放眼未来

有一年，在我们年度领导课程的尾声，有一位高层领导人把我们拉到旁边说："我只是想要告诉你们，我还不晓得究竟是怎么回事，但局面已有所改变。亚裔在谈论自身的工作时，方式不太一样。我说不上来，但肯定是改变了。"当你在组织的层面上对人才主动伸手并拉近那个鸿沟时，就会出现这样的情形。史蒂夫和雷了解所有团队成员当下与未来的价值，并致力于协助他们学习技能，帮助他们更上一层楼。由于他们看得出这群人的价值，因此便对他们大举投资。

随着个人的持续成长，这种好奇的文化也持续茁壮成长，它为公司带来了创新与扩展业务的机会。

　　6年前，BARDS集团在中国以一个非常小的规模起步，目前的触角已扩展到亚太地区。如今在一个跨国企业竞相追逐人才的国家里，它是个成长中的组织。构建组织的努力得到了回报，无条件正面关怀、支持与赞助则是它的特色。我们还记得第一次跟雷和史蒂夫谈话时，他们就预测在全球各地会越来越频繁地与亚洲人共事。而多年以后，让他们感到自豪的不仅是自己的预言成真，而且他们从第一天起就做对了！

第十章

导师、赞助人、教练和给予建议

规则就是：不要灌水。建议要直接才好。

你不需要口吻严厉，但要把事情的好坏讲清楚。

在某些文化中常见的是，新人在第一天上班就对比较有经验的同事寄予厚望，并说："我要怎么成功就有赖于您的教导了。"然后期待比较资深的人员会引领并教导他把工作做好。新来的人承认自己需要帮忙，并说："因为您比较有经验，所以我需要您的建议。"同时表明他在工作关系中资历较浅，对权力鸿沟非常清楚。确切来说，在像韩国或日本这种强大而科层的儒家文化中，你甚至会称呼大你一两岁的人为"哥"或"姐"，即使是办公室里的同事。

　　从北美的个人主义角度来看，这听起来或许像是在溺爱资历浅的员工。但假如你是在亚太地区的国家工作，资深人员就会被期待要采取主动的角色来关照刚加入组织的新人，并形成教导与指导的持续循环。老板在从属关系中要担任导师，较年长、较有经验的人则被期待要和比较年轻的人建立关系。假如在那样的文化环境中没有做到这点，资历浅的员工或许就很难在那个组织中往上爬。在美国，这种工作中的责任并不像在其他某些文化中那么根深蒂固。我们期待在第一天和初步的介绍后，新员工不分年龄或层级，就能靠自己摸索出谁是重要人物，并学会沟通规则。

随着经理人与具备各种差异的员工互动得更加频繁，我们也在建立有益的指导关系上看到了更多挑战，尤其是在需求比以往更重要的此时。要有效建立与导师或赞助人的关系，必须借助我们在第二部分中所谈到的磨合技巧，打破所有的障碍。大量的资料显示，指导和赞助是重要的成功因素，我们也看到组织慢慢懂得重视正式的指导计划，尤其是对于女性和多元文化的专业人士。

就跟有效的训练技巧一样，把你所学到的东西传递到你的影响范围，适当的指导可以让新发现的磨合技巧效果倍增。透过这些关系，你可以协助个人学习和练习磨合技巧，接下来它就会广泛扩散到组织里。差别在于，训练是以组织流程为基础，指导则是对员工一对一投资以缩短权力鸿沟的大好机会。

支持、引导和培育员工的多种方式

在我们谈到最佳做法前，对经理人在"支持个别员工职业生涯方面可能会扮演的角色"加以定义和区别或许会有所帮助。导师的角色是要给予现成的职业生涯引导，迈向成功的情感支持，并把工作上的不成文规定传授给门生。

在这段密切的关系中，当员工有疑问时，导师就要担任他的咨询对象。导师要提供亲身的经验与影响力来加以启发和引导。好的导师要倾听门生的心声，了解他想要往哪个方向发展，预测他们的发展需求和选择。"我知道你需要增进管理技巧；我可以帮上什么忙？我可以怎么帮助你仔细思索后续的步骤？"他常常也会有影响力和势力给门生提供发展与露脸的机会。要注意的重点是，导师不一定是员工的经理人；人员可以从组织内外各层级导师的身上受益与学习。身为经理人，你或许不只要担任导师，对于同侪、更高层的经理人或社区中搭档良好的领导人，你也会从指导关系中受益。

赞助人则在好几个重要的层面上与导师有所区别。此人是在拥护员工，而能这么做是因为他的职位有影响力，在组织内举足轻重。赞助人在公司的科层里常常是非常高层级的领导者，甚至身处在门生的部门外，还是能为他争取到机会。门生不见得常跟赞助人互动，而且关系很可能远不如像跟导师那样密切。由于赞助人的职位层级很高，员工和赞助人之间的权力鸿沟多半相当宽广，所以门生需要努力不懈并经过很长的时间来培养联结，才能为成功打下良好的基础。

但我们有听过门生甚至不知道自己有赞助人，直到被赋予重大工作任务的那一刻！所以随着你的能见度提高，你或许就会自动吸引到有兴趣赞助你的领导人。但这种可能性比较小，大多数时候需要你努力采取策略来建立关系。这么做对你至关重要，因为赞助商是要代表你出面的关键人物，尤其是在高层以及那些长字辈的职位上。你需要一个有影响力和权威的人来说出"我想要由她来担任那个职务"或者"我想要看到她往上升一级"。

除了担任导师和赞助人，经理人也可能出任教练，以他的技能来协助员工厘清问题的根源，并引导他们了解自己。教练不是把规则手册传下去就算了，还要协助员工评估自己的SWOT（优点、缺点、机会、威胁），并自行找出办法来解决问题。教练应该要备有正式的工具和架构来协助员工分析局势，善用优点，并克服和尽量减少缺点。最优秀的教练会帮忙剖析复杂的案例，并带领个人持续不断地了解自己，而这也是通晓型领导的特色。

教练可以是你的直属经理人、导师，或是以较正规的方式担任这个角色的人。少数的世界500强公司有内部教练，目的是要支持中低层职员的职业发展。外部教练则是受过专业训练的专家，应聘到组织里协助领导人培养特定的领导技能，改善领导上的沟通技巧，培养全面的管理技能，或是促进他在新职位上的发展。

指导或辅导关系不仅能影响个人是否能在某个职位上发挥出潜力，还决定他的工作究竟能否保得住。假如领导人在员工行为或成绩上看不到180度的转变，他就可能被留待察看，那外部教练就会登场。这种辅导所造成的牵连最大：某人的饭碗是否保得住就在一念之间。

模范指导

大部分的人都能指出一位或多位导师在自己的职业生涯中扮演着或曾扮演关键的角色。对我们来说，弗朗西斯·贺赛苹（Frances Hesselbein）就是其中之一。这位勇敢的女性曾在宾夕法尼亚州的约翰斯敦担任女童军团的团长，并在1976年成为美国女童军团的CEO。她在这个职位上做了13年，后来成了彼得·杜拉克非营利管理基金会（Peter F. Drucker Foundation for Nonprofit Management）的创始人兼CEO。而为了向她致敬，该机构近期已更名为弗朗西斯·贺赛苹领导研究院（Frances Hesselbein Leadership Institute）。我们发现，弗朗西斯的领导范例和建议深具价值，她打破了科层障碍，并展现出女性在任何角色上所具有的特点，也使所有的人更上一层楼。身为美国女童军团的CEO，她曾和女童军团还没有接触的多元文化团体建立关系，并透过她的积极参与和推广来教导同心协力。她的领导对于扩大联系美国的多元化社群产生了重大的影响，并持续不断地缩短权力鸿沟，以借此改善组织，同时为本身的宗旨拓展了触角。在联结各多元团体的人员方面，有一点可证明她的能力过人。她近期还在美国西点军校的行为研究与领导学系（Department of Behavioral Studies and Leadership）对1951级做过2年领导研究讲座，以协助推广她在女童军团的领导任期中所灌输的相同领导原则。

透过网络研讨会，弗朗西斯持续跑遍了全国和世界各地来指导与启迪他人。她的工作理念是"以热情来服务，以纪律来倾听，以勇气来提问，以精神来包容"。我们永远都记得弗朗西斯所教的那堂无比重要的领导课：身为领导人，我们有责任跨越性别、年代和文化来指导。潜在的回报难以估量……因为在弗朗西斯的眼中，领导是种循环。你不仅可能使某人的职业生涯大为改观，还会以领导人的身份一路成长与发展。

我们也记得罗莎贝丝·摩斯·肯特（Rosabeth Moss Kanter）的研究，结论是在高风险、高报酬的环境中，领导高层往往会聘用与晋升最像自己的人。随着从业人员的多元性的提高，不管是要找到价值、风格与心态跟我们相仿的导师，还是选择有如在照镜子的门生，目标或许都需要调整，这样大家才会有舒适圈以外的成长机会。明显的需求在于，要学习如何主动伸手去教导在价值和成功的动力上与自己不尽相同的人。

最优秀的经理人和导师是伟大的教练，虽然他们不见得会从这个角度来看待自己。还有，他们会协助下属对于自身的优点和发展领域产生重要的理解，并协助他们仔细思考议题和解决问题，而不是只把答案给他们："我注意到你今天自愿接下新任务，而且我知道你已经做了一整夜了。你这么做的理由是什么？我们来谈谈你近来的工作量吧。"

幸运的话，你的上级或许能一人同时担任多种角色：导师、赞助人、教练。这虽然很少见，但有的通晓型领导人就会像雷蒙德处理概念的总裁史蒂夫·雷蒙德这样，投入组织之力来培养领导人，并在企业中支持正式的领导计划。他会亲自力挺该计划，并以导师的身份直接参与，即使他是公司的总裁。"把指导关系列为领导计划的一环，这是我以往从来没有经历过的事。"史蒂夫的一位门生说，"这让人开了眼界，尤其在经济不景气的时候，公司照样对领导计划进行投资，并致力于让员工变得更好。"即使他的风格是寡言而多虑，门生在沟通上则是属于外向的，史蒂夫还是能拉近与他的鸿沟。

"身为业务员，有时候底下的人会害怕跟我讲事情，因为我的反应会很强烈。史蒂夫劝我说：'有时候别人打电话给你是为了宣泄，而不是为了反映问题。问问他们想要你做什么。'这对于我和团队的关系起了很大的作用。"史蒂夫和他的门生会定期进行会谈，而且两个人都会想好主题。史蒂夫会为门生示范通晓型领导人的风格，但也会对门生以外的员工向下及横向沟通，甚至是对他的团队向下沟通。"我的人全都知道自己可以打电话给他。"史蒂夫手下的一位主管证实说，"而且他们知道他会回电。"

克服指导上的阻碍

在指导或辅导关系中，你可能会猜想，这时会碰到的权力鸿沟有别于工作职场上的其他关系。既然目标是"引导"，那占上风的是谁其实无所谓。但有些人可能还是会在关系中碰到那样的状况。我们在和客户共事时，由于我们是来自组织外，他们觉得自己的地位矮人一截，有时候就会产生摩擦。就算所用的名称不一样，他们还是会意识到权力鸿沟，我们则必须设法将它缩小，才能赢得他们的信赖与支持。同样的情况也会发生在个人部门或专长领域以外的教练或导师身上。假如潜在的教练或导师没有设法缩小鸿沟，这种摩擦就会阻碍到期望指导关系能真正引导自己的人。就如同各位在本书第二部分学到了要怎么向下、横向及向上磨合，各位也需要学习如何跨越关系上的差异来启发、支持和授权，无论是要对个人提供指导或辅导，还是本身正在寻找导师或赞助人。

有趣的是，我们常常发现有人觉得并不需要建立导师和门生的关系。他们并不觉得自己需要帮忙，并执意以不主动伸手来证明自己的优点。这种心态明显会使别人难以发现你的需求，进而无法主动对你进行指导或辅导。有些企业环境所展现出的辅导文化较为友善。假如你的老板就是教练，那为自己找个教练或导师就不会显得软弱或有问题。有些组织甚至制订了指导计划。我们很欣赏制订这些计划的精神，并认为这些计划可以在一定程度上助我们一臂之力。在我们的经验中，最好的指导关系是自然形成的，但假如由组织来提供适当的机会，使来自组织中不同地方的潜在导师和门生能在比较非正式而轻松的情形下互相认识，总是件好事。

管理阶层可以如何帮忙促成这点？我们曾和一家大公司合作，他们采取了有创意的做法来应对一个常见的问题：对员工职业生涯具有影响力的资深主管和一线的工作人员缺乏联系。他们的办法是，招募30多位主管，全都是副总裁级以上，并且有意愿跟公司内的下属建立联结。他们办了12场不同的"你有什么想法"座谈会，每一组都是由两三位主管来主持讨论，并协助大家跨越职级与部门来联结。有很多指导关系都是在这些座谈后形成的，比较基层的员工有机会在非正式的情形下认识各路主管级管理阶层的人，事后再去跟自己觉得联结最深的一两位联络。

赞助计划带来成果

针对谁能接触到最有权势的角色，促进赞助人与门生关系的组织工作可以帮忙解决这个存在已久的问题。"女性在做我们的工作时，往往都是等着别人来注意自己，所以用这种方式来联结自己与比较高层的人还是会有点不自在。"瑞士信贷（Credit Suisse）的常务董事杰姬·克雷瑟（Jackie

Krese）说。"不过，假如你得不到机会和银行内最高层的主管共事，那你就没机会看到这些关系是如何发挥作用的。"

当蜜雪儿·贾斯登－威廉斯（Michelle Gadsden-Williams）在2010年出任瑞士信贷的多元化部长时，她的任务是要推进一个项目，帮忙找出坚强的女性人才来担任未来的领导角色。在领导高层的支持下，她成立了由跨部门主管所组成的团体，名为导师顾问团（Mentor Advisory Group）。30位深具潜力的女性常务董事分别在所属经理人的提名下入选。这些女性的工作涵盖了行内的各种职位，横跨了北美、欧非中东、亚太和拉美，并代表形形色色的文化与种族观点，包括欧洲人、美国白人、中东人、黑人、西班牙裔和亚洲人。导师顾问团计划为这些表现优异的女性谋求未来的成长机会，结合了以了解自己、他人和企业为目的的课堂教学，以及实践深入的业务挑战与模拟。透过一年之久的课程，这些女性获得了执行委员会委员的赞助与指导。这些女性在同心协力的团队里工作，找出了所要应对的业务挑战，并在年底时把她们的发现与行动方案提交给执行委员会。表现最好的团队后来还把自身的发现向上汇报到董事会。

导师顾问团的成功关键

· 跨职能团队凸显并探索差异
· 能公开讨论成为女性领导人的挑战
· 直接反映出影响力、沟通风格与主管风范的重要性
· 高度信赖的气氛
· 由主管团队的成员一对一赞助与指导，并接触公司的最高层

杰姬·克雷瑟所掌管的公司业务团队在从事外汇与商品业务，而她就是被选入导师顾问团计划的女性之一。"获选让我既荣幸又兴奋。"她说。她觉得这个计划十分必要，因为女性不容易发展出稳固的指导关系并接触到执委会。诚如杰姬所说："这个赞助计划中的女性很少被形容成个性害羞的人，但除非你自己主动伸手或是透过像这样的结构式计划，否则你就得不到那样的赞助。当高层的女性对高层的男性主动伸手时，会让双方都有点不自在。结构式计划则把互动给正常化了。"无论它是怎么进行的，至关重要的是，女性所接触到的是同一批主管，并受到了该层级的指导。杰姬的赞助人是瑞士信贷的CEO布雷迪·杜根（Brady Dougan）。在这整个计划中，杰姬是靠每季一次的一对一会面来跟布雷迪碰面，给她时间来讨论自己的项目，并有宝贵的时间可以跟CEO相处。

> "当高层的女性对高层的男性主动伸手时，会让双方都有点不自在。结构式计划则把互动给正常化了。"

对杰姬和其他人来说，这项计划的成功与冲击影响深远。当这项计划结束时，参与的30位女性有一半不是获得了晋升，就是转任责任更大的职位。该计划也对公司内年轻一代的女性造成了巨大的正面影响。由于计划成功，在本书付梓时，它正在遴选第二批女性。

建立导师关系

不令人意外的是，好的导师所展现出的一些特性会跟本书第一部分所谈的通晓型领导人相互辉映。其中一个特性就是极具好奇心，所以会锲而不舍地深究差异。菲多利北美区的技术长吉姆·威尔森（Jim Wilson）参与了一场我们的圆桌讨论，因为他有兴趣多了解亚洲文化，更加了解该文化对全球业务的冲击。他以深度的提问展现出了好奇心，欣赏员工对事情有不同做法，并在他们的见解和文化资本与全球市场的潜在正面冲击之间看到了联结。

菲多利北美区的总裁汤姆·格雷格把这股对人的好奇心以很棒的方法加以落实，以便在第一次与人会面时就真正去了解他们。他的做法如下：每当他出席会议时，就会要求每个人轮流作自我介绍，并在他们这么做的时候把他们的姓名、事业部门和职位记在一张纸上。他对于记得别人的这些重要私人细节很在意，而且在将来谈话时还能想起来。由于他向下管理十分出色，并且会下功夫与员工联结，因此他才能成为有力的赞助人。

有了正确的心态后，你就要采取审慎的步骤来和有别于自己的人建立导师关系。你要奠定基础，并预备花时间来建立关系。

（1）首先问自己是否准备好要了解权力鸿沟是如何在这个人身上运作的（可以登录www.flextheplaybook.com来参阅通晓型领导人的盘点清单）。你是否准备好并提出正确的问题来引导这个人？

（2）注意你和对方之间的差异，并接受这些差异。分析彼此间的差异是如何影响了你的行为。它有没有形成阻碍？协助你的门生把这些发现应用到导师与门生的关系以及它的职场互动上。

（3）针对这些差异来磨合，以缩短权力鸿沟。假如导师和门生都能因此对于这些差异感到自在，那真正的公开与成长就会出现。

好的导师有如教练：他们不会勉强去触及任何还没准备好要探讨的议题，而是会问："谈论这件事让你感到自在吗？"并在得到了确定答案后再继续。

这里有个例子是，和女性门生谈到拿出信心与权威看起来可能会是什么情况，无论你是男是女。你对门生说，你在大型会议中注意到，她并没有把新想法拿到台面上来讨论。你接着又说："我还注意到，我们是个话多的团队，一直在互相议论。身为你的导师，我可以怎么帮助你去应对那样的情况？"假如你是她的老板，那就让她练习培养这项技能。要你的门生去参加更多她是唯一女性的会议。不要试图替她解决问题，而要协助她采取适当的行动。在所有的导师情境中，重点都在于你不是要替学生做事。学生是为了得到建议与引导而来。在矫正的情况下，这点会变得更加重要，因为防卫心是人在遇到危险时的天性。在开始一起工作前，询问学生至关重要，以借此分析她是在补救状态还是发展状态。

好的导师可以针对差异来磨合，可是当发展的阻碍反映出门生并非这份工作的适当人选时，他也会知道。即使是最优秀的导师，也没办法帮助还没准备好要改变的人。觉得性别权力鸿沟太大的女性不见得能从男性导师的身上得到所需要的一切。好的教练或导师会尽力来缩短权力鸿沟，但搭配起来或许根本就不适合。比方说，对于把女性视为能帮助自己的人，男性员工或许起初会不太自在，但女性或许还是能指导他，并协助他挑战与改变那样的看法。不过，假如这位男性坚持无法接受女性的指挥与引导，那男性导师就会是比较好的搭配。他或许能更有效地引导这位员工，使他更加清楚。教练或导师的目标就是不要批判行为或差异。要分析自己能不能和这个人建立起安全、可信赖的关系，使他能得到帮助。

了解对象

优秀的导师还能帮助别人了解，自己需要怎样磨合才能成功。很多人的错误在于，只给予不错的概括性建议与看法，而没有走出这些角色去看看，小细节在个人的层次上是如何运作。有人可能会对女性提出普遍的建议，要她去看颇受好评的领导力书籍，里面主张在会议上要比较敢言并大声疾呼，这样才会显得更有信心并得到尊重。但假如你的学生是个美籍非洲裔女性，她在职场上可能已经被同事封为"气呼呼的黑女人"，那建议她走进会场时要比较敢言效果并不好。假如你的学生最近刚从大学毕业，就在会议中以敢言的角色出击，尤其是对于较年长的人，那她或许会被视为不恭敬甚至鲁莽。对这位年轻女性最好的建议可能是，借助打破预期来缩短鸿沟。假如她走进会场时的表现方式跟他们的假定相反，那么对权威更加服从，对于在组织中任职较久的人尊敬，或许会改变他们的印象。一旦留下了这种正面的印象，她就能好好运用本身的差异，并把自己带到台面上的东西展现给他们看，使老问题有创新的新做法。

好的导师还能帮助学生适当驾驭差异，协助他们推销本身的独特卖点与观点，并把差异转化成实际的文化资本。为了驾驭差异，导师可以协助学生了解他们的行为与风格可能会使别人产生什么样的感受，使他们能有效地设法向上沟通并缩短鸿沟。在让人了解及应对不同的行为时，示范会谈和角色扮演可以派上用场。教练以相关主办人的角色来协助他人辨别及了解自己的"痛处"，而他们的工作就是要从学生的身上挖出这点，使他们接下来能改变自己的行为，进而引发新的响应。

对导师与赞助人磨合

我们辅导过一位会计师事务所的技术专家，她正处于晋升新职位的边缘，但就是觉得突破不了。她想要当上合伙人，但却被困在缺少露面机会的职位上。她为公司带来了不少价值，也很善于应对重要客户，但这些客户并不是备受瞩目的客户，所以她的团队中只有两个人知道她非常有能力，其中一个是她的老板，并已和她建立了很好的关系。有一天，她跑去找她的老板，企图告诉他自己很想当上合伙人，并请他帮帮忙。不过，她在缩短与他的鸿沟时，做法却大错特错。

在会面中，她花了大部分的时间来向他说明，自己很想结婚，这是她念念不忘的额外私人目标。对她而言，它们对于成功同样重要——既当上合伙人，又不缺感情和子女。不过，他所听到的却是她要以家庭为重，因为她不想缺了感情和子女，所以不会把时间或投资花在担任公司的合伙人上。

身为教练，我们的工作就是要协助她了解，在和老板建立很好的关系时，她的做法会有什么结果。她完全公开并分享了她对于私人目标的想法与感受，使任何人（包括我们在内）都很难相信那不是她的头号目标。在和老板交谈时，她把他当成了挚友，并假定他会如何过滤和解读她的话语。女性的老板或许能体会到年轻女性这种想要结婚并拥有事业的特有挣扎；但她需要认清男女在经验上的差异，并了解身为男性的老板会如何解读她的话语。他虽然有同理心，但主要的感受却是在事业上冲刺并非她的首要目的。

我们的工作就是要协助她看出，她需要重新设定和老板的关系，不要把他当成挚友，而要当成真正的赞助人；唯有明确了解她的目标，才能助她一臂之力。她需要以磨合来缩短对关系的不同期待所形成的鸿沟，以及私人与职业之间的分界。针对私人与职业目标的潜在冲突，她表达了自己的挣扎，结果却把场面搞得很混乱。她需要对他主动表明她很在乎自己的事业。在本身的团队以外，她需要找出与自己相关的人员，去与他们见面并建立关系，讨论她现有的成功与挑战，并勾勒出她的职业目标，以促进他们来往。

门生所要扮演的角色

门生最常犯的错误就是期望教练或导师把一切都搞定。在健全的师生关系中，门生可以并且应该要采取决定性的行动。有很多人认为，只要找对了人，自己的工作就是坐等对方交代要做什么。没有比这更大的错误了！门生并不是导师或教练说一句才动一动的角色，而是需要主动掌握本身的行为与成长，并一路寻求指引。在《向前一步》（*Lean In*）中，谢丽尔·桑德伯格（Sheryl Sandberg）表示，女性被教导成太过依赖他人，并经常等待白马王子来创造永远幸福快乐的日子。我们在此提出同样的建议，而且所针对的不只是女性，还有所有想要在生涯中步步高升并脱颖而出的员工。导师要是遇到学生似乎不想费任何的功夫，我们会鼓励给予简单、正面的劝导："这是你的时间。我会引导并替你设定框架，但你得实地去做才行。"双方都需要跨越鸿沟来磨合，并扮演好自己的角色。

为了让关系建立起来并有所成长，理想情况是导师照着上述的三个步骤来走——评估本身的权力鸿沟偏好，评估彼此间的差异并明确指出这些差异可能会如何影响到你们的状态，然后以磨合来协助学生。不过，就算导师没有采取这些步骤并准备扮演他的角色，你还是可以采取步骤来缩短与他的鸿沟。

要做到这点有一个方法是，针对你的背景和价值观，利用你所了解到的自己在权力鸿沟上的偏好来分享相关的信息，以清楚勾勒出你的行为。接着你可以谈论自己的风格，因为它跟那样的背景有关。我们回头来谈李欧丽在前言中的例子，她分享了自己的儒家文化背景是如何教育她：宣扬自己的成就有失分寸，甚至是不得体的。但这个特质却有违一般公认的晋升准则。在试图解决这个问题时，她可以选择和潜在的导师分享个人背景，以凸显差异并表明本身某些行为背后的动机："我对于凸显自己的成就会感到不自在，原因有很多。我的风格大致上偏向敢言，但在这方面却不是如此，其中有一些原因在于……"

指出差异并询问导师或教练对于讨论这些问题是否觉得自在，假如她是经理人的话，导师就能摆脱在讨论彼此的差异时可能会有的不自在、尴尬甚至是惶恐，尤其当她出身自比较主流的文化。展现出谦卑、弱点和学习的意愿，你就会赢得导师的信赖与尊重，并激励她来和你打交道及协助你驾驭这些差异。如何跨越文化、性别和世代的鸿沟来指导，其中有数不清的个别差异，但我们要和各位分享我们从本身的工作中所得到的几点心得。

联结整个团队

指导多元文化人员

· 把公司是如何运作的详细"不成文"规定告诉他们。

· 让他们对组织有全盘的概念，并说明公司的文化。

· 不害怕探究他们的背景和经验（准备好3个预备问题，以及有益对话的5个步骤）。

· 在关系中采取主动，以展现出真正的兴趣。

指导女性

· 灌输信心、可靠度与信赖度。

· 授权她去冒险并跨出自己的舒适圈。

· 认识到她的人生经验与生涯轨迹或许与你不同，不要带有假设。

·协助她理清自己的目标，并利用她的优点。

指导较年轻的专业人士

·给予实时与持续的建议。

·承认科技与网络社交工具的重要性，并对沟通渠道一视同仁。

·向他们解释个别工作任务在更广泛的意义上或整体企业情境中所扮演的角色。

·假如你也是老板，那就要超越金钱而以报酬的角度来思考。与他们开启对话，并考虑以休假、参与小区推广项目和整合工作与生活来奖赏他们。

·尤其是对于较年轻的门生，要为他们找机会来展现自己的工作，以提高他们在组织中的曝光度。

·向他们示范可以如何更有效地把自己的价值传达给组织，使他们的见解受到关注。

"我做得怎么样？"：给予建议的艺术

> 忠言逆耳，尤其是来自亲友、熟人或陌生人。
>
> ——**富兰克林·琼斯**（Franklin P. Jones）

像《美国好声音》（*The Voice*）和《厨艺大战》（*Chopped*）这种真人秀电视节目都有个桥段：参赛者就本身的歌艺或料理技巧来听取知名专家诚实而直接的残酷建议。在听到这些有时显得尖酸刻薄的话时，参赛者多半显得相当镇定。不过在企业界，要给予建议向来并非易事，要接受也非易事，因为上面那句名言说得很清楚。但如果要称职，导师和教练就必须培养技能来给予及时而有建设性的建议，进而协助学生磨炼本身的技巧。记住，通晓型领导人的特性是能坦承自己的错误，从经验中学习，并借此体验职业生涯的成长与发展。假如你不是以学生所能接受的方式来给出直接的建议，你就不是在保护他，而是在阻碍他去化解可能会使他偏离职业生涯志向的阻碍。

尽管如此，我们却频繁看到，经理人对于建设性的建议多有保留。我们曾对一位需要加强报告和沟通技巧的员工展开外部辅导。在跟她的老板无所不谈过后，我们发现了他想要应对的具体问题。我们鼓励这位老板参与计划，并在辅导活动期间和之后提出他的具体建议。这位员工有哪些改善的机会？有哪些行为要开始改变？团队成员和客户有没有留意到？老板同意了，可是在整个计划中，他只说了些含糊笼统的话。而且当这位员工试着向上沟通并寻求具体而有建设性的建议时，他是怎么告诉她的？"教练怎么说，你就怎么做。"这位老板错失了绝佳的机会来提供有帮助的见解，以及在这位员工日常互动的具体情境中指出错误。

经理人有给予建议的法定责任，但各位可以看到，真相却是这么做会让他们不自在。而且如果是要跨越文化、年代和性别来谈论，他们会变得更加焦虑和苦恼。再加上要是处理不当就有可能吃上官司，以及建议渠道很容易出现的闪失会扼杀掉改变或成长的机会。

有个例子是，比尔有6位下属，其中有4位是男性，他们的沟通风格以及文化背景大致上都跟比尔一样。另外2位则是女性。"我知道男人是怎么想的。"比尔说，"所以我跟他们讲话时都像是这样：'你把这个项目做得乱七八糟，你的数字不对。把它改过来。'可是我对女性就会战战兢兢。假如我对她们说重话，我怕她们有人可能会因此伤心难过。所以我对她们的评语多半都是点到为止。"

建议就是这么打折的。如此一来，经理人便无法对员工完全坦诚。与此同时，没有机会改正错误的员工也会很纳闷，自己为什么无法更上一层楼。

艾丝特是一家大型教学医院的护士，近期退休的主任所采用的建议技巧就让她得到了不少收获。在表达自己的需求与观察的同时，她还是能展现出尊重。"她十分了解非口语表达和倾听的技巧。无论是跟走廊上的护士长还是会议室里的医生说话，她都会适当调整自己；她会表示友好和满满的谢意，但又会同时留给你自行摸索的空间与自由。她会问事情为什么发生，然后由你来提出答案。她在陈述问题时很少用'你'，而是聚焦在'我'的措辞上：'也许是我误解了，但这就是我所预期的……告诉我这个项目做到哪了。我的理解是它已到截止日期了？'"

指导和给予建议的制胜招数

建议如果要有效，就需要以适当的形式提出。假如你花时间去琢磨所要给予员工的建议内容，并以适当的方式提出，你就会注意到，建议对于员工的表现和前景所造成的影响有明显的差异。第一条规则就是，不要掺水。

建议要直接才好。你不需要口吻严厉，但要把事情的好坏讲清楚。有帮助的建议也会增进价值："你在这段时间的报告做得非常好，而且听起来你对自己的内容很有信心。下次你可以改进的地方是，主攻客户所关注的效率和生产力……"有效的建议要非常具体，不是回头去重新细数员工在过去5年来有问题的行为，而是要针对你们刚跟客户开完的会议来引导她关注自己的具体行为。这看起来或许是直觉反应，但建议必须让听的人理解才行。就算是间接或通过第三者提出，这个人也必须了解你的话或意图才行。

相形之下，没有帮助的建议则是不重时效、不知所云或含糊笼统。在这种方式下，连正面的建议都可能毫无帮助。你有听过下面几句话中的任何一句吗？

· "你做得不错。"

· "保持下去！你做的一切都很有效，所以就保持下去吧！"

· "干得好！"

即使是要赞美良好的工作表现，也应尽量具体。这会使员工在投注未来的努力时有所依循，并提供真正的成长机会。

同时所有的员工也需要学习如何从导师、经理人和同侪的口中听到建议。与其变得心生防备，我们每个人都应该培养健康的心态来听取建设性的批评并管理异议。要把它当成机会来倾听。我们在下一章会深入探讨，能听取并采取行动来应对所受到的批评不仅有助于你达到预定的目标，还能激励你发挥更大的创意，并协助你就地取得最创新的解决方案。

· 培养持续改进的心态。

· 任何建议都很宝贵；该怎么反应则要由你去确认及了解。

· 建议是点滴的缩影，而不是对你的盖棺论定。

· 不要太快就肯定或否定。

· 把每个异议都当成探索进一步信息的问题或要求，而不是就此下定论。提出问题来厘清含糊不清的建议。

征询建议

靠征询及吸纳建议来寻求成长的机会。各位可以用含有这些措辞的例子来得到所需要的答案。

· "那件事做得怎么样？""我做得怎么样？"

· "那个挑战的理想答案会是什么样子？我的回应跟它比起来如何？"

- "如果要对项目更加了解，我还应该注意到什么事？"
- "这就是我对会议的解读。我这么说有没有道理？"
- "我下次怎么能把它做得更好？"

通晓型领导人侧写：里奇·希尔——从棒球场到公司董事会：领导常胜军

> 身为投手，我深知场上另外8位球员的重要性。假如我们的防守没有完成，或是进攻熄火，那不管我那天投得有多好，我们赢球的概率都微乎其微。在棒球运动中，输赢都在于团队，而不是个人。这段职业生涯也是一样；我只是跟周遭的人一样好而已。团队目标大于我的个人目标。大家都赢才是我觉得真正成功的时候。
>
> ——**李奇·希尔**（Rich Hille），
> **美国银行资深副总裁及全球薪酬事务负责人**（Global Head of Compensation and Benets）

在进入企业财务界之前，李奇·希尔曾是个不折不扣的运动员。从在纽约皇后区念高中开始到整个大学时期，李奇都是篮球和棒球的双料选手，并展现出优异的投球天份。在圣约翰大学时，他打了4年的第一级大学棒球赛。虽然他还是顺利地准时毕业并拿到了学位，但他亮眼的棒球生涯和过人的投球臂力仍使他被克里夫兰印第安人队选入去打职业棒球。他的才华和拼劲吸引了球探的目光，并使他中选，而运动竞技的特质、团队的精神和理念、团队与教练的互动后来在他的领导与工作风格中也发挥了很大的作用。他很早就学习到，每个队员的努力和贡献对于最终的结果都至关重要。在商场和棒球场上，"不靠队友帮忙，你很少能赢"。

在因伤退出职业运动界之后，以团队为重的目标使李奇化身为成功的经理人与领导人，但亲和力与正面的能量也不可或缺。他对于前任员工和学生的影响仍显而易见。一提到他的大名，他们的表情就从审慎和紧绷转为了放松和熟悉的笑容；而当前任员工讲到与他的相处时，声音也跟着温柔和放松了下来。他让人觉得安心，甚至会把自在带到困难的工作处境中。打从一开始，这位通晓型领导人就深受部下喜爱与敬佩。"我在19年前念完商学院应聘进来时，对我招手的除了摩根大通，还有通用电气。"有一位前任员工回忆说，"李奇带我去吃午餐，我们点了啤酒和炸鸡。我还记得自己在想，这家伙看起来挺酷的，于是我留了下来。那时我从来没有在企业工作过，也没想好要做什么。而因为李奇的关系，我眼睛都没眨一下就选了摩根大通，因为我想要在他手下做事。"

李奇盛赞自己的前任经理人示范了正面的态度与亲和力。他们在本行业全都见多识广，并带着正面的能量。"假如你很负面又愤世嫉俗，要建立信赖与善意就很难。你不必很阿Q，但长期而言，假如你很真心，别人就会以正面的能量与意图来响应你。"这种正面的态度和无条件的正面关怀都可以回溯到棒球上。"老实说，这要回到高中时代来谈。我还记得在我主投的比赛中，当我或球队表现得不如预期时，教练只会说'我们下次就会打赢'，而不会怪我或哪个球员犯了错。"李奇在圣约翰时的投手教练豪伊·葛许博格（Howie Gershberg）也为李奇示范了领导应当是什么样子，并以一手包办的方式担任起年轻运动员的导师、家教和心理医生。跟许多员工一样，"运动员非常脆弱，不时会有很多的自我怀疑。当你表现不佳时，他会给你适度的鼓励。为了陪你走过低潮期，假如你需要额外的时间，他就会在练习后给你那段额外的时间，或是在比赛中跟他并肩作战。"

这种特质明显延续到了李奇各阶段的领导工作上，包括在摩根大通的人力资源、美国银行和瑞士信贷等等公司。李奇把通晓型领导人当到如此境界的原因在于，他有办法管理所有的层级并拉近权力鸿沟。"我们是十分多元的团队。"一位前任员工说道。在摩根大通时，她就待在李奇的"欢乐帮"

里。"这就是李奇，爱尔兰裔的天主教徒，40多岁，身边都是比较年轻的男男女女，有拉丁裔人、韩国人和非洲裔美国人的后代等等。还有，对我们很多人来说，这都是大学毕业后的第一份工作，所以要学的事有很多。"在十分严苛的金融业组织里，进入李奇的团队中工作的新人一个接一个开始了适应工作的过程。其中有很多人是应届文科生或MBA，但没什么工作经验。他们横跨了族群和文化的光谱；有的人有小孩，有的人单身，年龄则从21岁到36岁都有。有的人刚展开职业生涯，有的人则上完了公司著名的训练课程，想要大显身手。这是个充斥权力鸿沟的情况。

从一开始，李奇就跟公司里其他许多的高级主管不同。他在跟所属团队洽谈时，绝不把头衔摆出来，而且打从一开始就试图缩小任何权力鸿沟。他们一定看得出来，他是团队的领导人。他无疑就是那个跟企业的高级负责人有关系的人。毋庸置疑，他在政治上很精明，并懂得把手腕巧妙地运用在组织内。但他从来不会让下属觉得自惭形秽，并且总是不厌其烦地要他们知道："由你们做主就好。所有的苦差事都是你们在做。你们有权跟部门经理来决定事情，并且应该直接把你们的发现提出来。"他让所属团队有机会以某种方式和管理高层互动，使他们能展现出自己的本领，并得到最高层主管的重要支持。

透过这一切，李奇得以在私人和专业的层次上联结每位部属，并让每个人都充分发挥所长。李奇非常刻意地在纯粹谈公事之余联结每位下属，使给出建议和讨论难题变得容易许多。他还到现场和团队并肩工作，以缩小鸿沟。有一位员工回忆说："假如我们要整夜留守，他那天一定会下班比较晚。他在4点半以前不会跨出大门，就在那里陪着我们工作。而在那些'软禁式'的马拉松时段后，他就会带整个团队出去吃早餐，并且是自掏腰包。"他使团队产生了无比强大的归属感，令大家有个安全的地方来分享故事，以及修正和解决任何问题。

有一位前任员工仍把李奇列为她所遇过最棒的经理人，并表示当她第一次在李奇的麾下工作时，身为一个新手让她觉得非常不知所措。"我以前从来没有在纽约住过，而我来到了这里，在华尔街从事非常困难而严苛的工作。"但她盛赞李奇对她授权，并给了她通向成功的技能与工具。她清楚地记得，一个大学生试图在会议中替自己的工作争取功劳。李奇知道，身为事业刚起步的年轻女性，她还不具备技巧或胆识在会议中和比较高层的人唱反调并有效地向上管理。于是他便以横向管理来替她出头，强硬地打断了谈话，并厘清所探讨的工作究竟是出自谁的手。

另一位前任的团队成员目前是一家大型科技公司的内部顾问，他则谈到了李奇能如何以这种向下管理的方式来鼓励他说出自己的想法，使他觉得李奇的建议既一针见血又令人鼓舞。这位前任员工回忆说："他带我去吃午饭，并且说：'我知道你所经历的情况。你的话不多，我的话也不多。我知道你懂的比你所说出来的要多。'"他的老板告诉他说，如果要有所进展，他就得让别人知道他的想法。李奇告诉他一套对策。"要是我就会这么做：每次开会时，你都要抛出见解才行。既然你无法从容自在地在会议中发言，那就要事前做好准备，决定好所要抛出的见解是什么，而且一定要把它讲出来。"

在协助团队成员应付棘手的课题与问题上，李奇似乎很有一套，并经常利用幽默或同理心来帮忙化解局面。有一位年轻的前任员工还记得，李奇曾要她做一件她不想自己亲自做的事。"我不想做，于是就把它委托给别人做。最终的结果是还不错，但由于我并没有经手，所以就低估了方案的整体定价。到最后，数字还是不对。这件事显然让李奇很不高兴，因为他已经把它拿给老板看了。在那一刻，我得到了一辈子的教训：绝对不要把事情委托给自己不完全了解的人。当时我以为问题相当严重，但在那次事件中，李奇从头到尾完全没有让我难堪。我记得从他口中听到的建议反而是出乎意外的宽容。他说：'我明白你的心思……你有点耽搁了，对吧？你是个完美主义者。'"以正面和幽默的方式来为她有问题的行为打圆场，使她得以不失面子地来重新看待问题并加以修正。

李奇对每个团队成员所秉持的尊重和无条件正面关怀激励了他们去超越他的期望，并让其中许多人在职业生涯刚起步就能从错误中学习，展现自己所知道的事，并持续提升表现。在并非总是有利于长期关系的企业里，李奇跟五湖四海的前任员工却一直保持着往来与联系。身为导师，"当我们在他手下工作时，他总是有很棒的建议，并且会讲出理由和实情。"有一位女性说道，"就连我不在他手下工作后，在我的整个职业生涯中，和他还是一直没有断了往来。即使你已经有6个月没有跟他讲话，聊起来还是跟上次没两样……时间并没有消逝。"就跟他的关系一样，李奇·席尔的本质也始终如一，从过去到现在都展现出浓厚的个人价值，像是他标志性的正直、幽默和谦虚。"他在金融业服务了超过25年，却从来没有让自己改变。他总是谨守价值观、坚守立场，并且非常脚踏实地。经过这么漫长的时间，在他做到了这么高的级别后，他对待我们像是已认识了我们一辈子。那种程度的情谊始终都在。"

为了让各位得知他旗下的团队成员有多忠心，我毫不费力地就能请任何一位接受过我访问的人在相当短的时间内给我回音。一听到我们要剖析李奇和他的领导风格，他们都是立刻就响应。只要在李奇的团队待过，你就是一辈子的成员。

第十一章

善用团队多元化思考带动创新

快速成长的公司必须不断创新。公司有如鲨鱼，不动就是死路一条。

——马克·贝尼奥夫（Marc Benioff），**Salesforce.com创始人兼CEO**

Google被视为最具创新精神的公司之一，它在许多方面似乎总是稳稳地占有优势。但对于"让顿悟时刻从指缝中溜走"，连这家科技巨头的创新者也得到了很多教训。

贾斯汀·罗森斯坦（Justin Rosenstein）目前是一家新创软件公司的共同创办人，Google Drive（Google的个人云端硬盘应用）的最早版本就是出自他手。这项软件产品可跨越多个平台来运作，好让人把不同电脑上的文件同步并分享出去。在为LinkedIn的博客"我的最美丽错误"（My Best Mistake）撰文时，罗森斯坦刻骨铭心地写到了自己当时未能推动Google Drive上市，有部分就是因为他缺乏能力与技巧来对领导阶层提出有说服力的论述。虽然罗森斯坦的团队想要推出Google Drive，但Google当时的共同总裁拉里·佩奇（Larry Page）希望产品能完全整合Google Docs后再推出这样产品。等5年后Google Drive推出时，Dropbox公司已做出类似产品并占领了市场，后来它的市场估值达40亿美元，有5000万个用户。佩奇或许是没有向下磨合，充分考虑到不同的观点，但罗森斯坦觉得自己的错误在于，没有向老板完整说明Google Drive的定位与策略，并设法让管理层赞同自己的观点。

如今罗森斯坦身为经理人，当员工对某个构想似乎非常热切或专业时，他都会保持开放的心胸，而且一定让他们有机会来改变他的心意。这个故事再恰当不过地展示了：在为有远见的思考与创意打造接纳的环境时，"磨合"所扮演的角色至关重要。光能够倾听好的想法还不够；如果要充分探索创新的想法，个人就必须向上和向下沟通并缩短鸿沟。

有远见的思考要靠刻意、多元化的内部流程来重视天马行空的思考，同时整合不同的想法与方向。不应该回避这种思考所引发的不自在，反而必须加以探索，真正的突破才有可能出现。本书从头到尾都在强调，面对差异并非总是轻而易举或令人自在。好消息是，假如你能通晓地管理对差异的会谈，并以有帮助的方式运用技巧来引导这个过程，意见、思维、经验和风格上的差异反而能助创新一臂之力。

创新俨然是时代的主题。为了企业的生存与成功，每个全球CEO都将创新列为首要策略。全国各地的会议室里和世界各地的科技大会上都在讨论它，包括持不同政见者。由于它会带来令人震惊的发现与下一个大事件，因此对于任何一个希望变得更加繁荣的组织来说，创新都是极为令人兴奋而重要的目标。各位可能还记得，创新也是通晓型领导人的一个标志性特色，并且是基础。依照它的定义，创新有赖于翻转局面并乐于创新的思考方式，适应不同的观点，以及对于现有产品或策略的新应用习以为常。创新需要勇气、正直，并且是以冒险而不是以自在为乐。在许多方面，创新都是通晓度的必备条件。所以我们认为，现代企业的问题就在于：要怎么创新？要怎么打造出奖励创新思考的文化？

创新不会凭空出现。传统的看法在许多方面可能都是创新思考的敌人。要是因循守旧，你就会持续因循守旧。即使我们把多元性带到了创新的问题上，但对于我们要把多元背景的人送上台面，还是需要非常有意为之才行。

要靠通晓型领导人来促进创新思考

聘用多元化的从业人员并不够，公司如果要激发创意思考，就必须训练员工与差异共处，还必须深思多元想法与流程的重要性。假如做得彻底，跨越差异就会为我们带来在全球化经济中发展所需要的工具。在许多方面，创新都是缩短权力鸿沟的终极应用。它有赖于人员对同侪向上、向下及横向管理来应对差异，接纳好的构想而不管它来自何方，并且鼓励冒险。

以谦卑和胆识来领导

杰奎琳·诺沃格拉茨（Jacqueline Novogratz）是Acumen公司的CEO。她不断在未知的领域中耕耘，投资在全球范围内对抗贫穷的后起公司与组织。她本身的涉猎很广，并且会以语言来鼓励人大胆去做："我给团队的目标很远大，而且我有这样的格言：开始去做就对了，让工作来教导你。我们所做的事以前从来没有人真正做过，所以不要怕犯错。我们只要放手去做就好。"对杰奎琳来说，这可归结到胆识和谦卑这两个相辅相成的原则上。"你必须要有足够的胆识来订立目标，发挥出自己的极限，并勾勒出明确的愿景和目的。但你必须要谦卑才会知道，这件事很难做，你不一定做得成。"

它还要有组织环境来鼓励及培育创意与创新。公司应该把它列在企业愿景与目标中，并表明这是公司经营之道的基本价值。

差异是如何带动创新

当你被迫走出舒适圈并受到新的信息与观点的挑战时，心中的创意部分就会受到刺激。研究人员发现，当人和外来的文化或人员互动时，多元文化的体验真的会激发创意思考，令人惊喜地形成公司一直在寻觅的创新过程。在另一项实验中，表现得最有创意的团体就是维系差异的团体，或是有两个观点并列出现的团体。在那样的空间里，不同的观点、风格、沟通手段和文化价值充满张力却不带批判地并存。身处其中虽然会让某些人感到痛苦和惊慌，但却会使思考产生重要的变化，进而为组织带来创新。

把上述的发现加以扩大，另一项研究发现，人融入外来文化的强度越高，创意流程的进展就越快。不过，被鼓励要遵守规则或者在探索新观念上受到限制的人与之相比，则无法完全激发出创意。综合来看，研究似乎是主张，通晓度背后的观念（包括深究和善用差异）支撑了创新的创意流程。

这些发现印证了，本书所剖析的通晓型领导人特性有很多都是创意的基础：无比的好奇心、适应力、对模糊感到自在、跨越权力鸿沟来磨合、自信以及乐见创新的体验。有一项研究发现，疏离或有别于主流文化的人都是最有创意的人，而我们本身的经验与研究也证实了这个发现。假如你不让员工冒险或是鼓励他们培养自己的想法，你就是在僵化为公司文化的主流。容许差异，设置导师和赞助人，并在困难的时刻支持员工来鼓励正面的冒险、鼓励交换不同的观点，全都有助于打造富含创意与灵感的公司文化。

我们发现，当人人都在实践通晓型领导，并在组织内外缩短和其他人的权力鸿沟时，这就是成熟的创新环境。如何管理多元的观点也很关键。拥抱和鼓励多元的观点会激发职场上的创新，假如你需要进一步的证明，以下就是拥有多元团队可以促进创新思考与流程的几个层面：

·多元的意见与经验可鼓励创意、适应力与原创思考。

·注重个人意见的多元环境比较容易为人的心态带来长远的转变。

·团队内的多元观点、较广泛的专长和至关重要的构想评估可强化决策和解决问题的流程。

·多元团队能善用较广泛的人脉和文化资本来增加产生成果的可能性。

鼓励管理阶层在激发创新思考上的风格

即使我们知道差异能提升创意，还是没有为我们具体指出创新突破的路。加里·哈梅尔（Gary Hamel）在《哈佛商业评论》的撰文中所提出的想法是，公司必须成为连续管理创新者，系统地鼓励创新思考，并采用专门针对这一点所设计的管理系统。只要在拉近权力鸿沟以及针对有别于你的人来磨合上去落实已知的做法，你就能继续去挑战公司的文化，并质疑本身是否有既定的管理系统能让你善用差异来增进公司的利益。

哈梅尔建议经理人要"挑战"本身的"管理正统性"，也就是在应对有别于你的人之前，要拿一连串的问题来问自己，而且它非常容易让人联想到我们的3个预备问题。经理人和公司领导人应该要把有碍创新的流程彻底理清，挑战传统的看法，并从内部信仰中来为问题寻找可能的根本成因，然后问：

·我们可以把哪些"二选一"变成"两者并行"？

·我们有哪些缺点？如何把它们扭转过来？

·我们可以做哪些事来应对未来的挑战？

你可以如何确保跟公司内甚至是公司外的相关人员展开这样的会谈？你要怎么主动出手来确保这件事会发生？

唤起创新的可能性

当多元的观点凑在一起时，不可思议的事就会发生。弗朗斯·约翰森（Frans Johanssen）探讨过创新突破是如何与多元学科和领域连动，并把这个现象称为美第奇效应（Medici effect）。就如同美第奇家族把出身各门各派人文学科的个人凑在一起，包括雕塑家、科学家、诗人、哲学家、画家和建筑师，使所带动的创意综合起来引发了文艺复兴，而类似的创意效应也可透过跨学科的同心协力来达成。

姜素英（So-Young Kang）就是这么做的。身为近期从美国搬到新加坡的活跃女性，她创立了一家叫作"唤起集团"（Awaken Group）的公司，这家主张改造设计（transformation design，TD）的公司旨在协助各公司在最广泛的层面来重新思考自己的身份。彻底创新是素英的主要目标之一。"我把创新定义为，把不同的东西凑在一起从而得到一种不同的结果。假如是渐进式的改变，它就不符合我个人的定义。我所在意的创新必须很彻底。在彻底创新时，你会创造出以往不存在的东西或功能，并且去挑战假定。你要挑战现状。"素英相信，如果要以改头换面的方式把两种不同的东西凑在一起，就非得拓展或磨合不可。"我接受有些人把'对事物的调整和精进'称为创新。但如果要真正创新，你就得保持开放。多元和差异是创新的绝对必要条件。假如你只是待在舒适圈里做跟昨天一样的事，人员一样、方法一样，那你就不可能创新。"

> "多元和差异是创新的绝对必要条件。假如你只是待在舒适圈里做跟昨天一样的事，人员一样、方法一样，那你就不可能创新。"

素英本身就是靠着把多元的专家团队凑在一起来解决客户的问题。她会协助他们问对问题，像是顾客会如何体验我们的品牌和产品？员工会如何体验我们这家公司？该公司与其他顾问公司不同的地方就在于创新。顾问通常是面对其中一方，但透过唤起集团，她带来了全面的改变。她会请策略师、营销大师、品牌专家、设计师和执行教练来帮助改变领导阶层和组织的管理方式。她会联手沟通专家和建构师来检视企业这颗钻石的所有刻面。

为了说明这一点，素英把麦当劳作为在品牌方面做到极致的例子。麦当劳的体验包含于它的广告、慈善活动、装潢和员工的态度，而且他们要它从内部来形塑员工以及顾客的体验。这点也适用于航空公司：假如你走进头等舱的候机室，你会如何体验一家航空公司？星巴克就是基于这整个概念：星巴克的交互式体验结合了顾客和员工的观点。为了在最大程度上协助客户，员工要能触及并考虑到所有不同的观点，然后把它善用到行动计划当中。

"像这样对有别于你的人或物保持开放就是关键所在。你会注意到，史上最厉害的创造者和创新者都是无法一言以蔽之的人。他们不光是科学家、工程师、老师或哲学家。他们其实有许多不同的身份。因为他们必须援引不同的思考过程和不同的学科，才能把这些互异或不同的片段凑在一起。"

透过磨合来克服创新的阻碍

对于善用组织中的多元从业人员，我们提到过许多正面的结果。但要是没有适当的管理，当差异被端上台面以及在交换和评价意见时，摩擦就会出现。有的人会控制团体中的话语权或研讨议题，有的人则会退缩不前并失去在会谈中的发言权。要得到多元在创新上的好处，又不受加剧的冲突与摩擦所累，通晓型领导人就必须能听到场内不同的声音，并适当管理多元团队、全球项目，并与跨部门同事同心协力。这就是通晓型领导人可以针对如何向上、向下及横向管理来发挥创意的地方。

洛德琳·艾蒂安（Raudline Etienne）是奥尔布赖特石桥集团（Albright Stonebridge Group）的资深董事。这家全球战略公司相信，善用创新思考就是组成多元团队的威力所在。不过身为非洲裔的美籍主管，她在组成多元团队时，则要考虑到平衡。她必须小心的事在于，有时候她和会场内的其他人之间会有已然存在的权力鸿沟，因为她是黑人女性。无意识的成见或厌恶或许会威胁到团体的状态。在面对多元团队时，这种现象并不稀奇。在过去的角色上，洛德琳有一位副手。在她的团队中，这个人是在协助拉近她和团队成员之间的鸿沟。洛德琳坦承，"放下身段并不是我的核心才能"，但她却得到了善用团队成员的好处，尤其是在无意识成见可能会坏事的情况下。"副手应当是优秀的驾驭者，而且要非常有同理心。团队成员需要有懂得体谅和调整观点的谈话对象。我们一起在努力拉近团队动态中的鸿沟。"洛德琳非常有创意并且设法找到了方式跟怀有无意识成见的团队成员建立了关系，使她得以听到场内的各种声音。她的方法可以证明对许多经理人有帮助，在策略上可以请其他员工或部属来帮忙拉近团队中的那道鸿沟。你不必单靠自己来做。

冒险

如果要打造出创新的文化，就要鼓励新观念与冒险，而不是惩罚。

通晓型领导人要去接触每一位团队成员，并评估他们可以如何跨入新领域，以及未来会是什么样子。协助他们试着去预判任何可能的负面后果并拟订备用计划，鼓励他们勇敢走出舒适圈。始终如一地对团队展现出无条件正面关怀，以便他们在尝试新事物时无后顾之忧。预判可能的负面后果可以检视失败，当作学习的机会。这套策略在整个光谱上都很适用。还记得霍伯特小学的五年级老师雷夫·艾斯奎吗？他每天都在对学生实践这种领导。"在这里不用害怕。"他提醒他们，"'假如你搞错了某个答案，没有人会因此骂你、羞辱你。'我们试图创造的环境是让他们不怕失败，也不怕发问。"

通晓型会议：如何把想法带到台面上

老式的头脑风暴手法几乎就是创新流程的同义词。传统的看法认为，假如你想要提出创新的构想，那就叫所有人围在桌边，让聪明才智倾泻而出。在开会时让自己放空，心里想到什么就说什么，把一切写下来，其中肯定有某个地方蕴含着宝贵的见解。

不过，近来的研究显示，这可能并不是公司应该采用的理想手段。加州大学伯克利分校有一项研究：把问题丢给不同组别的人，然后要他们想出解决方案。其中有几组没有被限定探讨范围，有几组被要求针对构想来进行头脑风暴，还有几组则被要求提出构想，并运用辩论的形式来加以精进。头脑风暴的组别略优于没有接到指示的组别，而被要求运用辩论形式的组别所产出的构想又比头脑风暴组多了20%。辩论组中的个人在研讨后所提出的额外构想更多，代表他们的思维处于创新的模式中。前面说过，这个至关重要的流程似乎有某种机制来让人调整原本的提议，并提出更多有创意的集体构想。要是少了这个至关重要的部分，团体往往就会向最普遍的构想靠拢。假如构想受到了普遍支持，连对于头脑风暴中所采用的提案持反对的人往往都会让步。不同的看法会就此打住，真正创新的思考也会消失无踪。

头脑风暴模式还有别的问题。《安静》一书的作者苏珊·坎恩写到了一个现象，她称之为"新团体迷思"（new group think）。这个普遍的现象是指，所有的创意工作都应该由团体来做。自称内向的坎恩挑战了团体的创意流程，而且有的人跟她一样，最棒的思考是来自能私下这么做而不受干扰的时候。这些是你在团体的头脑风暴时不太容易听到的声音，因为此时只有最大声的才会占优势。

为了让所有的想法都浮到台面上，很重要的是要知道每个团队成员是如何汲取及处理信息，然后反馈出来。有些人是想到哪就说到哪，这是他们处理想法的方式。不过，有很多人则只想要把完整的想法带到台面上。因此，你必须明了不同的风格并能磨合，好让个人的话被听到并受到认可。同样很重要的是，对于人员在团体的情境中要如何参与，经理人要给予员工和学生适当的建议。在内心处理想法的人是不是太早就打消了念头，而没有把它带到团体中？靠语言来处理想法的人是不是说了一大堆，但却让人看不出比较有利的想法？

身为通晓型领导人，你需要去理解这些思想和流程上的差异，并创造各种机会来让构想浮到台面上。仔细思考有哪些事会阻碍员工在集体中发言；然后你这个经理人要怎么在这些阻碍之下来倾听和促成创新？这不仅适用于征询想法时，也适用于给予建议和敦促人员重新思考要怎么应对和处理问题时。

当唐妮·李卡迪在普华永道成为管理委员会的一员时，她是其中唯一的女性。某一次，包括唐妮在内的五位委员因为班机延误而在机场等候。"他们回想起其中一位男性委员加入管理委员会时，可是吃了不少苦头。他们几乎跟整他没两样，告诉他什么该做、什么不该做，都是非正式规则，因为他们希望他成功。他们这么做是很自然的事。他们对我却没有这么做。我并不相信这是刻意的，但我确信他们甚至压根就没有这样想过。所以我必须找别的方法来了解委员会的做法。到最后，我开始去跟财务总管培养比较开放一点的关系。他来找我并坦承：'你在谈多元性的时候，我都不晓得你在讲什么。'我说：'这可有意思了。你在发布一些财务报告时，我也有同样的问题。我们可以互相指导一下！'"

当气氛中只有主流的观点获得表达，或只有特定的个人被迫要重新思考和重新制订自己的策略时，组织就会失去扩展管理团队作为的机会，尤其是关系到多元性和差异，以及启动这种会谈固有的可能性。

别怕冲突

"冲突"是人天生就想要避免的事。但说真的，你需要它。冲突是好事，而且总是会发生。多元工作环境的结果就是，人员会有不同的想法、优先级、目标、价值和信仰。所以假如经理人无法化解这些冲突，会破局的就不只是创新思考，甚至还包括有益的职场环境。我们认为，经理人最大的使命或许不仅在于要解决冲突，还要用它来带动创新。创新的企业文化会寻找甚至触发冲突，所问的问题则是你为什么用这种方式来做？我们可以怎么把它做得更好？要是事情是另外一个样子呢？目标不是要引起对抗，也不是要人身攻击，而是要带来健康的辩论与想法的综合。这是一种能听到所有想法的方式。假如处理得当，就能从中整理出不同的因素。员工可能是对想法怀抱着情感或热情，可能是看到它在别的环境中运作，或者可能是想了很久但没找到机会把它提出来。我们的目标是要把所有的想法带到台面上，使它在环境中可以大幅改进，而不只是被人盲目接受。

因此，通晓型领导人很擅长打造以建设性的方式来化解冲突的环境。假如冲突是创新的机会与动力，后续的妥善管理冲突就是在多元团队内创新的关键。在这种环境中，对科层向上、向下及横向磨合会成为格外重要的技巧。但通晓型领导人有更多的事要做，才能打造出全面的组织结构与环境来教导及重视对冲突的化解。

运用团队的独创性：为脚本重新注入活力

我们全都体验过真的办得很好的创新研讨所带来的乐趣：团体超越原本希望达到的目标，与会者离开时也觉得往后的行动步骤很清楚、自己的意见被听到，甚至是活力充沛！而且我们也都体验过（甚至是举办过）期望落空的会议：没有真正产生的新构想或行动计划，与会者离开时顶多是觉得乏味或沉闷，甚至是气愤或遭到轻视。要是对结构和目标有一些规划与关注并采用磨合的原则，这种无聊的老式研讨就能成为真正的创新研讨，并产生出有创意和前瞻性的构想与行动。

1. 以成功的基本规则来组成团队。事先讨论你会怎么处理冲突，以及管理对他人想法的评论。

2. 了解场内人员的风格。对比较小的团队来说，进行评估将有助于你了解每个人最好的贡献方式。比方说，假如你属于间接和情绪外向的人，那这对你来说看起来会是什么样子？而当你遇到冲突时，又会是什么样子？你会怎么全力修补这层关系？假如是正式的团队，或者他们是定期一起工作，那每个团队成员去了解别人的风格以及要如何最妥善地沟通就会有所帮助。小心不要把假定套在别人身上，像是"你是讲究细节的人"或"你是会处理事情的人"。评估和盘点是帮助你们在一起工作时能更有效的工具。一旦人开始把评估的结果当成彼此身上的标签，那就是到了该把它丢出窗外的时候。

3. 主办会谈就是你在场内担任领导人的机会。你的工作是要分辨情绪，并弄清目标与想法。为了让想法源源不断地出现，你要发出鼓励的互动，如

"对，而且……"而不是会打压对话的反应，比如"对，可是……"身为主办人，你的工作是要运用批评与反对，并在必要时搁置想法。连激烈的对话或情绪性的反应都能使高明的主办人受益，因为他能在场内听到机会，并适当地引导人员在团体中给予对的回应。焦点要摆在想法而不是人身上，并要求大家以既有建设性又直接的方式来为想法辩护或评估优点。

4. 有效运用批评与反对。身为通晓型领导人，你要意识到，批评会直接影响到那个人；或者相形之下，我们需要一针见血。假如所出现的议题值得进一步检视或探讨，那就留在原地。那可能会是解开难题至关重要的突破时刻。假如真的跑题了，那就暂时把它摆在一边。一定要把议题写下来，好让团体能重新回到公开的问题上。探询和管理批评包括要仔细思考想法的所有元素、所有可能的结果、相关人员、预算、资源和时间安排。善于把场内的差异当作策略，以评论想法并带动参与。你可能注意到场内有财务人员，有什么事在财务预算上欠考虑？其实就是要搞清楚场内人员的自在程度，并让他们能展开所需要的会谈。

使辩论和交流的论坛多元化

尽管老式的开门政策的不足之处都一样，但至关重要的是，组织要容许以多元的管理来接收意见和想法。对有的人来说，光是提出会受到评论的想法或意见似乎就已经足够令人却步了。而对有的人来说，则可能是存在一道或多道的阻碍使他们无法为进行想法的交流。有些人可能是完美主义者，想要勾勒出完美的想法再把它讲出来。有些人可能有政治上的顾虑，担心自己假如踩到别人的地盘、用到他们的资源或是改变他们的计划，会冒犯到他们。其中可能会有权力上的问题，像是某人对于挑战上司会感到不自在，或是觉得自己没有资格来提出想法。其中可能会有私人的顾虑，假如别人对想法的接受度不高，自己看起来就会很蠢或很天真。根据典型的少数派的体验，恐惧或担忧在于，自己的想法可能不会被听到，或是被听到了却被别人占为己有。某人也可能是根本就不愿意站出来或讲出来。记得苏珊·坎恩主张，大型团体的状况一点都不适合内向的人。

因此，假如你想要尽可能掌握到最广泛的想法和意见，那就要提供五花八门的机会，好让大家能交换想法并辩论其优点。其中所包含的事可以小到（与匿名到）意见箱、意见表或指定的天马行空日。好好利用冲突自然产生的机会来设立比较正式的场所，使你能直接处理实际的议题，并提供持续发表建议的机制。比方说，假如你的团队在预算经费上跟财务部有很大的分歧，那就要把它视为一个机会。或许你可以建议，双方何不干脆围到桌子前谈一谈，而不要只是空对空地表示不满。

创造各级赞助人

另一种有助于鼓励冒险的方法是，创造各级的拥护者。在打造这种环境时，要确保每个团队成员和各级科层中的行动都有支持者。假如在关键部门中有拥护者能帮忙化解问题，Google的贾斯汀·罗森斯坦是否就能推动Google Drive提前上市？在百事公司，菲多利北美区的总裁赞助了员工同好团体，以帮忙促成创新与同心协力。要打造出人人都很重要的文化。假如某人有很棒的想法，那个创新就要有论坛或渠道可以发表。要确保大家对于团队的全盘观点都保持开放。

默克的史蒂夫·米欧拉遇到迪伦时，这位同事既安静又拘谨，和其他的团队成员也相当疏远。史蒂夫一被派去跟迪伦做案子，立刻就对他留下了深刻的印象。史蒂夫知道，由于迪伦行事低调，所以有很多人都不太了解他能有什么贡献。史蒂夫说："我心想，假如我懂得他所懂的事，我就会出面来报告！于是我告诉他的老板说，他需要出面谈谈他的工作，我们也对他提了这个建议。到最后，我们一起对科学团体做了报告。内容棒得不得了！我爱的是报告，他爱的是充实信息。我们是联手发表。我们有互补的技能，并能善用彼此的强项来当场提出新的想法。"

借助内部和外部的声音来带动创新

创新思考必须从各种角度来听取所有参与者的见解。对内来说，至关重要的是，你要在纵向的指挥系统中向下倾听，部门内则要听取彼此的观点。从组织的角度来看，无论是销售还是同好网，你要确保每个职位上的人都听到所有相关人员的见解。你还要设法联结外部观点，并缩短与顾客间的鸿沟。跟直接接触顾客的人员聊聊，像是销售队伍，或是定期联络虚拟和外地团队来获知他们的观点。这都是在场内或许听不到的声音。

人员多半非常善于告诉你，自己需要和想要什么；有时候问题在于要确保对的人真的听进去了。组织有没有设置渠道来分辨不同的成员需要和想要什么？有没有既定的流程来搜集想法，然后用以下所讨论的技巧来加以促进与检验？你需要有意识地去听取少数人的意见以及不属于主流团体的人，并把这点发展成有既定流程来支持的公司价值。

在借重外部的声音与缩短鸿沟上，一些经过证实的方式包括借助使用者团体、业界团体和上下游。随着它的商业用途有增无减，你或许可以利用社交媒体来获取这些不同的观点。以Meetup为例，这家组织协助世界各地的地方社团来成立兴趣社团。你可以直接登录Meetup的网站，输入你的兴趣，它就会联结到一群对你所关注的领域有所参与的人。通晓型领导人可以善用他们的见解与兴趣，把建议机制铺设到产品开发、销售与经销、厂商关系和商业合伙中。

在最后一章，我们探讨了公司要如何善用多元人才来联结顾客。人员很重要，但设立来支持和鼓励这种联结的组织渠道也同样重要。IBM在推行以打造员工网为主轴的多元任务时，用意就是要针对如何打入新市场来激发一些亟须的创新思考。在差异常常以效率和控制成本之名而遭到抹杀或忽略的企业界里，凸显差异和征求建设性的意见本身就是创新的概念。我们认为泰德·柴尔兹很对的地方在于，他把本身的目标称为"建设性的破坏"，也就是以看似惹人厌的方式把日常营运暂停下来，以打破正规的流程与思考。

成立及善用同好与资源团体是拉近鸿沟聪明又有效的方式，并把新的想法凑在一起。员工资源团体的员工就是你的市场，他们可以被当作重要市场研究的对象，或是新应用或新产品的焦点团体。你可以借助他们来打入一些社群，或是在内部利用他们，以便在每个发展点上给予实时的建议。我们劝各位要把员工资源团体当成已经存在于公司的研发和营销资源。不过，领导人应该要真正跨越权力鸿沟，向员工资源团体寻求特定的帮助，而不是只把它建立起来，就指望它会以某种方式自动发挥价值。

记住，组织如果要得到经营成果，就必须主动承认并善用多元性。假如领导高层刻意出席团体会议，那就应该直接探询员工资源团体的见解和想法。你可以说："我们打算在接下来几年积极扩展这项业务，而在我们全力以赴之际，相信你们可以引导我们来推行这项策略。我想要请各位想想本身的人脉与社群。在各位的人脉中，有没有我们应该要涵盖进去的组织或团体？各位的见解对我们的成功至关重要！"

当每个员工都把外部的人脉、知识与见解带入企业，而且你越能掌握这项文化资本，你就会发现员工越投入。让团体发挥作用，并采用他们的想法与策略，这也有助于克服任何因为装装样子而产生的不信任感。业务领导人可以采取主动来对同好团体和员工资源团体伸出手来，以挖掘出他们对于要怎么联结多元市场的想法。有一个想法是：设立正式的渠道，好让员工资源团体把想法分享给领导阶层以及每个团体的高层主管赞助人。直接去找团体，主动拉近那道权力鸿沟，使它和你更靠近。如此一来，你就能确保想法自由流动，并让团体产生授权感。

无论你决定要怎么订立正式的流程，只要善用多元人才，并对所有的观点保持开放态度，就会有助于促进组织的策略创新。

策略创新的焦点在于，要怎么把事情拼凑在一起，以整合为想法，并为现有的科技寻找新的应用。当公司采用了策略创新，它就能秉持现有的产品或想法，把它引进全新的消费市场中，改变产品或想法的推行方式，或是改变对消费者的终端价值。让我们用百事公司来作为假设。

有一天，一位在制造部门包装产品线工作的员工头脑中闪过了一道灵感。他把一些当时所生产的奇多（Cheetos）跟菲多利另一款产品中的混合辛辣香料结合起来。他以为辣椒会跟奶酪的风味不合。但要是这位在线员工觉得没有权力把袋子交给菲多利当时的业务主任雅各布·帕克（Jacob Pak），后来的奇多墨西哥辣椒芝士条（Cheetos Crunchy Cheddar Jalapeno）根本就不会上架。雅各布超喜欢这种结合，于是就把它拿去给菲多利当时的业务负责人汤姆·格雷格试吃。汤姆尝了以后，立刻就把它送去开发。奇多品牌营销团队非常支持这件案子，并能提供财务资源，使这款新的奇多墨西哥辣椒芝士条得以商业化。新想法大可来自不太可能的地方，而且创新的组织会打造环境来让管理阶层倾听任何人的好点子，并接纳那种可能性，而不是死守"正确"的流程与固有的经营方式。

结语

新职场的答案

在任何领域中，最好的专家都会扩展自己的眼界，这样才能变出新花样。这就是他们保持敏锐的方式。诺贝尔奖得主这么做，伟大的作曲家这么做，对人类潜能分析最精准的人也是如此。他们不愿意被习惯绑架，使熟悉的常规成为例行公事。相反地，他们会不断分析自己以往的成绩，以寻找新的机会和意料之外的挫败。这么做有助于把随机应变与持续改善转变为一种生活方式。

——乔治·安德斯（George Anders）
《不要完美履历的顶尖企业识人术》（*The Rare Find*）

我们在写这本书时，有一场女性领导力圆桌会议正在《纽约时报》的总部举行，主办单位是"影响领导力21"（IMPACT Leadership 21）。这场运动"致力于改造女性的全球领导力，使它在21世纪产生最大的影响力"。这场活动令我们震撼，因为它齐聚了公司CEO、联合国代表、非政府机构、非营利组织和企业家来探讨女性领导人晋升重要职位的议题。它吸引我们注意的原因不仅在于IMPACT的核心价值观，而且它全都跟本书中所列举的通晓型领导人原则息息相关：

I　Innovation（创新）

M　Multiculturalism（多元文化）

P　Passion（热情）

A　Attunement（顺应）

C　Collaboration（同心协力）

T　Tenacity（坚毅）

最令人惊喜的就是受邀与会的人员中，该组织也把另一个核心人口列为达成目标的必备条件，那就是男性。

公认的领导人、影响领导力21的CEO兼创始人珍妮·萨拉札知道，把男性排除在会谈外有碍于能激发出创新与变革的多元思考。要是不对双方在性别差异与不对等上的议题正面出击，它就很可能会使议题无人问津，并沦为乔治·安德斯在本结语引言中所提到的那些例行公事。在《福布斯》（*Forbes*）杂志的文章里，萨拉札说："要是不以改头换面的做法来提升女性的领导力，等过了30年，我们就会发现自己还在谈同样的老议题，还在纳闷为什么升上领导职位的女性少得可怜。男性可以成为改变的有力推手。在提升女性的全球领导力和达成对等上，男性是未经开发却至关重要的资源。我们要怎么掌握这种未经开发的资源？那就是把他们拉进来。"

充分掌握明日人才的创意实力如果有一个前提，那就是我们必须有办法应对和驾驭差异。我们不能害怕展开会谈以及碰触错综复杂、受到误解、一团混乱或有所偏颇的议题。我们必须变得愿意走出自己的舒适圈，并对那些有别于我们的人发出邀请，以相互协商。

双方都有责任要注意并指出差异，以深究使双方以既有的方式来行事的深层价值与假定。但责任不一定相等。不管是多元文化专业人士、女性、公司里最新或最老的工作人员，还是来自不同国家或文化的人，那些游走在多数文化以外的人总会觉得有改变自己的压力，以符合现有的领导模式。对磨合的需求远远比不上对适应与融入的要求。但企图把所有的人变得一样并不是解决方案，甚至根本不可能做到，而且它会使善用差异以及扩大了解与技能所带来的绝佳机会和潜力大打折扣。

在研究发现中，安德斯所聚焦的重点在于，要去不寻常的地方寻找人才，并鼓励我们不要把焦点放在"声音大"的人才身上，而要去寻找"声音小"的人才。你在跟不像自己的人共事时，可能会在一开始错过"声音小"

的人才，因为他们所展现的领导力不同，而且跟你做事的方法也许正好相反。即使招聘过程变得更加细致，可取得的资料也更多，结果却不必然会更好。要扭转这种局面，领导阶层必须用心深究并探索差异，而不要视会谈为畏途。假如我们招聘、奖赏和晋升最佳人才的方式要有所改变，那就代表着要致力于实践与坚持，持续应用磨合的原则，并使它成为固有管理流程的一环。

在本书通篇，各位都看到了通晓型领导人的深入侧写，他们展现出了可以如何做到这点。这些人和组织震撼了我们，而且多半是透过简单的举动，始终如一地展现出通晓度的核心特色，并靠磨合来缩短鸿沟。我们相信这些侧写所提供的有用之处在于，领导人懂得靠管理权力鸿沟来建立稳固的工作关系，并且最终在经营上获得成功。他们的行为与正直使我们必须在此说出他们的故事不可，我们也希望鼓励各位去想想自己职场中的磨合型领导人。

这个主题并非就此有了定论，我们想要听到各位的声音！敬邀各位就本身的经验以及对你和你的职业生涯产生过影响的通晓型领导人，把自己的想法与启迪人心的故事分享到本书的英文版官方网站www.extheplaybook上。

希望能在网站上见到各位。

参考文献

Anders, George. The Rare Find: Spotting Exceptional Talent Before Everyone Else. Portfolio Hardcover，1st edition(October18,2011).

Barsh, Joanna & Lareina Yee. Unlocking the Full Potential of Women in the US Economy. April www.mckinsey.com/Client_Service/Organization/Latest_thinking/ Unlocking_the_full_potential.aspx. McKinsey & Company, 2011.

Becoming Interculturally Competent. In Toward Multiculturalism: A Reader in Multicultural Education, 2nd ed. J. Wurzel Newton. MA: Intercultural Resource Corporation, 2004.

A Developmental Approach to Training for Intercultural Sensitivity. International Journal of Intercultural Relations 10no.2(1986).

Bennett, M.J. "Towards Ethnorelativism: A Developmental Model of Intercultural Sensitivity." In Education for the Intercultural Experience, ed. R. M.

Paige. Yarmouth, ME: Intercultural Press, 1993, 21-71.

Birkman International. "How Do Generational Differences Impact Organizations and Team?" Part 1, n. d. , www.birkman.com/news/view/how-to-generational-differences-impact-organizations-and-teams-part-1.

Blanchard, Ken. Leading at a Higher Level, Revised and Expanded Edition: Blanchard on Leadership and Creating High Performing Organizations. Upper Saddle River, NJ: FT Press, 2010.

Boushey, Heather, and Sarah Jane Glynn. "There Are Significant Business Costs to Replacing Employees." Center for American Progress, November 16, 2012, www.americanprogress.org/issues/labor/report/2012/11/16/44464/there-are-significant-business-costs-to-replacing-employees.

Bryant, Adam. "Google's Questto Build a Better Boss." New York Times, March 12, 2011, www.nytimes.com/2011/03/13/business/13hire.html.

——, ed. "The C.E.O. with the Portable Desk: The Corner Office." New York Times, May1,2010.

Buckingham, Marcus, and Curt Coffman. First, Break All the Rules. New York: Simon & Schuster, 1999.

Burkhart, Bryan. "Getting New Employees Off to a Good Start." New York Times, March 13, 2013, boss.blogs.nytimes.com/2013/03/13/getting-employees-off-to-a-good-start.

Burns, Crosby, Kimberly Barton, and Sophia Kerby. "The State of Diversity in Today's Workforce." Center for American Progress, July 12, 2012, http://www.americanprogress.org/issues/labor/report/2012/07/12/11938/the-state-of-diversity-in-todays-workforce.

Cain, Susan. Quiet: The Power of Introverts in a World That Can't Stop

Talking. New York: Crown,2012.

——. "The Rise of the New Groupthink." New York Times, January 15, 2012, www.nytimes.com/2012/01/15/opinion/sunday/the-rise-of-the-new-groupthink.html.

Carl, Dale, and Vipin Gupta with Mansour Javidan. "Power Distance." In Culture, leadership, and Organizations: The GLOBE study of 62 Societies, ed. Robert J. House, Paul J.(John) Hanges, Mansour Javidan, Peter W. Dorfman, and Vipin Gupta. Thousand Oaks, CA: SAGE Publications, 2004, 513-63.

CBS News. "Is Your 'OpenDoor' Policy Silencing Your Staff?" April 20, 2010, www.cbsnews.com/8301-505125_162-44440188/is-your-open-policy-silencing-your-staff/.

Chao, Melody Manchi, Sumie Okazaki, and Ying-yiHong. "The Quest for Multicultural Competence: Challengers and Lessons Learned from Clinical and Organizational Research." Hong Kong University of Science and Technology, New York University, and Nanyang Technological University. Social and Personality Psychology Compass 5, No.5(2011):263-74.

Chen, Pauline. "Do Women Make Better Doctors?" New York Times, May 6, 2010, www.nytimes.com/2010/05/06/health/06chen.html.

Chhokar, Jag deep S., Felix C. Brodbeck, and Robert J. House. Culture and Leadership Across the World: The GLOBE Book of In-Depth Studies of 25 Societies. Series in Organization and Management. Psychology Press, April 5, 2007.

Childs, Ted. "Diversity in the Workplace." UVA Newsmakers, November 12, 2002, www.youtube.com/watch?v=lgOTjSp6vwY.

Chong, Nilda. "A Model for the Nation's Health Care Industry: Kaiser Permanente's Institute for Culturally Competent Care." Permanente Journal,

2002, http://xnet.kp.org/permanentejournal/sum02/model.html.

Chua, Roy Y. J., and Michael W. Morris. "Innovation Communication in Multicultural Networks: Deficitsin Inter-cultural Capability and Affect-based Trustas Barriers to New Idea Sharing in Inter-Cultural Relationships." HBS Working Knowledge, June 17, 2009, http://hbswk.hbs.edu/item/6194.html.

Cognisco Group. "$37 Billion: US and UK Business Count the Cost of Employee Misunderstanding." Marketwire, June 18, 2008, www.marketwire.com/press-release/37-billion-us-and-uk-businesses-count-the-cost-of-employee-misunderstanding-870000.htm.

Cuckler, Gigi A., Andrea M. Sisko, Sean P. Keehan, Sheila D.Smith, Andrew J. Madison, John A. Poisal, Christian J. Wolfe, Joseph M. Lizonitz, Devin A. Stone. "National Health Expenditure Projections, 2012-22: Slow Growth Until Coverage Expands and Economy Improves." Health Affairs, http://centent.healthaffairs.org/content/early/2013/09/13/hlthaff.2013.0721.full.

Deloitte. "Only Skin Deep? Re-examining the Business Case for Diversity." Deloitte Australia, September 2011, www.deloitte.com/assets/Dcom-Australia/Local%20Assets/Documents/Services/Consulting/Human%20Capital/Diversity/Deloitte_Only_skin_deep_12_September_2011.pdf.

Detert, James R., Ethan R. Burris, and David A. Harrison. "Debunking Four Myths About Employee Silence." Harvard Business Review, June 2010, httphbr.org/2010/06/debunking-four-myths-about-employee-silence.

Dychtwald, Ken, Tamara Erickson, Robert Morison. "The Needs and Attitudes of Young Workers." Excerpted from Workforce Crisis: How to Beat the Coming Shortage of Skills and Talent. Boston: Harvard Business Review Press, 2006.

Dyer, Jeff, Hal Gregersen, and Clayton M. Christensen. The Innovator's

DNA: Mastering the Five Skills of Disruptive Innovators. Boston: Harvard Business Review Press,2011.

Ernst & Young. "Women Make All the Difference in the World." In Growing Beyond: High Achievers: Recognizing the Power of Women to Spur Business and Economic Growth, Ernst & Young, 2012, www.cy.com/Publication/vwLUAssets/ Growing_Beyond_-_High_Achievers/$FILE/High%20achievers%20-%20 Growing%20Beyond.pdf.

Escamilla, Kathy, and Susan Hopewell. "The Role of Code-Switching in the Written Expression of Early Elementary Simultaneous Bilinguals." Paper presented at the annual conference of the American Educational Research Association, April 1, 2007, www.colorado.edu/education/faculty/kathyescamilla/ Docs/AERACodeswitching.pdf.

Feldhahn, Shaunti. The Male Factor: The Unwritten Rules, Misperceptions, and Secret Beliefs of Men in the Workplace. New York: Crown Business, 2009.

Fisher, Anne. "Fatal Mistakes When Starting a New Job." Fortune, June 2, 2006.

Friedman, Thomas L. The World Is Flat: A Brief History of the Twenty-first Century. New York: Farrar, Straus & Giroux, 2005.

Frontiera, Joe. "Living Your Values for Profit." Good –b, Good Business New York, May 20, 2013, http://good-b.com-building-a-values-based-culture.

Gallup. "Gallup Study: Engaged Employees Inspire Company Innovation." Gallup Management Journal, October 12, 2006, businessjournal.gallup.com/ content/24880/ gallup-study-engaged-employees-inspire-company.aspx.

——. "State of the American Workplace Report," Gallup, 2013. Gamb, Maria. "Women and Men Need This Instead of Quotas." Forbes, June 30, 2013, www.forbes.com/ sites/womensmedia/2013/03/30/women-and-man-need-this-instead-of-quotas.

"George Gaston Chief Executive Officer, Memorial Hermann Southwest Hospital." Houston Medical Journal, December 2011, www.mjhnews.com/george-gaston-chief- executive-officer-memorial-hermann-southwest-hospital-html.

Gladwell, Madcolm. Outliers: The Sotry of Success. New York: Little, Brown, 2008. Glass Ceiling Commission. "The Environmental Scan." Executive Report, March 1995.

Washington, DC: US Department of Labor, 1995. www.dol.gov/dol/aboutdol/ history/ reich/reports/ceiling1.pdf.

Gort, Mileidis. "Strategic Codeswitching, Interliteracy, and Other Phenomena of Emergent Bilingual Writing: Lessons from First Grade Dual Language Classrooms." Journal of Early Childhood Literacy 6 (2006): 323, http://www. sagepub.com/ donoghuestudy/articles/Gort.pdf.

Graduate Management Admission Council. GMAC 2011 Application Trends Survey— Survey Report. http://www.gmac.com/~/media/Files/gmac/Research/ admissions/and/ application/trends/applicationtrends2011_sr.pdf.

Grossman, Leslie. "Why Women Need Men to Get Ahead⋯and Vice Versa." Huffington Post, July 3, 2013, www.huffingtonpost.com/leslie-grossman/why-women-need-men- to-get-ahead_b_3530821.html.

Hall, Edward. Beyond Culture. New York: Anchor Books, 1976.

——. The Silent Language. New York: Anchor Books, 1973.

Hamel, Gary. "The Why, What, and How of Management Innovation." Harvard Business Review, February 2006, hbr.org/2006/02/the-why-what-and-how-of- management-innovation/ar/1.

Hammer, M. R. "Additional Cross-Cultural Validity Testing of the Intercultural Development Inventory." International Journal of Intercultural Relations 35 (2011): 474-87.

——. IDI Resource Guide. IDI LLC, 2011.

——. "The Intercultural Development Inventory: A New Frontier in Assessment and Development of Intercultural Competence." In Student Learning Abroad: What Our Students Are Learning, What They're Not, and What We Can Do About It, eds. M. Vande Berg, M. Paige, and K. Lou. Sterling, VA: Stylus Publishing, 2012.

——. "The Intercultural Development Inventory: An Approach for Assessing and Building Intercultural Competence." In Contemporary Leadership and Intercultural Competence: Exploring the Cross-Cultural Dynamics within Organizations, ed. M. A. Moodian. Thousand Oaks, CA: Sage, 2009.

Hammonds, Keith H. "Difference Is Power." Fast Company, July 2000, www. fastcompany.com/39763-difference-power.

Hannon, Kerry. "People with Pals at Work More Satisfied, Productive." USA Today, August 13, 2006, usatoday30.usatoday.com/money/books/reviews/2006-08-13-vital- friends_x.htm.

Harris, Paul. "Boomer vs. Echo Boomer: The Work War?" T+D, May 2005, https:// store.astd.org/Default.aspx?tabid=167&ProductId=17752.

"Health Care Industry Will Create 5.6 Million More Jobs by 2020: Study." Huffington Post, June 21, 2012, www.huffingtonpost.com/2012/06/21/health-care-job-creation_ n_1613479.html.

Helgesen, Sally. The Female Advantage: Women's Ways of Leadership. New York: Doubleday Currency, 1995.

Hewlett, Sylvia Ann, Carolyn Buck Luce, and Cornel West. "Leadership in Your Mist: Tapping the Hidden Strengths of Minority Executives." Harvard Business Review, November 1, 2005, http://hbr.org/2005/11/leadership-in-your-midst-tapping-the- hidden-strengths-of-minority-executives.

Hewlett, Sylvia Ann, Kerrie Peraino, Laura Sherbin, and Karen Sumberg. "The Sponsor Effect: Breaking Through the Last Glass Ceiling." Harvard Business Review, January 12, 2011, hbr.org/product/the-sponsor-effect-breaking-through-the-last-glass-ceiling-an/10428-PDF-ENG.

Hewlett, Sylvia Ann, and Ripa Rashid, with Diana Forster and Claire Ho. "Asians in America: Unleashing the Potential of the 'Model Minority.'" Center for Work-life Policy, July 20, 2011.

Hofstede, Geert. Culture's Consequences: Comparing Values, Behaviors, Institutions, and Organizations Across Nations, 2nd ed. Thousand Oaks, CA: Sage, 2001.

Hofstede, Geert, and Michael Minkov. Cultures and Organizations: Software of the Mind, 3rd ed.

Howell, W. S. The Empathic Communicator. University of Minnesota: Waveland Press, Inc., 1986.

Hyun, Jane. Breaking the Bamboo Ceiling: Career Strategies for Asians. New York: HarperCollins, 2005.

——. "Leadership Principles for Capitalizing on Culturally Diverse Teams: The Bamboo Ceiling Revisited." Leader to Leader 64 (Spring 2012): 14-19, http//onlinelibrary. wiley.com/doi/10.1002/ltl.20017/abstract.

Ibarra, Herminia, Nancy M. Carter, and Christine Silva. "Why Men Still Get More Promotions than Women." Harvard Business Review, September 2010, hbr.

org/2010/09/why-men-still-get-more-promotions-than-women.

Johansson, Frans. The Medici Effect: What Elephants and Epidemics Can Teach Us about Innovation. Boston: Harvard Business School Press, 2004.

Johnson, Donald O. "The Business Case for Diversity at the CPCU Society." Society of Chartered Property and Casualty Underwriters, 2007, www.cpcusociety. org/sites/dev. aicpcu.org/files/imported/BusinessDiversity.pdf.

Johnson, Lauren Keller. "Rapid Onboarding at Capital One." Harvard Business Review, February 27, 2008, blogs.hbr.org/hmu/2008/02/rapid-onboarding-at-capital-on.html.

Joyce, Cynthia. "The Impact of Direct and Indirect Communication." The University of Iowa. Published in Independent Voice, the newsletter of the International Ombudsman Association, November 2012.

Kanter, Rosabeth Moss. Men and Women of the Corporation. New York: Basic Boods, 1977.

Katzenbach, Jon R., and Douglas K. Smith. The Wisdom of Teams: Creating the High- Performance Organization. New York: HarperBusiness, 2006.

Kaushik, Arpit. "Cultural Barriers to Offshore Outsourcing." CIO, March 31, 2009, www.cio.com/article/487425/Cultural_Barriers_to_Offshore_Outsourcing.

Kochan, Thomas, Katerina Bezrukova, Robin Ely, Susan Jackson, Aparna Joshi, Karen Jehn, Jonathan Leonard, David Levine, and David Thomas. "The Effects of Diversity on Business Performance: Report of the Diversity Research Network." Human Resource Management 42, no. 1 (Spring 2003): 3-21, onlinelibrary.wiley. com/ doi/10.1002/hrm.10061/abstract.

Kovalik, Susan J. "Gender Differences and Student Engagement." Rexford, NY: International Center for Leadership in Education, 2008.

Krishna, Srinivas, Sundeep Sahay, and Geoff Walsham. "Managing Cross-cultural Issues in Global Software Outsourcing." Communications of the ACM 4, no. 4 (April 2004): 62066, dl.acm.org/citation.cfm?id=975818.

Lagace, Martha. "Racial Diversity Pays Off." Working Knowledge, Harvard Business School, June 21, 2004, hbswk.hbs.edu/item/4207.html.

Lauby, Sharlyn. "Employee Turnover Caused by Bad Onboarding Programs." HR Bartender, May 22, 2012, www.hrbartender.com/2012/recruiting/employee-turnover- caused-by-bad-onboarding-programs.

Lee, David. "Onboarding: What Is It? Is It Worth It? And How Do You Get It Right?" Human Resources, September 10, 2008.

Lehrer, Jonah. "Groupthink: The Brainstorming Myth." The New Yorker, January 30, 2012, http://www.newyorker.com/reporting/2012/01/30/120130fa_fact_hehrer?currentPage=1.

Leung, Angela Ka-yee, William W. Maddux, Adam D. Galinsky, and Chi-yue Chiu. "Multicultural Experience Enhances Creativity: The When and How." American Psychologist 63, no. 3 (April 2008): 169-81, psycnet.apa.org/index.cfm?fa=buy. optionToBuy&id=2008-03389-003.

Llopis, Glenn. "Diversity Management Is the Key to Growth: Make It Authentic." Forbes June 13, 2011, www.forbes.com/sites/glennllopis/2011/06/13/diversity- management-is-the-key-to-growth-make-it-authentic.

"Losing Money by Spending Less: When Outsourcing Customer Service Doesn' t Make Business Sense: A Case Study." Customer Inter@ctive Solutions, May 2004, www. tmcnet.com/callcenter/0504/outsourcing.htm.

Medland, Dina. "Women Challenge Leadership Styles." Financial Times, July 5, 2012.

Meyer, Meghan L., Carrie L. Masten, Yina Ma, Chenbo Wang, Zhenhao Shi, Naomi I. Eisenberger, and Shihui Han, Social Cognitive and Affective Neuroscience Advance Access published March 20, 2012. "Empathy for the Social Suffering of Friends and Strangers Recruits Distinct Patterns of Brain Activation." UCLA Psychology Department, Department of Psychological Sciences, Vanderbilt University, Nashville, TN, and Department of Psychology, Peking University, Beijing, China, http://sanlab. psych.ucla.edu.papers_files/Meyer(2012)SCAN.pdf.

Mulder, Mauk. "Reduction of Power Differences in Practice: The Power Distance Reduction Theory and Its Applications." In European Contributions to Organization Theory, ed. G. Hofstede and M. S. Kassem. Assen, The Netherlands: Van Gorcum, 1976.

Nilep, Chad. " 'Code Switching' in Sociocultural Linguistics." Colorado Research in Linguistics 19 (June 2006), www.colorado.edu/ling/CRIL/Volume19_ Issue1/paper_ NILEP.pdf.

Nobel, Carmen. "Taking the Fear out of Diversity Policies." Working Knowledge, Harvard Business School, January 31, 2011, hbswk.hbs.edu.item/6545. html.

Pagano, Amy E. "Code-switching: A Korean Case Study." Griffith Working Papers in Pragmatics and Intercultural Communications 3, no. 1 (2010): 22-38, www.griffigh. edu.au/ data/assets/pdf_file/0018/244422/3.-Pagano-Codeswitching-in-Korean.pdf.

Page, Scott E. The Difference: How the Power of Diversity Creates Better Groups, Firms, Schools, and Societies. Princeton, NJ: Princeton University Press, 2007.

Patrick, Josh. "Yes, You Treat Customers Well. But How Do You Treat

Employees?" New York Times, April 25, 2013.

Pollack, Lindsey. Getting from College to Career: Your Essential Guide to Succeeding in the Real World, rev. ed. New York: HarperBusiness, 2012.

Racho, Maria Odiamar. "Attributes of Asian American Senior Leaders Who Have Retained Their Cultural Identity and Been Successful in American Corporations." A Research Project Presented to the Faculty of the George L. Graziadio School of Business and Management, Pepperdine University, August 2012.

Rock, David, and Dan Radecki. "Why Race Still Matters in the Workplace." Harvard Business Review, June 2012, blogs.hbr.org/cs/2012/06/why_race_still_matters_in_ the.html.

Rosenstein, Justin. "My Best Mistake: I Could Have Launched Google Drive in 2006." My Best Mistake, LinkedIn, April 23, 2013, www.linkedin.com/today/post/article/20130423100225-25056271-my-best-mistake-i-could-have-launched-google- drive-in-2006.

Roter, Debra L., Judith A. Hall, and Yutaka Aoki. "Physician Gender Effects in Medical Communication: A Meta-analytic Review." Journal of the American Medical Association 288, no. 6 (August 14, 2002): 756-64.

Sandberg, Sheryl. Lean In: Women, Work, and the Will to Lead. New York: Knopf, 2013.

Sealy, Ruth, and Susan Vinnicombe. "The Female FTSE Report: Milestone or Millstone?" Cranfield, UK: Cranfield School of Management, 2012, http://www.som. cranfield.ac.uk/som/dinamic/content/research/documents/2012femalftse.pdf.

Sheehy, Kelsey. "MBA Programs with the Most International Students." U.S. News & World Report, March 26, 2013, http://usnews.com/education/best-graduateschools/the-short-list-grad-school-articles/2013/03/26/mba-programs-with-the-most- international-students.

Sheffield, Dan. The Multicultural Leader: Developing a Catholic Personality. Toronto: Clements Publishing, 2005.

Shin, Sarah. "Conversational Codeswitching Among Korean-English Bilingual Children." International Journal of Bilingualism, September 2002, 351-83.

Sy, Thomas, Lynn M. Shore, Judy Strauss, Ted H. Shore, Susanna Tram, Paul Whiteley, and Kristine Ikeda-Muromachi. "Leadership Perceptions as a Function of Race- occupation Fit: The Case of Asian Americans." Journal of Applied Psychology 95, no. 5 (September 2010): 902-19, psycnet.pap.org/journals/apl/95/5/902.

Tannen, Deborah. Talking from 9 to5. New York: William Morrow, 1994.

——. "The Talk of the Sandbox: How Johnny and Suzy's Playground Chatter Prepares Them for Life at the Office." Washington Post, December 11, 1994, www. georgetown.edu/faulty/tanned/sandbox.htm.

Texas Medical Center. "George Gaston Named CEO of Memorial Hermann Southwest." Memorial Hermann, January 4, 2010, www. memorialhermann.org/news/george- gaston-named-ceo-of-memorial-hermann-southwest.

Thomas, David A. "Diversity as Strategy." Harvard Business Review 82, no. 9 (September 2004), hbr.org/product/diversity-as-strategy/an/R0409G-PDF-END.

Verdon, Joan. "Promotion Targets Diwali Holidy." Record (Bergen, NJ), October 15, 2009, www.northjersey.com/community/Promotion_targets_Diwali_holiday.html.

Vittrup Simpson, Birgitte. "Exploring the Influences of Educational Television and Parent-Child Discussions on Improving Children's Racial Attitudes." PhD diss., university of Texas at Austin, 2007, https://repositories.lib.utexas.edu/ bitstream/ handle/2152/2930/simpsonb80466.pdf.

Walker, Danielle, Joerg Schmitz, and Thomas Walker. Doing Business Internationally, 2nd ed. New York: McGraw-Hill, 2002.

Weingarten, Gene. "Pearls Before Breakfast." Washington Post, April 8, 2007, www. washingtonpost.com/wp-dyn/content/article/2007/04/04/ AR2007040401721.html.

Wenner, Melinda. "Smile! It Could Make You Happier." Scientific American, October 14, 2009, www.scientificamerican.com/article/cfm?id=smile-it-could-make-you- happier.

Wittenberg-Cox, Avivah. Why Women Mean Business: Understanding the Emergence of Our Next Economic Revolution. Chichester, UK: John Wiley & Sons, 2009.

"Women in the Labor Force: A Databook." US Bureau of Labor Statistics, BLS Reports, February 2013, http://www.bls.gov.cps/wlfdatabook-2012.pdf.

Xu, Xiaojing, Xiangyu Zuo, Xiaoying Wang, and Shihui Han. "Do You Feel My Pain? Racial Group Membership Modulates Empathic Neural Responses." Journal of Neuroscience, July 1, 2009, http://www.jneurosci.org/ content/29/26/8525.full. pdf+html.

Zenger, John H., and Joseph Folkman. The Extraordinary Leader: Turning Good Managers into Great Leaders. New York: McGraw-Hill, 2002.